ASPECTOS RELEVANTES DA LEI GERAL DE PROTEÇÃO DE DADOS

CONTRACORRENTE

ASPECTOS RELEVANTES DA LEI GERAL DE PROTEÇÃO DE DADOS

Gustavo Marinho
Rafael Valim
Valdir Simão
Walfrido Warde
(Organizadores)

CONTRACORRENTE

Alameda Itu, 852 | 1º andar |
CEP 01421 002
www.loja-editoracontracorrente.com.br
contato@editoracontracorrente.com.br

EDITORES
Camila Almeida Janela Valim
Gustavo Marinho de Carvalho
Rafael Valim

EQUIPE EDITORIAL
COORDENAÇÃO DE PROJETO: Juliana Daglio
REVISÃO: Thais Yoshida e Caio Amoêdo
REVISÃO TÉCNICA: Lisliane Pereira
DIAGRAMAÇÃO: Fernando Dias
CAPA: Maikon Nery

EQUIPE DE APOIO
Fabiana Celli
Carla Vasconcelos
Fernando Pereira
Lais do Vale
Valéria Pucci
Regina Gomes

Dados Internacionais de Catalogação na Publicação (CIP)
(Câmara Brasileira do Livro, SP, Brasil)

Aspectos relevantes da Lei geral de proteção de dados / (organizadores) Gustavo Marinho ... [et al.]. -- 1. ed. -- São Paulo : Editora Contracorrente, 2021.

Outros organizadores: Gustavo Marinho, Rafael Valim, Valdir Simão, Walfrido Warde
Bibliografia
ISBN 978-65-88470-64-0

1. Direito à privacidade 2. Direito à privacidade - Brasil 3. Proteção de dados - Leis e legislação 4. Proteção de dados pessoais I. Marinho, Gustavo. II. Valim, Rafael. III. Simão, Valdir. IV. Warde, Walfrido.

21-70851 CDU-342.721(81)

Índices para catálogo sistemático:

1. Brasil : Proteção de dados pessoais : Direito 342.721(81)

Maria Alice Ferreira - Bibliotecária - CRB-8/7964

@editoracontracorrente
Editora Contracorrente
@ContraEditora

SUMÁRIO

SOBRE OS AUTORES

BELISÁRIO DOS SANTOS JR - Advogado, Membro da Comissão Internacional de Juristas e Presidente da Comissão de Direitos Humanos do Instituto dos Advogados de São Paulo, integra a Comissão ARNS de Direitos Humanos e é sócio de Rubens Naves Santos Jr Advogados.

CHRISTIAN FERNANDES GOMES DA ROSA – Mestrado em Filosofia e Teoria Geral do Direito pela USP. Especialista em Direito Econômico pela FGV/SP. Mestrado Profissional em Economia do Desenvolvimento e da Mundialização pela PUC/SP. Master Économie Gestion a finalité Recherche pela Université Paris 1 Panthéon-Sorbonne. Bacharel em Direito pela UNESP e em Ciências Econômicas na PUC/SP. Professor universitário. Advogado atuante na área de Compliance, Direito Regulatório e Administrativo.

DAVID FELICE FALIVENE BAPTISTA - Doutorando em Direito Regulatório pela Unicamp. Mestre em Engenharia da Computação pela Faculdade de Engenharia Elétrica e Computação da Unicamp. Engenheiro eletricista pela Unicamp e graduando em Direito pela PUC-Campinas.

DIANA BISEO - Graduada em direito pela Pontifícia Universidade Católica de São Paulo - PUC/SP. Mestra em direito administrativo pela Pontifícia Universidade Católica de São Paulo - PUC/SP. Membra do Grupo de Pesquisa Contratações Públicas da PUC/SP, credenciado pelo CNPq. Advogada.

FELIPE GRIZOTTO FERREIRA - Mestrando em Direitos Humanos e Desenvolvimento Social pela PUC-Campinas. Graduado em Direito pela PUC-Campinas, com período sanduíche na Universidade de Coimbra. É membro do Conselho do Programa de Pós-Graduação em Direito da Pontifícia Universidade Católica de Campinas, na qualidade de representante do corpo discente. Advogado.

GUSTAVO MARINHO - Mestre em Direito Administrativo pela PUC/SP. Especialista em Direito Administrativo e Financeiro pela Universidade de Salamanca – Espanha. Especialista em Direito Administrativo pela PUC/SP. Membro do Foro Iberoamericano de Derecho Admnistrativo (FIDA). Editor da Editora Contracorrente. Advogado.

JOÃO ANTONIO DA SILVA FILHO – Conselheiro Presidente do Tribunal de Contas do Município de São Paulo. Mestre em Filosofia do Direito pela PUC/SP. Foi Vereador do Município de São Paulos por três mandados consecutivos e Deputado Estadual do Estado de São Paulo. Membro do Foro Iberoamericano de Derecho Administrativo (FIDA). Autor das seguintes obras pela editora Contracoreente: "A Era do Direito Positivo" e "Tribunais de Contas no Estado Democrático e os Desafios do Controle Externo".

JULIANA VIEIRA DOS SANTOS - Advogada, Doutora em Direito do Estado pela Faculdade de Direito da Universidade de São Paulo, Mestre em Direito pela Harvard Law School, Conselheira da AASP - Associação dos Advogados de São Paulo, sócia de Rubens Naves Santos Jr Advogados.

JULIANO MARANHÃO - Professor Associado da Faculdade de Direito da USP. Pesquisador da Fundação Alexander von Humboldt. Diretor do Instituto LGPD.

LUCAS CATIB DE LAURENTIIS - Mestre e Doutor em Direito pela Universidade de São Paulo. Professor de Direito Constitucional da Faculdade de Direito da Pontifícia Universidade Católica de Campinas (PUC-Campinas), Centro de Ciências Humanas e Sociais Aplicadas (CCHSA) e coordenador do mestrado em Direito da PUC-Campinas.

LÚCIA MARIA BLUDENI - Presidente da Comissão de Direito do Terceiro Setor da OAB de Pinheiros/SP. Foi Presidente, por 14 (quatorze) anos, da Primeira Comissão de Direito do Terceiro Setor no Brasil (OAB/SP). Ex-Membro da Comissão de Estudos do Terceiro Setor do IASP (Instituto dos Advogados de São Paulo). Ex-Coordenadora Executiva do Curso de Especialização Lato Sensu em Terceiro Setor Escola Superior da Advocacia/SP. Conselheira na Seccional de São Paulo da OAB Gestão 2010 a 2012. Advogada, docente, palestrante, especialista em Direito Civil, Direito do Trabalho, Processo Civil e Gestão para Organizações do Terceiro Setor. Ex-Conselheira, pela OAB/SP, no Conselho Municipal de Assistência Social do Município de SP. Presidente do Instituto Se Toque – SP- Instituto de Desenvolvimento Social entre 2006 a 2009. Conselheira no CONSEAS - Conselho Estadual de Assistência Social.

LUIZ CARLOS DA ROCHA - Graduado em 1985 pela Faculdade de Direito de Curitiba. Mestre em Direitos Fundamentais pelas Faculdades do Brasil – Unibrasil. Ex-Presidente da Comissão de Direito do Consumidor da OAB/PR. Foi Procurador Geral do Município de São José dos Pinhais, entre os anos de 2009 e 2011, e Secretário de Comunicação, no ano de 2012. Sócio fundador do França da Rocha & Advogados Associados.

MANUEL DAVID MASSENO - Professor Adjunto do IPBeja - Instituto Politécnico de Beja, em Portugal, onde também integra as Coordenações do Laboratório UbiNET – Segurança Informática e Cibercrime e do MESI – Mestrado em Engenharia de Segurança Informática, sendo ainda o seu Encarregado da Proteção de Dados. Pertence à EDEN – Rede de Especialistas em Proteção de Dados da Europol – Agência Europeia de Polícia. No Brasil, integra ao Grupo de Estudos de Direito Digital e Compliance da FIESP – Federação das Indústrias do Estado de São Paulo, a Comissão estadual de Direito Digital da Seção de Santa Catarina, a Comissão de Direito Digital da Subseção de Campinas e a Comissão de Inovação, Gestão e Tecnologia da Subseção de Guarulhos, todas da Ordem dos Advogados do Brasil.

MARCO ANTONIO MARQUES DA SILVA - Professor Titular de Direito Processual Penal da PUC-SP. Coordenador do Curso em Direito Digital e Proteção de Dados da PUC-SP. Desembargador do Tribunal de Justiça de São Paulo (aposentado). Sócio do Escritório Warde Advogados.

MARIA FERNANDA BALSALOBRE PINTO - Promotora de Justiça no Estado de São Paulo. Integrante do Grupo de Trabalho da Lei Geral de Proteção de Dados do Ministério Público de São Paulo. Mestranda em Direito Constitucional pela PUC/SP. Especialista em Direito Constitucional pela Cogeae PUC/SP.

MICHELLE TOSHIKO TERADA - Advogada. Graduada em Direito (ITE – Bauru). Especialista em Direito Tributário e Processo Tributário (IBET). Especialista em Direito Civil (FADISP). Extensão em Contabilidade tributária para Advogados (IBET). Compliance Digital (Mackenzie). 1ª colocada no 1º Prêmio Microsoft de Direito – As Novas Fronteiras do Direito, organizado pela Faculdade de Direito de São Paulo, Fundação Arcadas e Microsoft.

PERCIVAL JOSÉ BARIANI JUNIOR - Mestre em Direito Administrativo pela PUC-SP. Sócio do Escritório Dal Pozzo Advogados.

RAFAEL VALIM - Doutor e Mestre em Direito Administrativo pela PUC/SP. Simon Visiting Professor na Universidade de Manchester. Academic Visitor no Instituto de Direito Europeu e Comparado da Universidade de Oxford. Advogado.

RENATO AFONSO GONÇALVES - Advogado em São Paulo e Lisboa. Professor da Universidade Paulista – UNIP. Mestre em Direito das Relações Sociais pela PUC/SP.Doutorando em Ciências Histórico-Jurídicas na FADUL, Faculdade de Direito da Universidade de Lisboa – Portugal. Professor no curso de dados pessoais da PUC-SP/Cogeae.

RICARDO CAMPOS - Mestre e doutor pela Goethe-Universität Frankfurt am Main. Docente da Faculdade de Direito da Goethe-Universität Frankfurt am Main, Alemanha. Diretor do Instituto LGPD.

SILVIO LUÍS FERREIRA DA ROCHA - Mestre e Doutor em Direito Civil pela PUC-SP. Doutor e Livre-Docente em Direito

Administrativo pela PUC-SP. Professor dos cursos de Graduação e Pós--Graduação em Direito da PUC-SP.

VANESSA RUFFA RODRIGUES - Docente na Escola Superior de Advocacia de São Paulo (ESA-SP), na Escola Aberta do Terceiro Setor a na SGP – Soluções em Gestão Pública. Vice-Presidente da Comissão de Direito do Terceiro Setor da OAB de Pinheiros/SP. Palestrante na OAB/SP, na OAB/PA e na ALESP (ILP). Coordenadora de Atualização Legislativa da Comissão de Direito do Terceiro setor da OAB/SP (2013 - 2018). Graduada em Direito (FMU). Especialista em Direito Tributário (Mackenzie). Extensão em Direito Tributário e Societário (FGV). Extensão em Tributação do Setor Comercial (FGV). MBA em Gestão de Tributos e Planejamento Tributário (FGV). Compliance Digital (Mackenzie).

VALDIR SIMÃO – Doutorando em Direito pela Universidade de Salamanca e Master Universitário em Direção e Gestão de Sistemas de Seguridade Social pela Universidade de Alcalá. Ex-ministro do Planejamento, Orçamento e Gestão e ex-ministro-chefe da Controladoria-Geral da União. Sócio do escritório Warde Advogados. Professor de pós-graduação em Direito.

VICTOR SILVEIRA MARTINS - Bacharel em Direito pela PUC-SP. Advogado.

WALFRIDO WARDE – Bacharel em Direito pela Faculdade de Direito da USP e em Filosofia pela Faculdade de Filosofia, Letras e Ciências Humanas da USP. LLM pela New York University School of Law. Doutor em Direito Comercial pela Faculdade de Direito da USP, Pesquisador-bolsista no Max-Planck Institut für ausländisches und internationales Privatsrecht (Hamburgo), nos anos de 2004, 2005, 2007 e 2008. Presidente do Instituto para Reforma das Relações entre Estado e Empresa – IREE. Sócio do escritório Warde Advogados.

APRESENTAÇÃO

Já se firmou o lugar comum de que os dados são o ouro de nossos tempos. Em poucos anos eles se transformaram em um dos ativos mais valiosos do planeta, a partir dos quais as empresas contemporâneas montam suas estratégias comerciais, desenvolvem seus produtos e serviços e elaboram suas campanhas publicitárias.

O Poder Público, por sua vez, planeja e implementa suas políticas públicas a partir de dados que coleta a todo instante da população.

Mas este avanço e os benefícios e comodidades que a tecnologia moderna oferece cobram um preço alto, por vezes impagáveis. Basta recordar o célebre caso da empresa Cambridge Analytica, a qual, mediante a coleta de dados de milhões de usuários de redes sociais – especialmente do Facebook - ajudou a manipular eleições ao redor do mundo, contribuindo para a ascensão de políticos e partidos de extrema direita que ameaçam a democracia.

Um bem que diz tanto sobre nós, com potencial econômico tão expressivo, capaz de influenciar os rumos das nações, não poderia deixar de ser disciplinado pelo legislador brasileiro. Por isso deve ser saudada a edição da Lei nº 13.709/2018, cujos dispositivos, embora passíveis de críticas, inspiraram-se nas melhores recomendações internacionais sobre a matéria – especialmente o aclamado Regulamento Geral sobre a Proteção de Dados (RGPD) (UE) 2016/679, a GDPR (General Data Protection Regulation).

A indisputável importância da mencionada lei, cujo estudo aprofundado é decisivo para o aprimoramento das relações privadas e públicas e para a própria higidez do regime democrático em nosso país, motivou a organização da presente obra coletiva. Reunimos notáveis profissionais e acadêmicos de diversas áreas do Direito para desenvolver temas centrais da proteção de dados no ordenamento jurídico brasileiro.

Agradecemos imensamente às autoras e autores que gentil e prontamente aceitaram participar desta obra e, como sempre, agradecemos a consideração dos leitores que sempre prestigiam nossos projetos editorais.

Boa leitura!

Gustavo Marinho

Rafael Valim

Valdir Simão

Walfrido Warde

CAPÍTULO I

AUTODETERMINAÇÃO INFORMATIVA: SURGE UM NOVO DIREITO FUNDAMENTAL

Belisário dos Santos Jr.
Juliana Vieira dos Santos

No futuro, todo mundo terá seus 15 minutos de anonimato. - Banksy

1. A evolução do direito à privacidade

A Declaração Universal dos Direitos Humanos (DUDH) de dezembro de 1948, em seu artigo 12, como resposta à ruptura totalitária,[1] repeliu de forma assertiva qualquer interferência na vida privada, na família, no lar e na correspondência da pessoa, ou vulneração à sua honra

1 LAFER, Celso. *A Reconstrução dos Direitos Humanos*. São Paulo: Companhia das Letras, 2ª reimpressão, 1998, p. 240.

e reputação. De forma assemelhada, esse direito está reproduzido pelo Pacto Internacional de Direitos Civis e Políticos (art. 17.1), Convenção Americana de Direitos Humanos (art. 11.2) e Convenção Europeia de Direitos Humanos (art. 8º).

Mas, a proteção do artigo 12 da DUDH era pensada em relação ao Estado, então tido como o maior violador dos direitos humanos.

Com a aceitação pelos Estados de um conjunto de direitos inalienáveis – "os direitos humanos" -

> [e]l ser humano se convierte, así, en la realidade primaria de la organización social en la que coexiste con el Estado, que deja de ser el Leviathan.[2]

O direito à privacidade de início tem o viés de ter a dimensão pessoal respeitada e indevassável, associada a um "direito de estar só", conforme o conceito cunhado por Samuel Warren e Louis Brandeis em seu famoso artigo escrito no final do Século XIX,[3] que concebeu a dimensão jurídica desse direito.

No Brasil, a Constituição federal previu a privacidade como direito fundamental, em seu artigo 5º, incisos X, XI e XII. Ainda que privacidade não tenha sido ali nomeada, é útil a menção a um direito à privacidade em sentido amplo,[4] para englobar a inviolabilidade da intimidade, da vida privada, da honra e da imagem das pessoas. Mas o "direito de estar só e a possibilidade que deve ter toda pessoa de excluir

---

2 GONZALEZ, Francisco Castillo. Derecho a la protección de la vida privada, el domicilio, la correspondencia y el honor. *In La Declaración Universal de Derechos Humanos.* 1. Ed. San Jose de Costa Rica: Juriscentro y asociación costarricense pro-naciones unidas, 1979, p. 77.

3 WARREN, Samuel D.; BRANDEIS, Louis. "The right to privacy". *Harvard Law Review*, vol. 4, n. 5, 1890.

4 TAVARES, André Ramos. *Curso de Direito Constitucional.* 6. Ed. São Paulo: Saraiva, 2007, p. 617.

do conhecimento de terceiros aquilo que a ela só se refere e que diz respeito ao seu modo de ser no âmbito da vida privada",[5] precisa de outras interpretações para solucionar novos desafios na Sociedade da Informação.

Com a possibilidade de rastreamento dos telefones celulares, a presença crescente em ambientes digitais, os softwares de reconhecimento facial, o aperfeiçoamento da inteligência artificial, a ampliação do uso de big data, surgem novos riscos na vida privada, relacionados à coleta e ao uso de dados e informações pessoais, emergindo um novo conceito de privacidade: a privacidade informacional (ou o direito de autodeterminação informacional).

Eric Hughes, um dos fundadores do movimento cypherpunk,[6] em seu Manifesto já afirmava:

> Privacidade é necessária para uma sociedade aberta na Era da Informação. Privacidade não é segredo. Um assunto privado é algo que não queremos que o mundo inteiro saiba, porém, um assunto secreto é algo que não queremos que ninguém saiba. Privacidade é o poder de revelar algo de forma seletiva ao mundo.[7]

---

5 LAFER, Celso. *A reconstrução dos direitos humanos*: um diálogo com o pensamento de Hannah Arendt. São Paulo: Companhia das Letras, 1998, p. 239.

6 "O termo *cypherpunk* é um trocadilho com as palavras *cypher*, referente à criptografia, e *cyberpunk*, nome da subcultura *underground* aliada às tecnologias de informação e cibernética, conhecida também pela sua resistência ao *establishment* e ao *mainstream*. A força de oposição representada pelo movimento *cypherpunk* teve como objetivo principal devolver ao indivíduo o controle sobre a sua própria liberdade em ambientes de rede. Para isso, o grupo defendia o uso de sistemas anônimos, nos quais a criptografia de dados desempenhou um papel fundamental". Disponível em: https://www.tecmundo.com.br/criptografia/41665-cypherpunk-o-ativismo-do-futuro.htm. Acesso em: 15 jun. 2021.

7 *Manifesto Cypherpunk – Criptografia*, Disponível em: https://livecoins.com.br/manifesto-cypherpunk-criptografia/. Acesso em: 15 jun. 2021.

Reconhecendo a importância da privacidade informacional, a carta de Direitos e Princípios da Internet da Coalizão IRP[8] estabelece como um dos direitos do indivíduo a proteção da privacidade e dos seus dados:

> 5. Todos os indivíduos têm o direito à privacidade online, incluindo o direito de não ser vigiado, o direito de usar criptografia e o direito ao anonimato online. Todos os indivíduos têm também o direito à proteção de dados, incluindo o controle sobre coleta, retenção, tratamento, eliminação e divulgação de dados pessoais.[9]

O direito à privacidade, que surge para proteção de aspectos da vida privada, aproximando-o da intenção de tutela da personalidade humana,[10] evolui para conter duas dimensões primordiais: (i) a liberdade de decisão sobre quais informações sobre si devem ser mantidas privadas e quais podem ser divulgadas, e em que contexto elas serão tornadas públicas; e (ii) o controle sobre o uso a ser feito sobre essas informações que se escolhe divulgar. Na melhor definição existente hoje:

---

8 A *Internet Rights & Principles Dynamic Coalition* é uma rede internacional de indivíduos e organizações que trabalham para defender a aplicação dos direitos humanos no ambiente *on-line* e em todo o espectro de formulação de políticas públicas para a *internet*. Tem por base o Fórum de Governança da *Internet* da ONU, que conta com representantes de governos, grupos empresariais e sociedade civil que se reúnem para discutir pontos de preocupação mútuos relativos à governança da *internet* Disponível em: http://www.intgovforum.org/cms. Acesso em: 15 jun. 2021.

9 Dez Direitos e Princípios para a Internet da *Internet Rights & Principles Dynamic Coalition*.

10 WARREN e BRANDEIS começam o artigo referindo-se a recentes inovações que reclamam um novo nível de proteção da personalidade e segurança do indivíduo: "fotografias instantâneas e empresas de comunicação têm invadido o sagrado e privado espaço do lar, e numerosos dispositivos tecnológicos ameaçam realizar a previsão de que aquilo que é sussurrado na alcova deve ser berrado do telhado". (Tradução livre).

> The right to privacy is our right to keep a domain around us, which includes all those things that are part of us, such as our body, home, property, thoughts, feelings, secrets and identity. The right to privacy gives us the ability to choose which parts in this domain can be accessed by others, and to control the extent, manner and timing of the use of those parts we choose to disclose.[11]

O direito à privacidade, em verdade, protege valores como autonomia e dignidade humana (garantindo uma esfera pessoal em que o indivíduo possa desenvolver livremente sua personalidade, seu pensamento e suas opiniões).

E, em sentido amplo, abarca a inviolabilidade e o controle do indivíduo sobre sua casa, suas correspondências, suas comunicações telegráficas e telefônicas, e seus dados pessoais (informações que permitem a identificação da pessoa a quem dizem respeito).

2. O direito à proteção de dados como desdobramento do direito à privacidade

O sigilo de dados é reconhecido pela Constituição de 1988 como decorrente do direito à privacidade, objeto de tutela específica, ao lado da inviolabilidade da comunicação telefônica, uma novidade introduzida no ordenamento constitucional pela Carta de 1988,[12] mas ainda dentro do direito amplo à privacidade.

A menção a sigilo de dados foi uma percepção importante do legislador constitucional, mas a vertente de dados que mais relevo apresentava, à época, era em relação ao sigilo de dados fiscais e bancários, acompanhado pela discussão sobre seu caráter absoluto ou não.

---

11 ONN, Yael et. al. *Privacy in the digital Environment.* Haifa: Haifa Center of Law & Technology, 2005, p. 12.

12 TAVARES, André Ramos. *Curso de Direito Constitucional.* 6ª Ed. São Paulo: Saraiva, 2007, p. 624.

Alguns autores, contudo, não descuidaram de vislumbrar no texto constitucional um enfoque mais amplo, como foi o caso de José Afonso da Silva:[13]

> O intenso desenvolvimento de complexa rede de fichários eletrônicos, especialmente sobre dados pessoais, constitui poderosa ameaça à privacidade das pessoas. O amplo sistema de informações computadorizada gera um processo de esquadrinhamento das pessoas, que ficam com sua individualidade inteiramente devassada. O perigo é tão maior quanto mais a utilização da informática facilita a interconexão de fichários com a possibilidade de formar grandes bancos de dados que desvendem a vida dos indivíduos, sem sua autorização e até sem seu conhecimento.
>
> A Constituição não descurou dessa ameaça. Tutela a privacidade das pessoas, como vimos acima. Mais do que isso, acolheu um instituto típico e específico para a efetividade dessa tutela, que é o habeas data...

Assim, para José Afonso da Silva, a proteção de dados pessoais já integra a norma aberta do artigo 5°, §12, da Constituição, no tocante à sua inviolabilidade, e essa garantia somada aos demais desdobramentos do direito à privacidade constitui um direito conexo ao direito à vida.[14]

Antes disso, em 1981, os Estados Membros do Conselho da Europa haviam acordado a Convenção n° 108, entendendo desejável alargar a proteção dos direitos e das liberdades fundamentais de todas as pessoas, nomeadamente o direito ao respeito pela vida privada, tendo em consideração o fluxo crescente, através das fronteiras, de dados de caráter pessoal susceptíveis de tratamento automatizado.

---

13 SILVA, José Afonso da. *Curso de Direito Constitucional Positivo*. 35ª ed. São Paulo: Malheiros, 2012, pp. 209/210.

14 SILVA, José Afonso da. *Curso de Direito Constitucional Positivo*. 35. Ed. São Paulo: Malheiros, 2012 pp. 205/206.

A Convenção visou igualmente reafirmar a liberdade de informação sem limite de fronteiras, pelo reconhecimento da necessidade de conciliar os valores fundamentais do respeito pela vida privada e da livre circulação de informação entre os povos. Em seu artigo 1°, a Convenção de 1981 passa a identificar o tratamento automatizado dos dados de caráter pessoal que digam respeito aos direitos e liberdades fundamentais das pessoas, e especialmente ao seu direito à vida privada, como "proteção de dados".

Em 24 de outubro de 1995, o Parlamento Europeu e o Conselho da Europa editaram a Diretiva 95/46/CE, relativa à proteção das pessoas naturais no que diz respeito ao tratamento de dados pessoais e à livre circulação desses dados. A proteção não se estenderia, segundo a norma, a tratamento de dados que tenha por objeto a segurança pública, a defesa, a segurança do Estado (incluindo o bem-estar econômico do Estado quando esse tratamento disser respeito a questões de segurança do Estado), e às atividades do Estado no domínio do Direito Penal, ou ao tratamento de dados efetuado por uma pessoa no exercício de atividades exclusivamente pessoais ou domésticas.

De outra parte, a Diretiva 95 tratou de esclarecer que a proteção das pessoas se deve aplicar tanto ao tratamento automatizado de dados como ao tratamento manual e que o âmbito desta proteção não deve, na prática, depender das técnicas utilizadas, sob pena de se correr o sério risco de a proteção poder ser contornada e perder a eficácia. É extremamente interessante a consulta a essa norma que, apesar de conter pouco mais de 30 artigos, é precedida de 72 consideranda, o que de um lado mostra a extrema complexidade das situações abarcadas, e de outro aponta para a possibilidade de cada considerando ser uma regra de interpretação em situações que o exijam.

A Carta de Direitos Fundamentais da Europa de 2000,[15] em seu artigo 8°, retira a proteção de dados pessoais do título "Dignidade", onde está tutelado o direito à vida, para submetê-lo ao Capítulo

---

15 Editada em dezembro de 2000 pelo Parlamento Europeu, pelo Conselho da União Europeia e pela Comissão Europeia.

dedicado às "Liberdades", juntamente com o respeito à vida privada e familiar. Isso mostra como evolui o direito à proteção de dados que passa a ser visto conexo com o direito fundamental à liberdade. A atualização da Carta de Direitos Fundamentais em 2016 manteve essa situação, preocupando-se mais com as normas de interpretação e aplicação da Carta.

Em maio de 2018, no âmbito europeu, entrou em vigor o Regulamento Geral sobre a Proteção de Dados acordado em 2016 pelo Parlamento Europeu e pelo Conselho da União Europeia, relativo à proteção das pessoas naturais no que diz respeito ao tratamento de dados pessoais e à livre circulação desses dados e que sucedeu à Diretiva 95/46/CE antes referida. Os objetivos e os princípios da Diretiva 95/46/CE continuam a ser válidos, mas não evitaram a fragmentação da aplicação da proteção dos dados ao nível da União Europeia, nem a insegurança jurídica ou o sentimento generalizado da opinião pública de que subsistem riscos significativos para a proteção das pessoas singulares, nomeadamente no que diz respeito às atividades por via eletrônica, o que se pretende corrigir com o novo Regulamento.

O novo Regulamento de Proteção de Dados, de âmbito europeu, tem 99 artigos, mas foi precedido por 173 consideranda,[16] como visto acima, conjunto de referências e fortes recomendações que devem operar para a exegese da norma fixada, fundamentais – diga-se outra vez – para o entendimento da cada vez maior complexidade do tema.

Este Regulamento (GDPR)[17] muito influenciou a Lei Geral de Proteção de Dados brasileira, dela sendo verdadeira matriz e, portanto, permanecendo seus princípios e fundamentos, bem como sua aplicação como fontes para a futura vida de nossa lei.

Confira-se este considerando nº 4 do GDPR:

---

16 Muitos dos quais apropriados da anterior Diretiva 95.

17 GDPR, sigla em inglês para *General Data Protection Rule.*

> O tratamento dos dados pessoais deverá ser concebido para servir as pessoas. O direito à proteção de dados pessoais não é absoluto; deve ser considerado em relação à sua função na sociedade e ser equilibrado com outros direitos fundamentais, em conformidade com o princípio da proporcionalidade. O presente regulamento respeita todos os direitos fundamentais e observa as liberdades e os princípios reconhecidos na Carta, consagrados nos Tratados, nomeadamente o respeito pela vida privada e familiar, pelo domicílio e pelas comunicações, a proteção dos dados pessoais, a liberdade de pensamento, de consciência e de religião, a liberdade de expressão e de informação, a liberdade de empresa, o direito à ação e a um tribunal imparcial, e a diversidade cultural, religiosa e linguística.

E também esta parte do considerando de nº 39:

> O tratamento de dados pessoais deverá ser efetuado de forma lícita e equitativa. Deverá ser transparente para as pessoas singulares que os dados pessoais que lhes dizem respeito são recolhidos, utilizados, consultados ou sujeitos a qualquer outro tipo de tratamento e a medida em que os dados pessoais são ou virão a ser tratados. O princípio da transparência exige que as informações ou comunicações relacionadas com o tratamento desses dados pessoais sejam de fácil acesso e compreensão, e formuladas numa linguagem clara e simples.

Ou este outro, de nº 51:

> Merecem proteção específica os dados pessoais que sejam, pela sua natureza, especialmente sensíveis do ponto de vista dos direitos e liberdades fundamentais, dado que o contexto do tratamento desses dados poderá implicar riscos significativos para os direitos e liberdades fundamentais.

O escorço a que se procedeu até agora, sobre normas nacionais e internacionais, visa mostrar o contexto em que se insere a edição da Lei nº 13.709, de 14 de agosto de 2018, alterada pela Lei nº 13.853, de 8 de julho de 2019 (já em vigor a partir de 14 de agosto de 2020), conhecida como Lei Geral de Proteção de Dados (LGPD) e a forma de proteção de dados pessoais adotada na Europa, a que, seguramente, a toda hora se recorrerá como elemento de auxílio na aplicação da lei brasileira.

A nova lei dispõe sobre o tratamento de dados pessoais, inclusive nos meios digitais, por pessoa natural ou jurídica, de direito público ou privado, com o objetivo de proteger os direitos fundamentais de liberdade e de privacidade e o livre desenvolvimento da pessoa natural.

Essa é uma lei por tudo e em tudo inspirada no acima citado Regulamento Geral de Proteção de Dados da União Europeia, com uma grande diferença. A Europa viveu os tormentos da 2ª. Grande Guerra e as consequências de sua divisão, durante os anos da Guerra Fria.

Como leciona Solano de Camargo,[18] na Alemanha sob o nacional-socialismo, todas as esferas da sociedade deveriam se submeter à política de coordenação e uniformidade total da sociedade, eliminando-se as estruturas democráticas:

> O Terceiro Reich sistematicamente abusou da utilização dos dados pessoais coletados: foi criado um "índice" que listava os judeus que habitavam a Alemanha desde a época de seus avós, tratando dados que haviam sido coletados durante a República de Weimar (1918-1933), incluindo registros de homossexuais.
>
> A perseguição nazista a judeus e homossexuais demonstrou que não importava a (boa) intenção quando da coleta de dados pessoais: o tratamento posterior poderia se dar de forma perigosa e nefasta.

---

18 CAMARGO, Solano de. "As sanções do LGPD e o Inferno de Dante". *In:* Lei Geral de Proteção de Dados, *Revista do Advogado*. n. 144, novembro de 2019 – AASP, p. 221.

3. A autodeterminação informativa

Enquanto na Europa, houve uma escalada de normas protetivas do direito à proteção de dados, constituindo durante anos um pedagógico avanço na direção do que se tem hoje, no Brasil, apesar da referência constitucional a esse direito, o que vemos é o constante fornecimento e a disponibilidade de dados pessoais, por vezes personalíssimos, sem qualquer controle e, às vezes, cedidos pelas próprias pessoas.

O Brasil não "possui esse histórico cultural e social de proteção de dados pessoais à moda européia, mesmo tendo passado grande parte de sua história recente por ditaduras",[19] continua Solano de Camargo, pelo que, alvitra, as normas tuteladoras desse direito apesar das significativas multas não sensibilizarão tão facilmente a sociedade brasileira. Em regra, a norma não pode se substituir ao processo educativo.

Já se disse que a resistência à substituição de uma cultura de violência por uma cultura de direitos humanos ou a resistência à incorporação interna de preceitos internacionais sobre direitos humanos faz parte de um movimento pendular próprio do desenvolvimento de um sistema de direitos e garantias, com seus avanços e recuos.[20]

Confiantes em que essa proposição avalizada pela experiência se repita no atual momento brasileiro, com o curso dos anos, a partir da vigência da lei, poderemos ter uma rápida reviravolta no comportamento da cidadania.

É possível e até provável que as pessoas não mais queiram apenas ser defendidas das ações do Estado e das corporações, mas queiram passar despercebidas pelo Estado e por essas corporações, sem renunciar aos avanços da tecnologia. Será isso possível?

---

19 CAMARGO, Solano de. "As sanções do LGPD e o Inferno de Dante". *In:* Lei Geral de Proteção de Dados, *Revista do Advogado*. n. 144, novembro de 2019 – AASP, p. 222.

20 SANTOS JR., Belisário dos. Entrevista ao *site* do Consultor Jurídico, em 14 de dezembro de 2008. Disponível em: https://www.conjur.com.br/2008-dez-14/globalizacao_impulsiona_avanco_direitos_humanos. Acesso em: 15 jun. 2021.

Em *O Homem Invisível*, de H.G. Wells,[21] lançado em 1897, Dr. Griffin procura obcecadamente a fórmula da invisibilidade. Após anos de tentativas e erros, milhares de experiências, chega à fórmula perfeita e a aplica a seu gato e a si mesmo, tornando-se o homem invisível.

Essa invisibilidade de H.G. Wells, não é a invisibilidade da pobreza, da miserabilidade, da condição de vítima do racismo, tal como a trazida em Homem Invisível, de Ralph Ellison,[22] e pode passar a ser o sonho[23] perseguido pela cidadania, que se quer ver livre das manipulações de dados, do comércio dos seus dados personalíssimos, pelo Estado ou pelas grandes corporações.

É a invisibilidade desejada por quem já não se sente mais protegido só pelo direito de ficar só. Essa visão antiga não mais protege a quem a todo, momento, conscientemente ou automaticamente, escreve "Concordo" ou "Li e aceito", fornece dados para possibilitar a aquisição de um bem ou é fotografado e identificado para entrar em um edifício comercial ou residencial, e até, já ocorre hoje, para acessar serviços públicos essenciais, ou tem seus dados, mesmo os mais sensíveis, capturados de forma maliciosa ou ilegal.

Aquela tutela negativa de interferência deve ceder espaço à tutela positiva e proativa, que garanta ao titular dos dados o conhecimento pleno das formas de tratamento, finalidade e destino de seus dados.[24]

---

21 WELLS, H. G. *O Homem Invisível*. Rio de Janeiro: Francisco Alves Editora, 1985.

22 ELLISON, Ralph. *Homem Invisível*. São Paulo: José Olympio, 2020.

23 Esse sonho pode ser obstado pela consideração de que, apesar da liberdade de expressão, a nossa lei pune o anonimato. Já na Alemanha, por força de condições que já examinamos, a manifestação anônima é protegida pela jurisprudência como um "direito acessório" à liberdade de opinião. Por isso, a jurisprudência do Tribunal Federal Constitucional alemão protege as manifestações anônimas como parte do direito à livre manifestação de pensamento. É o que nos ensina o Professor Lothar Michael, da Universidade de Düsseldorf, na Alemanha: "A democracia não está assegurada apenas pela proibição da censura. Também deve ser protegido aquele que manifesta opiniões divergentes, ou minoritárias. Daí a proteção da manifestação anônima", opina. Disponível em: https://www.conjur.com.br/2016-out-02/direito-anonimato-decorre-liberdade-expressao-professor. Acesso em: 15 jun. 2021.

24 MORAES, Maria Celina Bodin de; MORAES, João Quinelato de. "Autodeterminação informativa e responsabilização proativa: novos instrumentos de tutela da

Essa tutela passa a ser chamada de autodeterminação informativa e está entre os fundamentos da disciplina de proteção de dados, juntamente com - o respeito à privacidade; - a liberdade de expressão, de informação, de comunicação e de opinião; - a inviolabilidade da intimidade, da honra e da imagem; - o desenvolvimento econômico e tecnológico e a inovação; - a livre iniciativa, a livre concorrência e a defesa do consumidor; e - os direitos humanos, o livre desenvolvimento da personalidade, a dignidade e o exercício da cidadania pelas pessoas naturais. Esses são os pilares sobre os quais se estadeia a proteção efetiva dos dados (artigo 2° da LGPD).

E a autodeterminação informativa é a essência e a novidade da nova lei brasileira e aponta para um novo direito fundamental, extraído da evolução dos conceitos fundamentais de liberdade, dignidade, autonomia da vontade e privacidade. Ela passa pelos seguintes desdobramentos: (a) direito de passar despercebido (invisibilidade) e (b) o direito de ser esquecido.

O primeiro (invisibilidade/anonimato) continua sendo fundamental como proteção do indivíduo face ao poder arbitrário do Estado. Merece especial atenção o direito ao anonimato[25] para aqueles que denunciam situações de violação de direitos e de liberdades em Estados autocráticos. Nessas situações, o anonimato é um escudo contra a tirania, de onde quer que ela surja.[26]

O segundo, diz respeito à possibilidade de se "apagar" do mundo digital, de controlar a narrativa sobre a sua própria trajetória.

---

pessoa humana na LGPD". *In: Proteção de Dados Pessoais: Privacidade Versus Avanço Tecnológico. Cadernos Adenauer*, n. 3, a no XX, 2019, p. 118.

25 É fundamental verificar que o *anonimato* que a Constituição veda em seu artigo 5°, IV, é aquele usado como instrumento para a prática de crimes, especialmente os contra a honra, ou em atos que causem danos morais e materiais a terceiros. Aqui se trata de outro assunto: a proteção à identidade do indivíduo (por meio do anonimato).

26 SOLOVE, Daniel J. *Understanding Privacy*. Cambridge, Mass.: Harvard University Press, 2008.

Estabelecer legislações que deixem nas mãos do indivíduo a decisão sobre como sua informação pessoal pode ser recolhida, compartilhada, vendida, apagada ou criptografada já é um bom caminho para encarar os novos desafios relativos ao direito à privacidade.

Segundo o artigo 6° da LGPD, as atividades de tratamento de dados pessoais deverão observar a boa-fé e os seguintes princípios:

> I - finalidade: realização do tratamento para propósitos legítimos, específicos, explícitos e informados ao titular, sem possibilidade de tratamento posterior de forma incompatível com essas finalidades;
>
> II - adequação: compatibilidade do tratamento com as finalidades informadas ao titular, de acordo com o contexto do tratamento;
>
> III - necessidade: limitação do tratamento ao mínimo necessário para a realização de suas finalidades, com abrangência dos dados pertinentes, proporcionais e não excessivos em relação às finalidades do tratamento de dados;
>
> IV - livre acesso: garantia, aos titulares, de consulta facilitada e gratuita sobre a forma e a duração do tratamento, bem como sobre a integralidade de seus dados pessoais;
>
> V - qualidade dos dados: garantia, aos titulares, de exatidão, clareza, relevância e atualização dos dados, de acordo com a necessidade e para o cumprimento da finalidade de seu tratamento;
>
> VI - transparência: garantia, aos titulares, de informações claras, precisas e facilmente acessíveis sobre a realização do tratamento e os respectivos agentes de tratamento, observados os segredos comercial e industrial;
>
> VII - segurança: utilização de medidas técnicas e administrativas aptas a proteger os dados pessoais de acessos não autorizados e de situações acidentais ou ilícitas de destruição, perda, alteração, comunicação ou difusão;
>
> VIII - prevenção: adoção de medidas para prevenir a ocorrência de danos em virtude do tratamento de dados pessoais;

> IX - não discriminação: impossibilidade de realização do tratamento para fins discriminatórios ilícitos ou abusivos;
>
> X - responsabilização e prestação de contas: demonstração, pelo agente, da adoção de medidas eficazes e capazes de comprovar a observância e o cumprimento das normas de proteção de dados pessoais e, inclusive, da eficácia dessas medidas.

O tratamento dos dados pessoais, no Brasil, deve obedecer estritamente a esses princípios que se orientam para cumprimento da regra fundamental: "O tratamento dos dados pessoais deverá ser concebido para servir as pessoas",[27] titulares desses direitos.

Fundamentos e princípios são, em última ratio, vetores de interpretação assim como os consideranda dos diplomas europeus velando para que a lei cumpra sua vocação de proteger os dados pessoais, respeitada a autodeterminação informativa e demais características desse novo direito, vinculado aos valores fundamentais da dignidade e da liberdade, que assume caráter fundamental assim como fundamental é o avanço da tecnologia de que nos visa proteger.

Bobbio, ao final de seu trabalho "Presente e Futuro dos Direitos do Homem"[28] lembra a todos nós quanto ainda resta a fazer para chegar a esse mundo:

> A quem pretende fazer um exame despreconceituoso do desenvolvimento dos direitos humanos depois da Segunda Guerra Mundial, aconselharia este salutar exercício: ler a Declaração Universal e depois olhar em torno de si. Será obrigado a reconhecer que, apesar das antecipações iluminadas dos filósofos, das corajosas formulações dos juristas, dos esforços dos políticos de boa vontade, o caminho a percorrer é ainda longo. E ele terá a

---

27 GDPR, considerando nº 4.

28 BOBBIO, Norberto. "Presente e futuro dos direitos do homem". *In: A Era dos Direitos*. 7ª reimpressão. Rio de Janeiro: Campus Editora, 1992, p. 46.

> impressão de que a história humana, embora velha de milênios, quando comparada às enormes tarefas que estão diante de nós, talvez tenha apenas começado.

A LGPD é um notável avanço, mas é apenas um começo. Aqui não se pensa em mais regulamentação, mas no exercício das garantias existentes na Constituição, nos tratados internacionais e na própria lei para tornar efetivo o direito fundamental à proteção de dados.

O Estado e as corporações não tardarão a se recuperar desse avanço no campo dos direitos individuais. É preciso tomar cuidado com o excesso de regulamentação que, a pretexto de proteger o consumidor e o cidadão, poderá engessar a liberdade de autodeterminação informativa, prejudicando o direito ao esquecimento digital,[29] [30] a livre criptografia de seus próprios dados, ao anonimato nas denúncias de violações aos direitos fundamentais. De outra parte é indispensável uma imensa atenção ao processo educativo, de forma a que o respeito pelo outro e seus direitos, a aceitação da alteridade, nos faça caminhar para um mundo mais solidário.

---

29 Aqui direito ao esquecimento refere-se ao apagamento de dados, quando não mais necessários ou após um determinado tempo. Não se cogita aqui de um genérico direito ao esquecimento, limitador da liberdade de expressão, que colide com o texto constitucional, como decidido pelo STF no Recurso Extraordinário (RE) 1010606. Ver lição de Oscar Vilhena na nota seguinte.

30 Vieira, Oscar Vilhena, Parecer elaborado para o Instituto Palavra Aberta e encaminhado ao STF, como Amicus Curiae no RE 1010606: A legislação brasileira tem criado mecanismos de proteção de dados, especialmente no campo do crédito, do consumidor, assim como na esfera da internet, voltados a assegurar que esses dados sejam corretos, utilizados de forma pertinente, protegidos de manipulação e mesmo apagados quando não mais necessários. Há inclusive a previsão de que determinados dados sejam eliminados após determinado tempo. Esta previsão de "esquecimento pré-programado", no entanto, não deve ser confundida com a reivindicação de um genérico "direito ao esquecimento", pois aqui não se está a tratar de "esquecer" algo que o sujeito discricionariamente entende como inconveniente, mas sim algo que a lei estabelece como indisponível. Da mesma forma a prerrogativa de exigir a veracidade e correção de informações específicas, mantidas em bancos de dados públicos e privados, não se confunde com a faculdade de redesenhar o passado, impondo limitações ou criando dificuldades para que se acesse informações legalmente produzidas e disponibilizadas.

CAPÍTULO I - AUTODETERMINAÇÃO INFORMATIVA: SURGE UM NOVO DIREITO FUNDAMENTAL

Informação bibliográfica deste texto, conforme a NBR 6023:2002 da Associação Brasileira de Normas Técnicas (ABNT):

CAPÍTULO I - AUTODETERMINAÇÃO INFORMATIVA: SURGE UM NOVO DIREITO FUNDAMENTAL - Belisário dos Santos Jr.; Juliana Vieira dos Santos

SANTOS JR., Belisário dos; SANTOS, Juliana Vieira dos. "Autodeterminação informativa: surge um novo direito fundamental". *In:* MARINHO, Gustavo; VALIM, Rafael; WARDE, Walfrido; SIMÃO, Valdir. *Aspectos relevantes da Lei Geral de Proteção de Dados*. São Paulo: Editora Contracorrente, 2021.

CAPÍTULO II

A LEI GERAL DE PROTEÇÃO DE DADOS: APERFEIÇOAMENTO E CONSOLIDAÇÃO NO BRASIL

Marco Antonio Marques da Silva

Introdução

Com os efeitos da globalização e da maior facilidade de comunicação, houve um incremento na prática da vigilância em massa, tornando-se mais fácil o controle e o acesso aos dados de bilhões de pessoas ao redor do Globo. No ano de 2018, com preocupações ligadas à proteção de dados pessoais, a União Europeia aprovou o Regulamento Geral de Proteção de Dados (RGPD), passando a tutelar, no âmbito normativo e de forma detalhada, o tratamento dos dados de milhões de europeus.

Pretendemos apresentar algumas análises quanto ao papel da Lei nº 13.709, de 14 de agosto de 2018, Lei Geral de Proteção de Dados (LGPD), em que o legislador, com clara inspiração no RGPD europeu, buscou resguardar direitos já consolidados pela Constituição de 1988, trazendo uma normativa detalhada no tocante ao tratamento de dados no Brasil.

Sob o ponto de vista metodológico, dividimos o artigo em quatro partes. Na primeira, fazemos uma breve apreciação dos impactos da globalização, a qual promoveu uma revolução na economia, na política, na tecnologia e na cultura, culminando na possibilidade de vigilância, sobretudo com o aperfeiçoamento da rede mundial de computadores. Na segunda parte, trazemos argumentos que buscam ver reconhecido um direito autônomo e fundamental à proteção de dados e à autodeterminação informativa na Constituição Federal, consequência direta do direito à privacidade, à intimidade e à dignidade da pessoa humana. Na terceira parte do trabalho, é ponderada a evolução do Supremo Tribunal Federal no enfrentamento do direito constitucional à proteção de dados e à autodeterminação informativa. Por fim, procuramos apontar o papel da LGPD enquanto instrumento de aperfeiçoamento da proteção dos dados pessoais no Brasil, trazendo as principais inovações da lei.

1. Os fenômenos da globalização e da vigilância em massa

A globalização impôs uma revolução que implicou em significativas mudanças na economia, na política, na tecnologia e na cultura. Na contemporaneidade, em que a sociedade passa por constantes mudanças e que, em uma análise desatenta, poderia implicar na ideia de que tal movimento ensejou apenas transformações de ordem financeira mundial, é certo que todos os indivíduos acabaram marcados por aspectos desse fenômeno.[1]

O termo globalização, consoante referido em diversos outros estudos, permanece sendo mal compreendido e mal definido, apesar

---

1 SILVA, Marco Antonio Marques da. "Refugiados são pessoas, dignas e com direitos". *In:* PINTO, Eduardo Vera-Cruz; PERAZZOLO, José Rodolpho; BARROSO, Luís Roberto; SILVA, Marco Antonio Marques da; CICCO, Maria Cristina de. (Coord.). *Refugiados, imigrantes e igualdade dos povos:* estudos em homenagem a António Guterres. São Paulo: Quartier Latin, 2017, p. 954.

da sua inegável influência na política.[2] Como já tivemos a oportunidade de assinalar, na globalização, os conflitos valorativos entre os cidadãos fogem da "constante de uma relação comunicativa entre duas pessoas, para uma comunicação na qual o emissor e o receptor não são individualizados, mas se referem a uma organização, ou várias pessoas".[3]

O fato é que há hoje um incremento nas relações, em especial das comerciais, de informação e nas sociais, em que a rapidez das mudanças também implica na ampliação dos problemas.[4] A contradição parece evidente; muito embora haja uma facilidade de acesso em qualquer lugar do planeta, sobretudo com a utilização da rede mundial de computadores, já não é mais possível esconder-se e parece estar cada vez mais distantes do direito à privacidade.[5]

É o período das grandes transformações e instabilidades, segundo Jorge Miranda.[6] Em que pese os diversos efeitos positivos da globalização, tais como a facilidade na circulação das ideias e a comunicação

---

2 Diversos são nossos escritos dedicados ao tema: SILVA, Marco Antonio Marques da. "Refugiados são pessoas, dignas e com direitos". *In:* PINTO, Eduardo Vera-Cruz; PERAZZOLO, José Rodolpho; BARROSO, Luís Roberto; SILVA, Marco Antonio Marques da; CICCO, Maria Cristina de. (Coord.). *Refugiados, imigrantes e igualdade dos povos:* estudos em homenagem a António Guterres. São Paulo: Quartier Latin, 2017. p. 954; SILVA, Marco Antonio Marques da. "Refugiados são pessoas, dignas e com direitos". *In:* COSTA, José de Farias; SILVA, Marco Antonio Marques da. *Direito penal especial, processo penal e direitos fundamentais:* visão luso-brasileira. São Paulo: Quartier Latin, 2006, p. 402, dentre outras obras.

3 SILVA, Marco Antonio Marques da. "Dignidade humana e globalização". *In:* SILVA, Marco Antonio Marques da. (Coord.). *A efetividade da dignidade humana na sociedade globalizada.* São Paulo: Quartier Latin, 2017, pp. 100/101.

4 FERNANDES, Paulo Silva. *Globalização, "sociedade de risco" e o futuro do direito penal:* panorâmica de alguns problemas comuns. Coimbra: Almedina, 2001, p. 37.

5 FERNANDES, Paulo Silva. *Globalização, "sociedade de risco" e o futuro do direito penal:* panorâmica de alguns problemas comuns. Coimbra: Almedina, 2001, p. 38.

6 MIRANDA, Jorge. *Curso de direito constitucional.* Lisboa: Universidade Católica Editora, vol. 1, 2016p. 74. Essa também é a análise de Ulrich Beck, para quem "a produção industrial é acompanhada por um universalismo das ameaças, independente dos lugares onde são produzidas" (BECK, Ulrich. *Sociedade de risco:* rumo a uma outra modernidade. 2. E d. São Paulo: Editora 34, 2011, p. 43).

instantânea, lembra o citado autor português, eclodem também inúmeros problemas de ordem internacional, tais como, a ingerência das empresas multinacionais, o aprofundamento das desigualdades econômicas, a manipulação dos meios de comunicação, a cultura de consumo em massa, a erosão dos valores éticos e políticos, as tensões étnicas e religiosas e o terrorismo a nível internacional.[7]

O desenvolvimento desse mundo globalizado permite, em consequência, o aperfeiçoamento da ideia "aldeia global", para usar a expressão de Paulo Silva Fernandes, desempenhando a internet papel decisivo no que se chama de "ágora mundial". Se antes o mundo estava dividido em aldeias, é certo que a rede mundial de computadores transformou o "globo em aldeia", permitindo que, mesmo virtualmente, se esteja em qualquer lugar do globo.[8]

Surge, a partir de então, preocupações com a vigilância em massa, notadamente pelo uso massivo das novas tecnologias e que, de acordo com Arthur Marques Silva, consiste no "monitoramento indiscriminado da internet e de comunicações telefônicas de várias pessoas, ou até de países inteiros, sem que haja qualquer espécie de prova de que tenha havido atividades ilegais ou irregulares por parte destas".[9] Trata-se de noção próxima a de vigilância líquida, idealizada por Zygmunt Bauman e que, sobre o assunto, anota:

> O poder de vigilância, tal como o exercido por departamentos governamentais, agências de polícia e corporações privadas, enquadra-se muito bem nessa descrição. Até as fronteiras

---

7 MIRANDA, Jorge. *Curso de direito constitucional*. vol. 1. Lisboa: Universidade Católica Editora, 2016, p. 75.

8 FERNANDES, Paulo Silva. *Globalização, "sociedade de risco" e o futuro do direito penal:* panorâmica de alguns problemas comuns. Coimbra: Almedina, 2001, p. 39.

9 SILVA, Arthur Marques. *Vigilância estatal em massa no século XXI:* conflito de pretensões entre o individual e o coletivo no mundo internacionalizado. 2019, 151 f. Dissertação (Mestrado em Direito Internacional) - Faculdade de Direito, Universidade Católica de Santos, Santos, p. 33.

> nacionais, antes geograficamente localizadas – ainda que de modo arbitrário –, agora aparecem, nos aeroportos, distantes das "bordas" territoriais, e, o que é mais significativo, em bases de dados que podem nem estar "no" país em questão.[10]

O fato é que, na esteira do pensamento do sociólogo polonês, vivemos em um mundo no qual "precisamos acusar para sermos absolvidos, excluir para evitarmos a exclusão".[11] Em nome dessa virtual segurança, os indivíduos se veem constantemente fiscalizados tal qual idealizado por George Orwell em seu romance "1984", no qual o "Grande Irmão" vigia a todos, inclusive os pensamentos.

Não temos dúvida que o mundo globalizado trouxe mudanças significativas à vida das pessoas, desencadeando não só a facilidade de acesso aos quatro cantos do globo, mas, consolidando noções que antes pareciam restritas a romances. A ideia de vigilância em massa, em nome da segurança, ganha contornos preocupantes quando, em seu nome, promove-se a supressão de direitos individuais e as noções de intimidade e privacidade tornam-se meras abstrações, desprovidas de aplicação na vida real.

2. O direito à proteção de dados e à autodeterminação informativa na Constituição de 1988

Tendo em vista tais circunstâncias, em que a vigilância em massa passa a ser uma realidade inegável, torna-se indispensável analisar, sob a perspectiva do direito positivo, o direito constitucional à proteção de dados e à autodeterminação informativa, como mecanismos de proteção

10 BAUMAN, Zygmunt. *Vigilância líquida*: diálogos com David Lyon. São Paulo: Zahar, 2013, p. 9.

11 BAUMAN, Zygmunt. *Vigilância líquida:* diálogos com David Lyon. São Paulo: Zahar, 2013, p. 72.

do cidadão aos abusos não só da iniciativa privada, que promovem um controle massivo dos dados,[12] mas, sobretudo, do Estado.

E a preocupação não pode ser ignorada, segundo Bruno Ricardo Bioni, a partir do aperfeiçoamento da ciência mercadológica, em especial do marketing e da propaganda, os dados pessoais tornaram--se importantes ativos na economia da informação, desencadeando a noção de "economia da vigilância" em que, nas palavras do autor, "tende a posicionar o cidadão como um mero expectador das suas informações".[13]

No tocante à Constituição Federal de 1988, é certo que ela foi pródiga no estabelecimento de direitos e garantias fundamentais dispondo, por exemplo, o artigo 5°, X, serem "invioláveis a intimidade, a vida privada, a honra e a imagem das pessoas, assegurado o direito a indenização pelo dano material ou moral decorrente de sua violação"; essa previsão é reforçada pelo artigo 5°, XII, pelo qual "é inviolável o sigilo da correspondência e das comunicações telegráficas, de dados e das comunicações telefônicas, salvo, no último caso, por ordem judicial, nas hipóteses e na forma que a lei estabelecer para fins de investigação criminal ou instrução processual penal".

Ambos os preceitos tutelam o direito à intimidade e à privacidade que, analisados em perspectiva com a dignidade da pessoa humana, positivado no artigo 1°, III, da Constituição federal, ao prescrever que a "a República Federativa do Brasil, formada pela união indissolúvel dos Estados e Municípios e do Distrito Federal, constitui-se em Estado Democrático de Direito e tem como fundamentos", "a dignidade da pessoa humana", permite que se extraia o direito à proteção de dados e à autodeterminação informativa.

---

12 LOTT, Yuri Monnerat; CIANCONI, Regina de Barros. "Vigilância e privacidade, no contexto do *big data* e dados pessoais: análise da produção da Ciência da Informação no Brasil". *Perspectivas em Ciência da Informação*. Belo Horizonte, vol. 23, n. 4, out./dez. 2018, p. 123.

13 BIONI, Bruno Ricardo. *Proteção de dados pessoais*: a função e os limites do consentimento. 2. Ed. Rio de Janeiro: Forense, 2020, p. 12.

Aliás, a preocupação do Constituinte originário foi de tamanha monta que o direito à privacidade e à intimidade somente foram excepcionados nos casos de estado de defesa e no estado de sítio. Note-se, por exemplo, que ao fixar no artigo 136, da Carta Magna, o cabimento do estado de defesa, "para preservar ou prontamente restabelecer, em locais restritos e determinados, a ordem pública ou a paz social ameaçadas por grave e iminente instabilidade institucional ou atingidas por calamidades de grandes proporções na natureza", previu-se a possibilidade de restrições aos direitos de "sigilo de correspondência" (§ 1°, I, "b") e do "sigilo de comunicação telegráfica e telefônica" (§ 1°, I, "c").

Igual circunstância foi reconhecido no artigo 137, I e II, da nossa Lei Maior que ao regular a decretação do estado de sítio nos casos de "comoção grave de repercussão nacional ou ocorrência de fatos que comprovem a ineficácia de medida tomada durante o estado de defesa" e "declaração de estado de guerra ou resposta a agressão armada estrangeira", autorizou "restrições relativas à inviolabilidade da correspondência, ao sigilo das comunicações, à prestação de informações e à liberdade de imprensa, radiodifusão e televisão, na forma da lei" (art. 139, III).

Apesar de respeitáveis posições defenderem que o direito à privacidade se confunde com o direito à intimidade,[14] assim como se dá no direito anglo-saxão com o right to privacy,[15] é certo que o Constituinte originário optou por, ao menos na perspectiva do direito legislado, empregá-los como se diferentes fossem.[16] Assim, enquanto o direito à privacidade, conforme Gilmar Ferreira Mendes e Paulo Gustavo Gonet

---

14 TEIXEIRA, Tarcisio. *Direito digital e processo eletrônico*. 5. ed. São Paulo: Saraiva, 2020, p. 88; SILVA, José Afonso da. *Curso de direito constitucional positivo*. 25. ed. São Paulo: Malheiros, 2005, p. 206.

15 GRINOVER, Ada Pellegrini. *Liberdades públicas e processo penal:* as interceptações telefônicas. 2. E d. São Paulo: RT, 1982, pp. 77-79; SILVA, José Afonso da. *Curso de direito constitucional positivo*. 25. E d. São Paulo: Malheiros, 2005, p. 206.

16 SILVA, Marco Antonio Marques da; FURTADO, Régis Munari. "O direito à intimidade como limite à admissibilidade das gravações clandestinas: reflexões acerca da posição do Supremo Tribunal Federal". *Revista de Direito Brasileira*, Florianópolis, vol. 26, n. 10, mai./ago. 2020, p. 369.

Branco, tratar-se-iam das "conversações e os episódios ainda mais íntimos, envolvendo relações familiares e amizades mais próximas",[17] o direito à intimidade, para Ada Pellegrini Grinover, poderia ser entendido como "uma esfera de que o indivíduo necessita vitalmente para poder livre e harmoniosamente desenvolver sua personalidade, ao abrigo de interferências arbitrárias".[18]

Distinções à parte, é certo que o direito à proteção de dados, como já mencionamos, está invariavelmente ligado tanto à privacidade, quanto à intimidade e a dignidade da pessoa humana, na medida em que a Constituição federal de 1988 trouxe disposições claras tendentes a assegurar não só a vida privada, mas também o sigilo dos dados, o que somado ao reconhecimento da dignidade da pessoa humana impede que, tanto o Estado quanto o particular, violem, fora das hipóteses claramente fixadas pela lei, a privacidade e a intimidade alheias. Aliás, como escrevemos em outra oportunidade:

> A dignidade decorre da própria natureza humana, o ser humano deve ser sempre tratado de modo diferenciado em face de sua natureza racional. É no relacionamento entre as pessoas e o mundo exterior, e entre o Estado e a pessoa, que se exteriorizam os limites da interferência no âmbito desta dignidade. O seu respeito, é importante que se ressalte, não é uma concessão ao Estado, mas nasce da própria soberania popular, ligando-se à própria noção de Estado Democrático de Direito.[19]

---

17 MENDES, Gilmar Ferreira; BRANCO, Paulo Gustavo Gonet. *Curso de direito constitucional.* 6. E d. São Paulo: Saraiva, 2011, pp. 315-317.

18 GRINOVER, Ada Pellegrini. *Liberdades públicas e processo penal:* as interceptações telefônicas. 2. E d. São Paulo: RT, 1982, p. 87.

19 SILVA, Marco Antonio Marques da. "Cidadania e democracia: instrumentos para efetivação da dignidade humana". *In*: MIRANDA, Jorge; SILVA, Marco Antonio Marques da. *Tratado luso-brasileiro da dignidade humana.* 2. E d. São Paulo: Quartier Latin, 2009, p. 227.

É indiscutível, portanto, que ao prescrever o artigo 5º, incisos X e XII, da Constituição de 1988, o direito à intimidade, à vida privada e ao sigilo de dados, houve expressa previsão de proteção não só aos dados, mas também o reconhecimento, ainda que de forma implícita e como consequência da própria dignidade da pessoa humana, da autodeterminação informativa, questão que, inclusive, vem disposta no artigo 5º, LXXII, letras "a" e "b", da Carta da República, com a concessão de habeas data, para "para assegurar o conhecimento de informações relativas à pessoa do impetrante, constantes de registros ou bancos de dados de entidades governamentais ou de caráter público" e "para a retificação de dados, quando não se prefira fazê-lo por processo sigiloso, judicial ou administrativo".[20]

De acordo com J. J. Gomes Canotilho, o direito à autodeterminação informativa manifesta-se com a "faculdade de o particular determinar e controlar a utilização dos seus dados pessoais"[21] e foi objeto de análise pelo Tribunal Constitucional Alemão que, ao decidir sobre a Lei do Censo de 1983, reconheceu-se não só tal direito como decorrência do direito à privacidade, mas, também, que o cidadão deveria ter o controle sobre os seus próprios dados pessoais, devendo se autodeterminar a partir de suas próprias informações.[22] Declarou-se, inconstitucional, portanto, a tentativa de cruzamento dos dados dos

---

20 A Constituição portuguesa consagra de forma expressa a utilização informática em seu artigo 35. De acordo com o art. 35, 1, "todos os cidadãos têm o direito de acesso aos dados informatizados que lhes digam respeito, podendo exigir a sua retificação e atualização, e o direito de conhecer a finalidade a que se destinam, nos termos da lei". O art. 35, 2, por sua vez, dispõe que "a lei define o conceito de dados pessoais, bem como as condições aplicáveis ao seu tratamento automatizado, conexão, transmissão e utilização, e garante a sua proteção, designadamente através de entidade administrativa independente".

21 CANOTILHO, J. J. Gomes. *Direito constitucional e teoria da Constituição*. 7. E d. Coimbra: Coimbra Editora, 2003, p. 514.

22 BIONI, Bruno Ricardo. *Proteção de dados pessoais*: a função e os limites do consentimento. 2. E d. Rio de Janeiro: Forense, 2020, p. 98.

cidadãos obtidos para o recenseamento daquele ano com a execução de outras atividades administrativas.[23]

Não há mais como deixar de reconhecer que o direito à proteção de dados e a autodeterminação informativa encontram albergue constitucional, cuidando-se de direitos fundamentais e autônomos, devendo, enquanto tal, ser empregados na interpretação das normas infraconstitucionais e como mecanismos de controle dos atos, sobretudo com o tratamento massivo de dados na rede mundial de computadores e a adoção de medidas governamentais que coloquem em risco o próprio cidadão.

3. O Supremo Tribunal Federal e o reconhecimento da proteção ao direito à proteção de dados

A discussão acerca do direito à proteção de dados não é uma novidade no Direito brasileiro, tampouco no âmbito do Supremo Tribunal Federal. Desde o julgamento pelo Plenário do Recurso Extraordinário (RE) nº 418.416/SC, em 2006, de relatoria do Ministro Sepúlveda Pertence, há a discussão acerca do direito constitucional à proteção de dados, o que se consolidou quando da análise do Referendo (REF) na Medida Cautelar (MC) da Ação Direta de Inconstitucionalidade (ADI) nº 6.387/DF, no ano de 2020, tendo como relatora a Ministra Rosa Weber.

No primeiro caso, o RE nº 418.416/SC, o Supremo Tribunal Federal foi levado a discutir, dentre outras teses, se decisão judicial determinando a busca e apreensão de documentos e equipamentos de informação, além da quebra de sigilo bancário das empresas envolvidas e das pessoas constantes no quadro societário, implicava, ou não, em condenação baseada em prova ilícita decorrente da suposta violação à proteção constitucional ao sigilo das comunicações de dados,

---

23 BIONI, Bruno Ricardo. *Proteção de dados pessoais*: a função e os limites do consentimento. 2. E d. Rio de Janeiro: Forense, 2020, p. 97.

nos termos do art. 5º, X,[24] XI,[25] XII,[26] LV[27] e LVI[28] da Constituição Federal.

O primeiro argumento analisado pela Suprema Corte foi o do aparente desrespeito da decisão do Supremo Tribunal Federal no julgamento da Ação Penal (AP) nº 307/DF, em que se teria reconhecido o direito à proteção dos dados e não simplesmente à comunicação dos dados, tendo sido declarada a ilicitude da prova produzida a partir da decodificação dos registros contidos em computador apreendido na sede da empresa de um dos acusados.

Essa tese foi, contudo, rejeitada pelo relator do recurso, o Ministro Sepúlveda Pertence, acompanhado pela maioria dos magistrados, sob o argumento de que ainda que no referido julgamento alguns Ministros do Supremo Tribunal Federal tenham reconhecido a tese de inviolabilidade absoluta dos dados de computador, tal análise foi feita apenas nos votos dos Ministros Ilmar Galvão, relator, e Moreira Alves, revisor, tendo sido reconhecida a nulidade em razão de outra questão, esta sim à unanimidade, qual seja a realização de busca e apreensão sem autorização judicial.

---

24 Art. 5º (...) X - são invioláveis a intimidade, a vida privada, a honra e a imagem das pessoas, assegurado o direito a indenização pelo dano material ou moral decorrente de sua violação.

25 Art. 5º (...) XI - a casa é asilo inviolável do indivíduo, ninguém nela podendo penetrar sem consentimento do morador, salvo em caso de flagrante delito ou desastre, ou para prestar socorro, ou, durante o dia, por determinação judicial. XII - é inviolável o sigilo da correspondência e das comunicações telegráficas, de dados e das comunicações telefônicas, salvo, no último caso, por ordem judicial, nas hipóteses e na forma que a lei estabelecer para fins de investigação criminal ou instrução processual penal.

26 Art. 5º (...) LIV - ninguém será privado da liberdade ou de seus bens sem o devido processo legal.

27 Art. 5º (...) LV - aos litigantes, em processo judicial ou administrativo, e aos acusados em geral são assegurados o contraditório e ampla defesa, com os meios e recursos a ela inerentes.

28 Art. 5º (...) LVI - são inadmissíveis, no processo, as provas obtidas por meios ilícitos.

Quanto a tese do direito à proteção de dados, decidiu o Ministro relator negar provimento ao recurso, sustentando que a proteção constante no artigo 5°, XII, da Constituição federal, seria da comunicação "de dados" e não os "dados", assentando, outrossim, que o acolhimento desse argumento resultaria na impossibilidade de qualquer investigação administrativa. E citando o voto proferido no Mandado de Segurança n° 21.729/DF, defendeu:

> Seja qual for o conteúdo da referência dada no inciso XII, este é absolutamente inviolável. O que, a meu ver, mostra, para não se chegar a uma desabrida absurdidade da Constituição, a ter que concluir que se refere à comunicação de dados. Só, afinal, a telefônica é relativa, porque pode ser quebrada por ordem judicial, o que é fácil de entender, pois a comunicação telefônica é instantânea, ou se colhe enquanto ela se desenvolve, ou se perdeu a prova; já a comunicação de dados, a correspondência, a comunicação telegráfica, não, elas deixam provas que podem ser objeto de busca e apreensão. O que se proíbe é a intervenção de um terceiro num ato de comunicação, em todo o dispositivo, por isso só com relação à comunicação telefônica se teve de estabelecer excepcionalmente a possibilidade da intervenção de terceiros para se obter esta prova, que de outro modo perder-se-ia.

Portanto, na ótica do Ministro Sepúlveda Pertence, acompanhado na ocasião pela maioria do Plenário no tocante à análise do artigo 5°, XII, da Constituição federal, seria objeto de proteção de comunicação não o registro, mas a comunicação de dados. O único voto vencido foi o do Ministro Marco Aurélio que, entretanto, acolheu o RE por violação ao dever de fundamentação, negando, entretanto, o reconhecimento ao direito à proteção de dados, já que inexistiria, "no caso, a proteção quanto a dados armazenados".

No segundo caso, o Plenário do Supremo Tribunal Federal viria a discutir novamente a amplitude do direito à proteção de dados[29] no

---

29 É importante registrar que o Supremo Tribunal Federal não se limitou a analisar o direito à proteção de dados pessoais apenas no RE n° 418.416/SC (rel. Min.

julgamento da ADI nº 6.487-MC-REF/DF, quando a partir de ADI ajuizada pelo Conselho Federal da Ordem dos Advogados do Brasil (CFOAB), foi requerida a declaração de inconstitucionalidade, in totum, da Medida Provisória (MP) nº 954, de 17 de abril de 2020, que sob o argumento de elaboração de estatística oficial para o combate da pandemia do COVID-19, determinava às operadoras de telefonia fixa e móvel o compartilhamento de dados dos usuários com o Instituto Brasileiro de Geografia e Estatística (IBGE).

Atendendo a solicitação do CFOAB, a Ministra Rosa Weber, relatora, concedeu o pedido de medida cautelar, com o intuito de prevenir danos irreparáveis à intimidade e ao sigilo da vida privada de uma centena de milhão de usuários dos serviços de telefônica fixa e móvel, suspendendo integralmente a eficácia da MP nº 954/2020, até que o Plenário do Supremo Tribunal Federal se pronunciasse acerca da norma federal.

Submetida a questão a análise do Pleno, a Ministra Rosa Weber, acompanhada na ocasião pela maioria dos Ministros, à exceção do Ministro Marco Aurélio, afirmou que informações relacionadas à identificação da pessoa natural, configuram dados pessoais e integram o âmbito de proteção das cláusulas constitucionais assecuratórias da liberdade (art. 5º, *caput*), da privacidade e do livre desenvolvimento da personalidade (art. 5º, X e XII), exigindo-se que a sua manipulação e tratamento observem os limites impostos na Carta Magna.

No mesmo julgamento foi ainda decidido, outrossim, que a MP não delimitava o objetivo da estatística a ser produzida, a finalidade

---

Sepúlveda Pertence) e na ADI nº 6.387-MC-REF/DF (rel. Min. Rosa Weber), já referidos, mas em diversas outras decisões. Pode-se destacar, nesse ponto, o RE nº 673.707/MG (rel. Min. Luiz Fux), no qual reconheceu-se a possibilidade de acesso às informações constantes de sistemas informatizados de controle de pagamento de tributos no SINCOR da Receita Federal e no RE nº 1.055.941/SP (rel. Min. Dias Toffoli), em que foi declarada a constitucionalidade do compartilhamento dos Relatórios de Inteligência Financeira e da íntegra dos procedimentos da Receita Federal com órgãos de persecução penal para fins criminais. Entretanto, pela contraposição de posições, optamos por mencionar apenas as primeiras decisões, ficando o leitor ciente da existência de outras.

específica e a amplitude, tampouco esclarecia a necessidade de disponibilização dos dados e como eles seriam utilizados. Em sua análise, a norma contestada não apresentaria mecanismo técnico ou administrativo capaz de proteger os dados pessoais de acessos não autorizados, vazamentos acidentais ou utilização indevida.

Para a Ministra relatora, não bastasse a coleta de dados mostrar-se excessiva, haveria também manifesta desproporcionalidade com relação ao universo de dados a serem disponibilizados com base na MP, o que se agravaria com a ausência de previsão de anonimização ou pseudonimização, isto é, instrumentos técnicos capazes de identificar, ou indiretamente, os titulares dos dados, o que, a propósito, teria sido exigido como indispensável pelo IBGE. Conforme registrado em seu voto:

> Certamente há quem ainda se lembre de que há poucas décadas, antes da ubiquidade da telefonia móvel, era comum a edição de listas telefônicas impressas contendo nomes, telefones e endereços dos assinantes residenciais e comerciais dos serviços de telefonia em uma dada localidade. Além de ser facultado aos usuários dos serviços de telefonia optarem pela exclusão dos próprios dados dessas listas, é crucial ter presente que o que podia ser feitos a partir da publicização de tais dados pessoais não se compara ao que pode ser feito no patamar tecnológico atual, em que poderosas tecnologias de processamento, cruzamento e filtragem de dados permitem a formação de perfis individuais extremamente detalhados.

Também de acordo com a Ministra relatora, não seria possível admitir uma norma determinando o fornecimento de dados pessoais de milhões de usuários, sem que a MP contemplasse alguma garantia de tratamento seguro dos dados e de responsabilização no caso de acesso indevido ou de uso indevido dos dados. Segundo ela, não se pode determinar o tratamento de dados sem que haja mecanismos de proteção compatíveis com as previsões constitucionais assecuratórias da liberdade individual (art. 5º, *caput*, CF), da privacidade e do livre desenvolvimento da personalidade (art. 5º, X e XII, CF).

No final de seu voto, argumentou que situações como as deflagradas pela pandemia do COVID-19, marcadas por medidas excepcionais, convergiriam no enfraquecimento de direitos e garantias individuais, porque as instituições que outrora estariam menos suscetíveis a abusos, tornar-se-iam dispostas a uma maior vigilância e coleta de dados de seus cidadão e não-cidadãos, apresentando novos desafios para o resguardo do direito à privacidade.

Em sentido contrário e apresentando voto vencido, o Ministro Marco Aurélio sustentou, dentre outros argumentos, que a MP nº 954/2020 não conflitaria com o artigo 5º, X, da Constituição Federal, já que o IBGE não interceptaria nenhum telefone para obter os dados e comunicações telefônicas mantidas pelos usuários, além de que os possuidores de telefone o teriam justamente para que haja comunicação.

Como se vê, portanto, interpretando o artigo 5º, *caput*, incisos X e XII, da Carta da República, o Plenário do Supremo Tribunal Federal expressamente reconheceu o direito constitucional à proteção de dados, circunstância que, aliás, ficou explicitada nos votos dos demais Ministros, destacando-se o entendimento dos Ministros Luiz Fux, Ricardo Lewandowski, Gilmar Mendes e Cármen Lúcia, no qual tal direito é referido.

Ao assim proceder, a Suprema Corte ampliou a gama de proteção já constante no rol de direitos e garantias fundamentais, tornando a preocupação com o tratamento e a proteção de dados uma obrigação que deve ser atendida tanto em âmbito público, quanto privado e, finalmente, estabelecendo balizas claras na edição de normas tendentes a lidar com o compartilhamento e o uso de dados pessoais.

4. A Lei Geral de Proteção de Dados como mecanismo de aperfeiçoamento e consolidação da proteção de dados no Brasil

Com o reconhecimento do direito constitucional à proteção de dados, merece atenção a Lei nº 13.709, de 14 de agosto de 2018, Lei

Geral de Proteção de Dados (LGPD), na qual o legislador não apenas efetivou tal direito em âmbito infraconstitucional, mas, sobretudo, estabeleceu diversas balizas para a proteção dos dados pessoais em âmbito nacional.

Trata-se de importante marco legislativo, inspirado no detalhado Regulamento Geral sobre a Proteção de Dados da União Europeia (Regulamento UE 2016/679) e que, inspirado nessa normativa, buscou a implantação de legislação em âmbito nacional facilitando operações comerciais e atraindo novos investimentos,[30] bem como viabilizando a troca de informações entre o Brasil e as nações da Comunidade Europeia que exigia o atendimento das normas europeias para a transferência de dados pessoais.[31]

De acordo com o artigo 1° da LGPD, a intenção foi dar uma resposta legal ao tratamento dos dados pessoais, notadamente nos meios digitais, aplicando-se a lei tanto às pessoas físicas, quanto jurídicas, incluindo-se as de direito público e privada, com o objetivo de proteger os direitos fundamentais da liberdade e da privacidade, além do livre desenvolvimento da pessoa natural.

Entende-se por dado pessoal, conforme dispõe o artigo 5°, I, da LGPD, a "informação relacionada a pessoa natural identificada ou identificável", assim como tratamento, nos termos do artigo 5°, X, da LGPD, "toda operação realizada com dados pessoais, como as que se

---

30 TEIXEIRA, Tarcisio; ARMELIN, Ruth Maria Guerreiro da Fonseca. *Lei Geral de Proteção de Dados Pessoais*: comentada artigo por artigo. 2. E d. Salvador: JusPodivm, 2020, p. 28.

31 RGPD -Artigo 44.°. *Princípio geral das transferências*. Qualquer transferência de dados pessoais que sejam ou venham a ser objeto de tratamento após transferência para um país terceiro ou uma organização internacional só é realizada se, sem prejuízo das outras disposições do presente regulamento, as condições estabelecidas no presente capítulo forem respeitadas pelo responsável pelo tratamento e pelo subcontratante, inclusivamente no que diz respeito às transferências ulteriores de dados pessoais do país terceiro ou da organização internacional para outro país terceiro ou outra organização internacional. Todas as disposições do presente capítulo são aplicadas de forma a assegurar que não é comprometido o nível de proteção das pessoas singulares garantido pelo presente regulamento.

referem a coleta, produção, recepção, classificação, utilização, acesso, reprodução, transmissão, distribuição, processamento, arquivamento, armazenamento, eliminação, avaliação ou controle da informação, modificação, comunicação, transferência, difusão ou extração".

A proteção de dados, nos termos da norma, tem por fundamento o respeito à privacidade, à autodeterminação informativa, a liberdade de expressão, de informação, de comunicação e de opinião, a inviolabilidade da intimidade, da honra e da imagem, o desenvolvimento econômico e tecnológico e a inovação, a livre iniciativa, a livre concorrência e a defesa do consumidor e os direitos humanos, o livre desenvolvimento da personalidade, a dignidade e o exercício da cidadania pelas pessoas naturais (artigo 2°, LGPD).

Consolida-se, assim, em âmbito infraconstitucional, o direito constitucional à proteção de dados e à autodeterminação informativa, objeto de intenso debate ao longo dos anos no Supremo Tribunal Federal e que culminou no acórdão da ADI n° 6.487-MC-REF/DF, tornando a questão objeto de atendimento obrigatório por todas as instâncias, juízos e pela administração pública e privada.

A LGPD também atua no estabelecimento de princípios aplicáveis ao tratamento dos dados pessoais que, além da boa-fé (art. 6°, *caput*), incluem-se os princípios da finalidade, da adequação, da necessidade, do livre acesso, da qualidade dos dados, da transparência, da segurança, da prevenção, da não discriminação e da responsabilização e prestação de contas (incisos I a X do art. 6°), servindo como importantes instrumentos na interpretação da norma e na relação entre os usuários e os responsáveis pelo tratamento de dados.

Outro ponto notável advindo com a Lei n° 13.709/2018 foi a necessidade de consentimento do titular para o tratamento de seus dados, regulando-se não apenas a forma como esse consentimento deve ser prestado, mas, ainda, reconhecendo a possibilidade de o titular dos dados pessoais revogá-los a qualquer momento, que deve ser gratuita e facilitada (arts. 7° e 8° da LGPD).

Finalmente, é importante reconhecer a preocupação do legislador para com a efetivação da LGPD, sendo previsto a criação da Autoridade

Nacional de Proteção de Dados (ANPD), órgão com autonomia técnica e decisória e a quem foi atribuído o papel de zelar pela proteção de dados pessoais no Brasil, fiscalizar e a aplicar sanções nos casos de descumprimento da legislação, editar regular regulamentos e procedimentos sobre a proteção de dados pessoais e privacidade e, ainda, o de estimular padrões para serviços e produtos que facilitem o exercício do controle dos dados pelos titulares (arts. 55-A a 55-L).

Apesar de todas as previsões constantes na LGPD, é certo que ela terá, como teve o Código de Defesa do Consumidor no final do século passado, o papel de incutir uma nova mentalidade na nossa sociedade, não apenas por efetivar o princípio constitucional à proteção de dados, mas por inserir o Brasil dentre as nações dedicadas a proteger os dados pessoais, um dos mais sensíveis temas na era da informação e que é, por muitos, reconhecido como o principal ativo[32] no Século XXI.

Conclusão

A facilidade na troca de informações e de dados com a globalização, impôs que se pensasse em novos meios de proteção dos dados pessoais. Nesse ponto, deve ser mencionada a vanguarda do RGPD europeu que, inaugurando uma norma detalhada para o tratamento de dados pessoais, serviu de inspiração para o legislador brasileiro, resultando na edição da LGPD.

Mais do que isso, é preciso ter em mente que a Constituição Federal regulou, quando previu o direito à privacidade e à intimidade, além de erigir a dignidade da pessoa humana como fundamento da República Federativa do Brasil, o direito constitucional à proteção de dados e o da autodeterminação informativa, conforme se extrai de seus artigos. 1°, III e 5°, X e XII, o que foi reconhecido pelo Supremo Tribunal Federal no julgamento da ADI n° 6.487-MC-REF/DF.

---

32 Sobre o tema, confira-se o voto do Ministro Roberto Barroso na ADI n° 6.387-MC-REF/DF.

Tal como declarado pela Suprema Corte, é preciso reconhecer que em tempos de crise, como o atual, no qual enfrenta-se a pandemia global do COVID-19, por exemplo, os cidadãos devem se manter vigilantes para que as medidas tomadas, sob o argumento da excepcionalidade, não se convole, no futuro, em justificativas para a violação do direito à privacidade e a proteção de seus dados pessoais.

É indiscutível, portanto, que a Lei Geral de Proteção de Dados (LGPD) tem um papel de destaque enquanto mecanismo a implementar uma nova mentalidade no Brasil acerca da necessidade de proteção dos dados pessoais, seja pela iniciativa pública ou privada, bem como estabelecendo regras detalhadas para que o titular de seus dados pessoais possa, em primeira e última palavra, controlar aquilo que lhe pertence como um direito fundamental.

Referências bibliográficas

BAUMAN, Zygmunt. *Vigilância líquida:* diálogos com David Lyon. São Paulo: Zahar, 2013.

BIONI, Bruno Ricardo. *Proteção de dados pessoais*: a função e os limites do consentimento. 2. Ed. Rio de Janeiro: Forense, 2020.

CANOTILHO, J. J. Gomes. *Direito constitucional e teoria da Constituição*. 7. ed. Coimbra: Coimbra Editora, 2003, p. 1522.

FERNANDES, Paulo Silva. *Globalização, "sociedade de risco" e o futuro do direito penal:* panorâmica de alguns problemas comuns. Coimbra: Almedina, 2001, p. 128.

GRINOVER, Ada Pellegrini. *Liberdades públicas e processo penal*: as interceptações telefônicas. 2. ed. São Paulo: RT, 1982, p. 288.

LOTT, Yuri Monnerat; CIANCONI, Regina de Barros. "Vigilância e privacidade, no contexto do *big data* e dados pessoais: análise da produção da Ciência da Informação no Brasil". *Perspectivas em Ciência da Informação*, Belo Horizonte, vol. 23, n. 4, out./dez. 2018.

MENDES, Gilmar Ferreira; BRANCO, Paulo Gustavo Gonet. *Curso de direito constitucional*. 6. ed. São Paulo: Saraiva, 2011, p. 1720.

MIRANDA, Jorge. *Curso de direito constitucional.* Lisboa: Universidade Católica Editora, vol. 1, 2016, p. 385.

SILVA, Arthur Marques. *Vigilância estatal em massa no século XXI:* conflito de pretensões entre o individual e o coletivo no mundo internacionalizado. 2019, 151 f. Dissertação (Mestrado em Direito Internacional) - Faculdade de Direito, Universidade Católica de Santos, Santos.

SILVA, José Afonso da. *Curso de direito constitucional positivo.* 25. ed. São Paulo: Malheiros: 2005, p. 925.

SILVA, Marco Antonio Marques da; FURTADO, Régis Munari. "O direito à intimidade como limite à admissibilidade das gravações clandestinas: reflexões acerca da posição do Supremo Tribunal Federal". *Revista de Direito Brasileira*, Florianópolis, vol. 26, n. 10, mai./ago. 2020.

SILVA, Marco Antonio Marques da. "Cidadania e democracia: instrumentos para efetivação da dignidade humana". *In:* MIRANDA, Jorge; SILVA, Marco Antonio Marques da. *Tratado luso-brasileiro da dignidade humana.* 2. ed. São Paulo: Quartier Latin, 2009.

SILVA, Marco Antonio Marques da. "Dignidade humana e globalização". *In:* SILVA, Marco Antonio Marques da. (Coord.). *A efetividade da dignidade humana na sociedade globalizada.* São Paulo: Quartier Latin, 2017.

SILVA, Marco Antonio Marques da. "Refugiados são pessoas, dignas e com direitos". *In:* PINTO, Eduardo Vera-Cruz; PERAZZOLO, José Rodolpho; BARROSO, Luís Roberto; SILVA, Marco Antonio Marques da; CICCO, Maria Cristina de. (Coord.). *Refugiados, imigrantes e igualdade dos povos*: estudos em homenagem a António Guterres. São Paulo: Quartier Latin, 2017.

SILVA, Marco Antonio Marques da. "Refugiados são pessoas, dignas e com direitos". *In:* COSTA, José de Farias; SILVA, Marco Antonio Marques da. *Direito penal especial, processo penal e direitos fundamentais:* visão luso-brasileira. São Paulo: Quartier Latin, 2006.

TEIXEIRA, Tarcisio; ARMELIN, Ruth Maria Guerreiro da Fonseca. *Lei Geral de Proteção de Dados Pessoais*: comentada artigo por artigo. 2. ed. Salvador: JusPodivm, 2020.

TEIXEIRA, Tarcisio. *Direito digital e processo eletrônico.* 5. ed. São Paulo: Saraiva, 2020.

CAPÍTULO II - A LEI GERAL DE PROTEÇÃO DE DADOS: APERFEIÇOAMENTO E CONSOLIDAÇÃO NO BRASIL

Informação bibliográfica deste texto, conforme a NBR 6023:2002 da Associação Brasileira de Normas Técnicas (ABNT):

CAPÍTULO II - A LEI GERAL DE PROTEÇÃO DE DADOS: APERFEIÇOAMENTO E CONSOLIDAÇÃO NO BRASIL - Marco Antonio Marques da Silva

SILVA, Marco Antonio Maques da. "A lei geral de proteção de dados: aperfeiçoamento e consolidação no Brasil". *In:* MARINHO, Gustavo; VALIM, Rafael; WARDE, Walfrido; SIMÃO, Valdir. *Aspectos relevantes da Lei Geral de Proteção de Dados*. São Paulo: Editora Contracorrente, 2021.

CAPÍTULO III

REGIME JURÍDICO DA PROTEÇÃO DE DADOS NO BRASIL: DÚVIDAS E PERSPECTIVAS

Lucas Catib de Laurentiis
Felipe Grizotto Ferreira
David Felice Falivene Baptista

Introdução

Em 14 de agosto de 2018, o então presidente Michel Temer sancionou a Lei Geral de Proteção de Dados (LGPD), incorporando ao ordenamento jurídico brasileiro um diploma normativo com o pretexto de tutelar dados e informações de pessoas naturais, Lei esta que certamente importará em grandes mudanças em diversas searas sociais. Com extensa vacatio legis, sabendo que os impactos causados pelo novo diploma seriam diversos e profundos, ainda hoje subsistem inúmeras questões a serem enfrentadas pela doutrina e as respectivas autoridades competentes para sua aplicação, certos de que os planos idealizados pelos legisladores enfrentarão barreiras e dificuldades para sua plena eficácia e implementação.

Nesse contexto de euforia e efervescência acerca do tema proteção de dados, preocupações e reflexões sobre a Lei e suas consequências, este artigo busca apontar e problematizar pontos estruturais do regime jurídico de proteção de dados pessoais advindo com a legislação. Ao se iniciar por algo tão elementar quanto o regime jurídico sob qual a referida Lei disciplina, este trabalho busca fomentar as discussões sobre questões ainda sem resposta, como os institutos do Direito Comparado e sua importação no ordenamento brasileiro (item 2); conceito de dados e informações (item 3); seu fundamento legislativo e sua competência (item 4); enfim, a previsão constitucional dos direitos por ela tutelados (item 5).

1. O modelo brasileiro e as influências estrangeiras: origens e problemas

É recorrente a vinculação dos sistemas de proteção dos dados pessoais com a tutela jurídica da privacidade.[1] A proteção dos dados pessoais, nesse sentido, consistiria em um desdobramento jurídico da noção ampla de privacidade, pois permitiria a devida tutela da personalidade e dignidade dos indivíduos frente às novas tecnologias e à consolidação da chamada sociedade da informação. Contudo, apesar dessa relação ser intuitiva, ela não é totalmente precisa. Isso gera problemas práticos e normativos na aplicação da legislação brasileira. Muita inexatidão técnica ocorre e dificuldades práticas surgem porque, nesse campo, corriqueiramente se recorre acriticamente ao direito estrangeiro, o qual teve forte influência na própria elaboração da Lei. Sendo assim, do aspecto normativo, é preciso esclarecer definições e promover categorizações para que o regime jurídico da proteção de dados brasileiro e eventuais institutos importados sejam corretamente operacionalizados dentro do ordenamento jurídico nacional.

1 Nesse sentido, ver: DONEDA, Danilo. *Da privacidade à proteção de dados pessoais*. Rio de Janeiro: Renovar, 2006 e MENDES, Laura Schertel. *Privacidade, proteção de dados e defesa do consumidor*: linhas gerais de um novo direito fundamental. São Paulo: Saraiva, 2014, pp. 27-37.

A primeira tentativa de comparação ocorre com o sistema normativo norte-americano, pois foi nesse país que, no contexto moderno, a privacidade ganhou contornos jurídicos e doutrinários e foi reconhecida a necessidade constante de sua transformação conceitual à medida que novas tecnologias são implementadas. Nesse ponto, a referência mundialmente conhecida é o artigo The Right to Privacy (Direito à Privacidade) escrito por Warren e Brandeis, no ano de 1890.[2] Os autores, seguindo a lógica do common law, propuseram a criação de um novo direito fundamental para fazer frente às novas tecnologias, sobretudo as máquinas fotográficas portáteis. Trata-se da privacidade. Apesar das profundas críticas sofridas, principalmente aquelas demonstrando que a prática judicial estadunidense é distinta do modelo apresentado por Warren e Brandeis,[3] o fato é que a privacidade ganhou proteção jurídica na terra do Tio Sam.

No entanto, seja nos termos doutrinários colocados pelos autores ou pelo desenvolvimento da prática jurídica, o que importa anotar é que o direito à privacidade estadunidense almeja conceder ao indivíduo a prerrogativa de "ser deixado só" aos olhos e amarras da sociedade, especialmente do Estado. O que se protege, em última instância, é o direito do indivíduo de fazer tudo aquilo que se bem entende com sua vida, principalmente na sagrada reclusão de seu domicílio e no que se refere à sua intimidade.[4] Isso mostra que a tutela jurídica da privacidade no modelo norte-americano não significa proteção de dados pessoais ou controle informacional individual, pois dados, por definição, são

---

2 WARREN, Samuel; BRANDEIS, Louis. "The Right to Privacy". *Harvard Law Review*. vol. 4, n. 5. Cambridge: The Harvard Law Review Association, 1890, pp. 193-220.

3 Para diversas críticas, inclusive afirmando que os autores se inspiram no modelo europeu, bem como para a demonstração da prática judicial ser distinta, conferir: WHITMAN, James Q. "The Two Western Cultures of Privacy: Dignity versus Liberty". *The Yale Law Journal*. vol. 113. New Haven: The Yale Law Journal Company Inc., 2004, pp. 1151-1221, pp. 1202-1210.

4 Cf. WARREN, Samuel; BRANDEIS, Louis. "The Right to Privacy". Harvard Law Review, vol. 4, n. 5, pp. 193-220,1890 e WHITMAN, James Q. "The Two Western Cultures of Privacy: Dignity versus Liberty". *The Yale Law Journal*. vol. 113, pp. 1151-1221, 2004, pp. 1160-1164 e 1212-1218.

ou foram compartilhados com alguém e quem está só obviamente não pode compartilhar nada com outra pessoa.[5] Moral da história: não é possível evocar, por si só, os institutos estadunidenses para a aplicação e interpretação da LGPD, pois não existe equivalência imediata.

Uma aproximação mais estreita entre privacidade e proteção de dados é encontrada no continente europeu, a fonte de inspiração direta da LGPD. A referência inicial é a Alemanha. Diferentemente do modelo estadunidense, os germânicos entendem a tutela da privacidade como meio para o desenvolvimento livre e responsável de todo seu potencial enquanto indivíduos. Uma noção, portanto, estreitamente ligada com a proteção da personalidade e dignidade, não restrita apenas ao aspecto da reclusão.[6] Esses pressupostos atrelados aos novos desafios trazidos pelo progresso das tecnologias da informação e os meios digitais, impulsionaram a criação dos regimes jurídicos atuais de proteção de dados pessoais. Assim, na década de oitenta, o Tribunal Constitucional alemão criou um novo direito fundamental: a autodeterminação informacional (*informationelle selbstbestimmung*).[7] Surgiu então a determinação para que as atividades de coleta, manipulação e utilização de dados pessoais sejam justificadas com base em autorização legal que identifique a finalidade específica e precisa desse tratamento ou seja legitimada pelo consentimento. Com base nessas premissas, conceitos e

5 Por outro lado, ressalta-se que isso não significa ausência de disciplina jurídica no tema. O país possui legislações infraconstitucionais protetivas de dados e informações, as quais são desenhadas e implementadas de forma pontual para cada setor a ser regulamentado. É o que ocorre com o *Usa Freedom Act* de 2015 e a proteção da coleta e tratamento de dados pessoais pelo Governo estadunidense no campo da segurança nacional.

6 WHITMAN, James Q. "The Two Western Cultures of Privacy: Dignity versus Liberty". *The Yale Law Journal*. vol. 113, pp. 1151-1221, 2004, pp. 1180-1183.

7 Cf. BVerfGE 65, 1 - *Volkszahlung*. Esse julgamento foi objeto de muitas críticas, seja pela falta de limites precisos do direito criado pelo Tribunal, seja pelo caráter ativista da decisão, tendo em vista que o único órgão competente para criar novos direitos fundamentais é o legislador. Para uma exposição dessas críticas, ver: BUSCH, Andreas; JAKOBI, Tobias. "Die Erfindung eines neuen Grundrechts: Zu Konkept und Auswirkungen der informationellen Selbstbestimmung". *In*: HONNIGE, Christoph; LORENZ, Astrid; KNEIP, Sascha. *Verfassungswandel im Mehrebenensystem*. VS Verlag für Sozialwissenschaften, 2011, pp. 297-330.

objetivos normativos, a demanda pela tutela jurídica dos dados pessoais se difundiu pelo continente europeu.

A Europa possui um regime jurídico multinível, pois existe um sistema complexo de normas específicas disciplinando o funcionamento da União Europeia e cada Estado-membro também possui seu próprio ordenamento jurídico, além das normativas no âmbito do sistema regional europeu de proteção dos direitos humanos.[8] A cerne do regime europeu de proteção dos dados pessoais está no ordenamento da União Europeia. Esse sistema seria a chave para compreender o regime jurídico de proteção de dados brasileiro, pois teria sido criado à sua sombra.[9] Mas seria tão simples assim?

O artigo 8/1 da Carta de Direitos Fundamentais da União Europeia consagra expressamente um direito à proteção de dados pessoais, assim como o artigo 16 do Tratado de Funcionamento da União Europeia. Ambos são fontes primárias do regime comunitário, os quais precisam ser disciplinados. Por razões notadamente econômicas, foi editada a Diretiva 95/46 estabelecendo regras e princípios gerais no campo da segurança informacional. Ela foi a base que inspirou e orientou a criação[10] de diversas legislações nacionais de proteção de dados

8 Para a compreensão dessa relação normativa complexa, bem como das dificuldades práticas e teóricas decorrentes, conferir: MACHADO, Jonatas E. M. *Direito da União Europeia*. 2. E d. Coimbra: Coimbra Editora, 2014, pp. 33-77.

9 Por todos, sugerindo a possibilidade e pertinência da comparação em sua aplicação e implementação, apesar de reconhecer alguns pontos distintivos, ver: MALDONADO, Viviane Nóbrega. "A Lei Geral de Proteção de Dados: objeto, âmbito de aplicação, requisitos, segurança e a necessidade de sua correta implementação". *In*: MALDONADO, Viviane Nóbrega (Coord.). *Lei Geral de Proteção de Dados pessoais*: manual de implementação. São Paulo: Thomson Reuters Brasil, 2019, p. 15.

10 As Diretivas são uma categoria normativa comunitária que necessitam do processo de transposição de cada Estado-membro para ter eficácia. Geralmente são utilizadas para aquelas matérias em que a uniformização em todo o continente não é necessária, se limitando a diretrizes gerais e recomendações. Ao contrário, os Regulamentos são diretamente aplicáveis em todos os ordenamentos jurídicos nacionais dos países que integram a União Europeia, criando direitos e obrigações diretamente para os particulares dos Estados nacionais. Sobre o tema: MACHADO, Jonatas E. M. *Direito da União Europeia*. 2. E d. Coimbra: Coimbra Editora, 2014, pp. 213-224.

pessoais. Considerando o relevo ascendente que o tema ganhou com o passar dos anos e a necessidade de uma maior uniformização do regime jurídico correspondente, em 2016, foi promulgado o Regulamento 16/679, conhecido como Regulamento Geral de Proteção de Dados (RGPD). Desse panorama surge uma constatação interessante. Embora intimamente ligado com a noção europeia de privacidade, o sistema protetivo de dados pessoais se desenvolveu e consolidou juridicamente de forma independente. Na Alemanha, foi criado um novo direito fundamental que sustenta esse regime jurídico. Na União Europeia, ele se configura, ao menos textual e topologicamente, como um direito autônomo, o qual embasa a construção do regime jurídico específico. Privacidade e proteção de dados, portanto, não se identificam também na Europa. A obtenção dessa independência normativa talvez se explique pela constatação conceitual e prática de que o controle dos dados pessoais e informações não necessariamente significam a existência de privacidade. É possível, por exemplo, que um indivíduo tenha controle sobre seus dados, mas não tenha privacidade pelo simples fato de ter escolhido compartilhá-los com toda a internet.[11]

O problema é que no Brasil as coisas estão mais confusas. Embora inspirada no mencionado Regulamento europeu, a LGPD possui pontos sensíveis que estão em aberto. Um problema estrutural se encontra logo no artigo 1° da Lei. O *caput* do dispositivo afirma que o objetivo do regime jurídico de proteção de dados pessoais é "proteger os direitos fundamentais de liberdade e de privacidade e o livre desenvolvimento da personalidade da pessoa natural". Isso significa que a aplicação das categorias e institutos normativos da legislação são acionadas sempre que ocorre um compartilhamento não autorizado de dados? Ou estão condicionados a uma violação concreta desses direitos fundamentais e bens jurídicos?[12] Se essa última alternativa for adotada, a finalidade de

---

11 Precisamente com essas observações e críticas, ver: ALLEN, Anita L. "Privacy-as--Data Control: Conceptual, Practical, and Moral Limits of the Paradigm". *Connecticut Law Review*. vol. 32. Storrs: University of Connecticut, 2000, pp. 861-875, pp. 866-870.

12 Nesse sentido, sustentando que a proteção constitucional depende, neste caso, do contexto e da finalidade da utilização dos dados e dos danos concretos que

proteger e promover os direitos fundamentais implicaria em uma aplicação mais restrita da legislação, pois sua incidência e todas as respectivas consequências legais estariam condicionados não só a inexistência de consentimento do titular ou de uma base legal autorizativa (artigo 7º), como também a identificação de um risco grave ou uma violação concreta a esses direitos. Se a primeira alternativa for correta, o sistema comunicacional como um todo passará a ser condicionado pelo direito à proteção de dados.

Por uma questão lógica e de viabilidade técnica, considerando também suas raízes no modelo europeu,[13] consideramos correta a primeira alternativa. Mas seguindo esse pressuposto, nos deparamos com mais uma encruzilhada. Estamos diante de uma impropriedade do dispositivo (art. 1º, da LGPD), tendo em vista a indeterminação de seus termos. Ilustremos com o termo "privacidade". O sistema constitucional brasileiro não possui uma cláusula geral de privacidade. O dispositivo que geralmente se menciona nesse aspecto é o inciso X do artigo 5º da Constituição. No entanto, ele estabelece vários direitos distintos e específicos, não uma proteção ampla e geral.[14] Assim, o objetivo de proteção da privacidade, no contexto da legislação, seria a violação de quaisquer desses preceitos? Ou poderia ser uma violação ao sigilo de dados mencionado no inciso XII também do artigo 5º? Ou seria a identificação de

---

isso pode ocasionar aos indivíduos: BRITZ, Gabriele. "Informationelle selbstbestimmung zwischen rechtswissenschaftlicher Grundsatzkritik und Beharren des Bundesverfassungsgericht". *In*: HOFFMANN-RIEM, Wolfgang (Coord.). *Offene Rechtswissenschaft*. Ausgewählte Schriften und begleitende Analysen. Tübingen: Mohr Siebeck, 2010, pp. 569 e ss.

13 Demonstrando a relação dos regimes jurídicos de proteção de dados pessoais com os direitos fundamentais, mesmo quando positivado como direito fundamental autônomo, delineando também algumas possíveis consequências práticas dessa relação: POSCHER, Ralf. "The right to data protection: a non-right thesis". *In*: MILLER, Russel. *Privacy and Power*: a transatlantic dialogue in the shadow of the NSA-Affair. Cambridge: Cambridge University Press, 2017.

14 Demonstrando esses detalhes, conferir: MARTINS, Leonardo. "Direitos Fundamentais à intimidade, à vida privada, à honra e à imagem (art 5º, X da CF): alcance e substrato fático da norma constitucional (intervenção estatal potencialmente violadora)". *Ius Gentium*. vol. 7, n. 1. Florianopolis: UFSC, 2016, pp. 105-132.

violações a quaisquer direitos fundamentais, uma vez que o artigo 1º da Lei também fala em "direitos fundamentais de liberdades" e em "livre desenvolvimento da personalidade"?

Considerando o teor textual e o contexto, inclusive o europeu, parece que a melhor saída seja vincular a aplicação da LGPD ao sistema dos direitos fundamentais em sua totalidade, mas esses são pontos que precisam ser mais debatidos e desenvolvidos. Em debates como esse, o recurso ao Direito Comparado pode ajudar. No entanto, o que podemos concluir é que o regime jurídico de dados brasileiro é único, e quaisquer importações normativas ou comparações devem ocorrer com muita cautela. As próximas seções explorarão outros aspectos estruturais que também diferenciam o cenário brasileiro do europeu.

2. Delineamentos conceituais e seus problemas

Traçar um conceito preciso e unívoco para os termos "dados" e "informação", que abranja e respeite os pressupostos das diferentes áreas do conhecimento, não é tarefa trivial. Mas certamente é mister realizá-la, visto que ao se aprovar uma lei intitulada geral, é de interesse que esta transite por diferentes campos do conhecimento, aplicando seus mandamentos de forma a conformar a sociedade segundo seu télos. Hoje não há forma de se pensar em proteção de dados sem que, de forma automática, se remeta à tecnologia, à ciência de dados, à inteligência artificial e todas as engenharias que vêm alterando nossa forma de viver. Estamos cada vez mais dependentes de um Estado perene de troca de informações. Nesse ponto, cabe se atentar ao artigo primeiro da LGPD que preceitua: "Esta Lei dispõe sobre o tratamento de dados pessoais, inclusive nos meios digitais". Isso quer dizer que esse novo diploma normativo não trata somente de dados digitais, tema que quase monopoliza as discussões sobre a nova lei, mas sim de todos os dados produzidos por seres humanos, como fichas de anotação de uma aula, agendas encadernadas, e qualquer outro documento que seja confeccionado por um sujeito de direitos, ou de propriedade dele.

Qual seria então a definição ideal para dados e informação no contexto desta lei, visto que há grande divergência a depender do enfoque e da área de estudos? O jurista não pode se furtar de investigar o cabimento da definição nos campos tecnológicos, visto que aparentemente estes serão os alvos principais de seus mandamentos. A dificuldade de se estabelecer um conceito sólido e universal desses termos foi assim identificada por Claude Shannon: "à palavra 'informação' foram atribuídos diversos significados por diversos autores no campo geral da teoria da informação. [...] É difícil de se esperar que um único conceito para informação satisfatoriamente satisfaça as inúmeras possibilidades de aplicação desse campo geral".[15]

É raro encontrar uma obra, principalmente no campo de Ciência dos Dados, que defina claramente o que seriam dados e informações. De toda forma, tem-se entendido que ambos os conceitos, apesar de inter-relacionados, são distintos. Em uma tentativa de conceituar tais termos de forma que faça sentido tanto para o mundo jurídico, quanto para as áreas tecnológicas, podemos dizer que informações são modelos. Por sua vez, modelos são imagens construídas para um público específico e para uma finalidade determinada.[16] Dados, por outro lado, são signos brutos. São conjuntos de números, textos, medidas, valores, ou qualquer outra coisa, em sua forma bruta, sendo possível a extração de informação a partir deles. Informação é, portanto, o dado interpretado e compartilhado. Não há informação isolada.

Nesse ponto, o art. 5º, da LGPD define o que se considerada dados no âmbito dessa lei: "informação relacionada a pessoa natural identificada ou identificável". O que se depreende deste trecho é que a lei faz equivalência entre os conceitos de dado e informação, tomando

---

15 Cf. SCHANNON, C. E. *Collected Papers*, editado por N. J. A. Sloane and A. D. Wyner. Nova Iorque: IEEE Press, 1993, p. 180.

16 Nessa linha, por muitos: POHLE, Jörg. "Transparenz und Berechenbarkeit vs. Autonomie und Kontrollverlust: Die industrializierung der gesellschaftlichen Informationsverarbeitung und ihre Folgen". *In*: Degeling, Martin/Püschel, Florian/ Schauerte, Eva. *Mediale Kontrolle unter Beobachtung*. Privatheit und Quantifizierbarkeit 5.1. 2016. Disponível em: medialekontrolle.de/ausgaben/5-1-2016-privatheit-und-quantifizierbarkeit. Acesso em: 13 jun. 2021.

o único cuidado de apontar como dado pessoal o dado a partir do qual seja possível identificar um sujeito a ele relacionado. Sendo assim, com base no conceito que apresentamos, deve-se entender que a LGPD busca tutelar a informação pessoal, e não o dado, visto que se é possível identificar a pessoa natural relacionada a um certo dado, isso já torna esse dado uma informação pessoal. De fato, o dado em si nada traz ao seu possuidor senão a potencialidade de se retirar deles informação, pois se há interesse humano sobre algum conhecimento extraído dos dados, isto automaticamente já transforma aquilo em informação. Se interesse não existe, de nada serve aquele dado ao seu possuidor.[17]

Como consequência algumas questões delicadas são prontamente identificáveis: como aplicar um regime geral de proteção de dados sendo que o foco da proteção está na informação, que por sua vez é um conceito fluído e altamente subjetivo? A insegurança jurídica gerada por essa situação é total. Se para alguém um dado é irrelevante, para outros ele é informação. O histórico do nível de bateria de um certo usuário de um aplicativo bancário, por exemplo, parece não dizer nada a respeito de seu usuário, o que faria com que esse dado seja excluído da tutela da Lei. Por outro lado, esse histórico de uso do celular pode a servir como informação, visto que talvez se possa disso extrair correlações com hábitos diários dos usuários (em que período a pessoa usa mais o aparelho?), assim como o perfil de risco daquele usuário (imaginando, por exemplo, que uma pessoa que deixa o celular descarregar completamente durante o dia pode ser vista como alguém mais disposto a correr riscos).

Isso simplesmente quer dizer que, a depender do contexto e da finalidade, todo dado é potencialmente uma informação. E, por essa ótica, a tutela da LGPD dependeria da situação fática de cada caso e

---

17 O interesse na tutela da informação de que trata a LGPD vem na mesma linha da proteção que exerce a sua equivalente europeia, o RGPD. Eu seu art. 4°, este regulamento aponta que: "'dados pessoais' significam qualquer informação relacionada a uma pessoa natural identificada ou identificável [...] de forma direta ou indireta, particularmente por um identificador como seu nome, número de identificação, [...], ou por um ou mais fatores específicos físicos, fisiológicos [...] da pessoa" (GDPR - Regulation (EU) 2016/679).

da finalidade da coleta. Isso afasta uma interpretação puramente literal do art. 5°, I, da LGDP, pois identificar dados e informação, além de ser teoricamente incorreto, torna impossível sustentar o sistema de comunicação hoje existente. De fato, é impossível pensar no sistema da internet sem que se transitem dados identificados ou potencialmente identificáveis de uma pessoa, visto que a base de nossa troca de informações hoje se funda justamente na troca de informações online. Atribuir responsabilidade através desta lei sem que ela seja interpretada sistematicamente com outras legislações nacionais e com a própria Constituição importará em refrear um sistema o qual todos são altamente dependentes gera um sem-número de facilidades. Isso reafirma a hipótese de que a LGDP deve ser interpretada e aplicada de forma vinculada como uma ferramenta objetiva para se responsabilizar violações a direitos fundamentais, sendo estes os verdadeiros núcleos atacados da esfera jurídica do indivíduo, e não simplesmente a integralidade de um dado, ou informação que o identifique.

3. Fundamento legislativo e problemas de competência

Quem legisla precisa de competência. Isso por duas razões. Primeiro porque, em regra,[18] a legislação é um ato de restrição de direitos e o titular dos direitos afetados não pode nem deve se submeter a uma regra criada por quem não está autorizado para tal. Segundo e especificamente no que diz respeito ao modelo federal de organização estatal, a divisão constitucional de competências assegura a autonomia e o autogoverno dos diferentes entes federados (União, Estados, e Municípios

---

18 Existe também a hipótese de configuração dos direitos fundamentais pela via legislativa, o que ocorre sobretudo quando se trata de direitos relacionados a procedimentos (devido processo legal) ou no caso das chamadas garantias institucionais (casamento e propriedade, por exemplo). Para uma apresentação dessas categorias com fundamento na jurisprudência e literatura alemãs: MARTINS, Leonardo. *Tribunal constitucional federal alemão:* decisões anotadas sobre direitos fundamentais. vol 3. São Paulo: Martial Pons, 2019, p. 8.

no caso brasileiro).[19] A autoridade que não respeita essa divisão espacial de poder quebra o pacto federativo e usurpa poderes que não são seus. Na ótica do cidadão afetado pela produção legislativa essa situação gera insegurança e temor. Afinal, se os limites criados pela própria Constituição para separar as atividades dos diferentes entes federados deixam de ser claros e cada um passa a agir conforme seus próprios interesses, o que surge é conflito generalizado de poder e a anarquia institucional. E em situações como essas quem decide por último é quem tem mais poder político, econômico ou bélico.

Tudo isso parece ter sido subitamente esquecido pela LGPD, que de forma categórica e misteriosa declara que "As normas gerais contidas nesta Lei são de interesse nacional e devem ser observadas pela União, Estados, Distrito Federal e Municípios" (art. 1°, parágrafo único). Muitas dúvidas surgem dessa afirmação: Essa lei é composta só de normas gerais? Ou ela é composta tanto de normas gerais que vinculam todos os entes federados e também de normas específicas que só valem para a União? A autoridade nacional de proteção de dados, por exemplo, é um órgão vinculado à Presidência da República (art. 55-A, LGDP). Isso é uma norma geral? E como se pode admitir, sem que se afronte o pacto federativo, que a União crie órgãos e procedimentos de tratamento de dados que vinculam a administração de outros entes da federação? Tudo fica muito nebuloso porque a Lei não discrimina quais as regras que a compõem devem ser consideradas gerais e, por exclusão, quais são aplicáveis somente à União.

A situação fica muito mais difícil quando se verifica o que a Constituição brasileira diz a respeito das normas gerais. Seguindo o modelo criado pelo constituinte de Weimar, que fala de princípios gerais criados pela União a serem seguidos pelos Estados federal (art. 15),[20]

---

19 Nesse sentido, ver a exposição já clássica de: ALMEIDA, Fernanda Dias Menezes de Almeida. *Competências na Constituição de 1988*. 5. Ed. São Paulo: Editora Atlas, 2010, p. 14.

20 Uma explicação das características básicas do sistema federal alemão é encontrada em: HORBACH, Carlos Bastide. "Forma de estado: federalismo e repartição de competências". *Revista brasileira de políticas públicas*. vol 3, n. 2. Brasília: UniCEUB, 2014, pp. 2-14.

a Constituição de 1988 criou um sistema de colaboração legislativo, por meio do qual os Estados devem regulamentar e especificar as regras gerais criadas pelo legislador federal. É um condomínio legislativo que tem a função de conferir maior densidade normativa –maior proteção, portanto – às matérias que integram essa classe de competências.[21] A proteção de dados se encontra nesse rol de competências? Quem ler o artigo 24, da Constituição Federal concluirá que não. Salvo poucas e polêmicas exceções,[22] ali estão indicadas as matérias que compõem a chamada competência concorrente, por meio da qual a União, Estados e Municípios são convocados a legislar de forma conjunta e complementar.[23] A proteção de dados não está lá. Algumas matérias tangenciam esse tema – o direito do consumidor (art. 24, VIII) ou a ciência e tecnologia (art. 24, IX) – sem que de forma alguma se identifique com a proteção de dados. Sem lastro constitucional, a LGPD pode ser exterminada logo em seu início, pois a Lei não pode criar uma hipótese de competência sem fundamento constitucional.

---

21 Nesse ponto também podemos apontar o distanciamento do regime jurídico brasileiro do europeu. O problema é que, diferentemente da natureza jurídica de um Regulamento europeu, o termo "normas gerais" remete ao parágrafo primeiro do artigo 24 da Constituição. Isso significa que os Estados teriam competência suplementar para disciplinar essas diretrizes. Assim, a legislação brasileira estaria mais próxima da Diretiva 95/46 e sofreria de seus mesmos problemas de uniformização que contribuíram para elaboração do RGPD. Portanto, do aspecto da competência normativa, a LGPD foi inspirada no Regulamento, mas com efeitos estruturais da Diretiva europeia. Isso explica algumas dificuldades práticas que estão sendo colocadas.

22 Uma das poucas exceções é a competência para legislar em matéria de licitação e contratos administrativos, que está prevista no artigo 22 da CF/88 e por isso não compõe o rol das competências do artigo 24. Apesar disso, a doutrina maioritária e com ela a jurisprudência dos tribunais superiores considera que esse é um caso de competência concorrente que não foi colocado no interior do artigo que trata dessa matéria. Nesse sentido, por todos: JUSTEN FILHO, Marçal. *Comentários à lei de licitação e contratos administrativos*. 10ª ed. São Paulo: Dialática, 2004, p. 15.

23 A competência para Municípios integrarem esse condomínio legislativo também é discutida na doutrina brasileira, prevalecendo a opinião de que, com fundamento no que diz o artigo 30, I, da CF/88, esse ente pode exercer a competência concorrente. Nesse sentido, ver por todos: FIGUEIREDO, Lúcia Vale. "Competências administrativas de Estados e Municípios". *Revista de Direito Administrativo*. vol. 207. Rio de Janeiro: FGV, 1997, pp. 1-19.

Que fazer? Alterar a Constituição, é claro. Vislumbrando o problema criado por essa disposição, o Congresso nacional já trabalha com a possibilidade de se criar uma nova hipótese de competência privativa – uma competência da União e só dela, portanto – especificamente a respeito da matéria proteção de dados.[24] Mas os problemas de uma proposta como essa são pra lá de evidentes. Primeiro porque a alteração do texto constitucional não apaga o vício de origem da lei.[25] Se a LG PD afronta a Constituição nesse ponto, não será a alteração da norma constitucional que irá salvá-la. Segundo porque, como está formulada, a proposta de alteração da Constituição só cria mais problemas. Afinal, se a competência para legislar em matéria de proteção de dados é privativa, não se pode falar em "normas gerais" nesse campo, pois só há norma geral quando existe a possibilidade de criação de norma específica. E a competência privativa, por definição terminológica, exclui essa possibilidade. Pior: se a competência é privativa da União, Estados e Municípios não poderão ser afetados pela legislação federal de proteção de dados, a não ser que se queira quebrar de uma vez por todas com a noção de autonomia federal. O resultado dessa confusão generalizada é a insegurança completa: temos uma lei de proteção de dados que não tem fundamento constitucional. Mais do que isso: temos um legislador federal que pensa que pode usurpar a competência de outros entes da federação lançando mão de argumentos falam da importância da matéria por ele tratada.[26] Se for

---

24 A proposta originada do Senado (PEC 17/2019) encontra-se em fase de discussão na comissão especial da Câmara dos deputados e lá tem como relator o deputado Orlando Silva. Para acompanhar os detalhes da tramitação dessa proposta de alteração da Constituição. Disponível em: https://legis.senado.leg.br/sdleg-getter/documento?dm=7925004&ts=1571776979155&disposition=inline. Acesso em: 13 jun. 2021.

25 Essa regra é aceita com grande tranquilidade pelos autores e pela jurisprudência brasileira. Ver, a esse respeito, com a análise dos conceitos e julgados: LAURENTIIS, Lucas Catib de. "Inconstitucionalidade superveniente: usos, desusos e mutações". *Revista investigações constitucionais*. v ol. 4, n. 3. Curitiba: UFPR, 2017, pp. 201-211.

26 Foi o que sustentou o especialista na matéria, Danilo Doneda, em audiência na Câmara dos deputados, ao afirmar que direitos fundamentais, a proteção de dados inclusive, devem ser aplicados de forma uniforme por todos os entes federados. Ver, nesse sentido: https://teletime.com.br/30/10/2019/competencia-privativa-

assim, não precisamos mais da divisão constitucional de competências. Nem mesmo é necessário ter Constituição, pois o argumento de fato que louva a relevância da legislação suplanta o parâmetro normativo da norma constitucional. Talvez seja melhor dar um passo atrás e pensar se a proteção de dados é mesmo tão valiosa a ponto de afastar o respeito da própria Constituição.

4. Inexistência de proteção constitucional

Se não há competência legislativa para a criação da legislação que regula a proteção de dados no Brasil, ao menos deve existir um fundamento constitucional, um direito individual, coletivo, social ou fundamental, que dê algum lastro para esse direito. Será? Quem procura pelo termo "proteção de dados" no texto constitucional brasileiro está perdendo tempo. Não existe menção a tal direito lá. Procurando por "dados", sem proteção, são encontradas três passagens em que esse termo é utilizado.[27] No artigo 162, parágrafo único, que fala sobre a divulgação do montante da arrecadação tributária e critérios de rateio das receitas entre os diferentes entes federados, no artigo 5°, inciso LXXII, que trata da concessão de habeas data para "assegurar o conhecimento de informações relativas à pessoa do impetrante, constantes de registros ou bancos de dados de entidades governamentais ou de caráter público", enfim, no artigo 5°, XII, que trata da inviolabilidade do "sigilo da correspondência e das comunicações telegráficas, de dados e das comunicações telefônicas". A primeira situação não tem relação com a proteção de dados. A segunda trata do direito ao acesso e retificações

-da-uniao-para-legislar-dados-pessoais-ainda-causa-divergencias/. Acesso em: 13 jun. 2021. Se isso fosse certo, não seria possível existir um Estado federal que proteja os direitos humanos e fundamentais, pois a competência para realizar essa tarefa será sempre transferida para a União.

27 Havia uma quarta menção ao termo no artigo 21, IX, da CF, dispositivo que tratava "da transmissão de dados e demais serviços públicos de telecomunicações". Tal previsão foi alterada pela Emenda constitucional 15/1995, que retirou a referência à transmissão de dados.

de informações que constem de bancos de dados, não do cancelamento da coleta realizada sem o consentimento do titular. Não se trata, portanto, da mesma hipótese normativa do direito à proteção de dados.[28] O candidato mais promissor para fundamentar a proteção de dados em nível constitucional parece ser, assim, o inciso XII,[29] mas enquanto esse dispositivo trata do sigilo de informações e dados,[30] o direito à proteção de dados envolve a possibilidade de o titular requisitar a supressão de dados que se encontram disponíveis ao público. Os âmbitos de proteção não se identificam, portanto.

Tudo isso indica que, diferentemente do regime europeu, não existe um direito fundamental à proteção de dados no direito constitucional brasileiro, fato que é confirmado pela existência de uma proposta de alteração do texto constitucional que pretende incluir esse direito no rol do artigo 5º, da CF/1988 (PEC nº 17/2019). Se esse direito já existisse, não seria necessária tal alteração. Isso também é confirmado pelo texto da LGDP, que de forma caótica afirma que o direito à proteção

---

28 Laura Schertel Mendes procura contornar essa conclusão sustentando que a interpretação conjunta dos incisos LXXII e X, do artigo 5º, da Constituição levaria à conclusão de que existe, em nível constitucional, o direito à proteção de dados. Não é isso o que ocorre no Direito alemão, onde se considera que, ao contrário da honra e do direito à privacidade, que são direitos de defesa, o direito à proteção de dados envolve aspectos ligados ao dever de proteção do Estado em relação ao compartilhamento de dados individuais. Nessa linha: ALBERS, Marion. "A complexidade da proteção de dados". *Direitos fundamentais e justiça*. nº 35. Porto Alegre: PUCRS, 2016, pp. 19-45. Fora isso, a proposta de Laura Schertel Mendes conclusão destoa do que se verifica no próprio Direito comunitário europeu, onde os âmbitos de proteção dos direitos à proteção de dados e privacidade são separados, apesar de muitas vezes se comunicarem. Nesse sentido: LYBSKEY, Orla. "Deconstructing data protection: the added-value of a right to data protection in the EU legal order". *International and comparative law quarterly*, n. 63 (3). Cambridge: Cambridge United Press, 2014, p p, 569-597.

29 Procurando sustentar que a proteção de dados está lastreada neste dispositivo: DONEDA, Danilo. "A proteção de dados pessoais como um direito fundamental". *EJJL*. Vol. 12, n. 2. Joaçaba: Editora Unoesc, 2001, pp. 91-108, p. 105.

30 A esse respeito, ver: FERRAZ JÚNIOR, Tércio Sampaio. "Sigilo de dados: o direito à privacidade e os limites à função fiscalizadora do Estado". *Revista da Faculdade de Direito da Universidade de São Paulo*. Vol. 88. São Paulo: Universidade de São Paulo, 1993, pp. 439-458.

de dados tem como fundamentos o respeito à privacidade, à autodeterminação informativa, à liberdade de expressão, de informação, de comunicação e de opinião, à inviolabilidade da intimidade, da honra e da imagem, ao desenvolvimento econômico e tecnológico e à inovação, à livre iniciativa, à livre concorrência e à defesa do consumidor, enfim, aos direitos humanos, ao livre desenvolvimento da personalidade, à dignidade e o exercício da cidadania pelas pessoas naturais (art. 2°, LGPD). É como se a proteção de dados fosse fundamentada por tudo e por qualquer coisa, o que quer dizer que, de fato, o criador da Lei não sabia em que apoiar esse direito e, na prática, esse direito não é fundamentado em nada. O castelo de cartas criado pela onda doutrinária techno-hype tem bases muito pouco sólidas, portanto. A tão aclamada Lei que criou esse frenesi na literatura brasileira não só não foi criada pelo ente federado competente, quanto o direito nela previsto não tem base ou fundamento constitucional. Talvez fosse melhor se o direito à proteção de dados no Brasil voltasse a ser pensado e se os autores que tratam dessa matéria se acalmassem um pouco antes de contarem vitória. A discussão aqui está só começando.

Referências bibliográficas

ALBERS, Marion. "A complexidade da proteção de dados". *Direitos fundamentais e justiça*. n. 35. Porto Alegre: PUCRS, 2016.

ALLEN, Anita L. "Privacy-as-Data Control: Conceptual, Practical, and Moral Limits of the Paradigm". *Connecticut Law Review*. vol. 32. Storrs: University of Connecticut, 2000.

ALMEIDA, Fernanda Dias Menezes de Almeida. *Competências na Constituição de 1988*. 5. Ed. São Paulo: Editora Atlas, 2010.

BRITZ, Gabriele. "Informationelle selbstbestimmung zwischen rechtswissenschaftlicher Grundsatzkritik und Beharren des Bundesverfassungsgericht". *In:* HOFFMANN-RIEM, Wolfgang (Coord.). *Offene Rechtswissenschaft*. Ausgewählte Schriften und begleitende Analysen. Tübingen: Mohr Siebeck, 2010.

BUSCH, Andreas; JAKOBI, Tobias. "Die Erfindung eines neuen Grundrechts: Zu Konkept und Auswirkungen der informationellen Selbstbestimmung". *In:* HONNIGE, Christoph; LORENZ, Astrid; KNEIP, Sascha. *Verfassungswandel im Mehrebenensystem.* VS Verlag für Sozialwissenschaften, 2011.

DONEDA, Danilo. "A proteção de dados pessoais como um direito fundamental". *EJJL.* vol. 12, n. 2. Joaçaba: Editora Unoesc, 2001.

DONEDA, Danilo. *Da privacidade à proteção de dados pessoais.* Rio de Janeiro: Renovar, 2006.

FERRAZ JÚNIOR, Tércio Sampaio. "Sigilo de dados: o direito à privacidade e os limites à função fiscalizadora do Estado". *Revista da Faculdade de Direito da Universidade de São Paulo.* vol. 88. São Paulo: Universidade de São Paulo, 1993.

FIGUEIREDO, Lúcia Vale. "Competências administrativas de Estados e Municípios". *Revista de Direito Administrativo.* vol. 207. Rio de Janeiro: FGV, 1997.

HORBACH, Carlos Bastide. "Forma de Estado: federalismo e repartição de competências". *Revista brasileira de políticas públicas.* vol. 3, n. 2. Brasília: UniCEUB, 2014.

JUSTEN FILHO, Marçal. *Comentários à lei de licitação e contratos administrativos.* 10. Ed. São Paulo: Dialática, 2004.

LAURENTIIS, Lucas Catib de. "Inconstitucionalidade superveniente: usos, desusos e mutações". *Revista investigações constitucionais.* vol. 4, n. 3. Curitiba: UFPR, 2017.

LYBSKEY, Orla. "Deconstructing data protection: the added-value of a right to data protection in the EU legal order". *International and comparative law quarterly*, n. 63 (3). Cambridge: Cambridge United Press, 2014.

MACHADO, Jonatas E. M. *Direito da União Europeia.* 2. Ed. Coimbra: Coimbra Editora, 2014.

MALDONADO, Viviane Nóbrega. "A Lei Geral de Proteção de Dados: objeto, âmbito de aplicação, requisitos, segurança e a necessidade de sua correta implementação". *In:* MALDONADO, Viviane Nóbrega (Coord.). *Lei Geral de Proteção de Dados Pessoais:* manual de implementação. São Paulo: Thomson Reuters Brasil, 2019.

MARTINS, Leonardo. "Direitos Fundamentais à intimidade, à vida privada, à honra e à imagem (art 5°, X da CF): alcance e substrato fático da norma constitucional (intervenção estatal potencialmente violadora)". *Ius Gentium*. vol. 7. n 1. Florianópolis: UFSC, 2016.

MARTINS, Leonardo. *Tribunal constitucional federal alemão:* decisões anotadas sobre direitos fundamentais. vol 3. São Paulo: Martial Pons, 2019.

MENDES, Laura Schertel. *Privacidade, proteção de dados e defesa do consumidor*: linhas gerais de um novo direito fundamental. São Paulo: Saraiva, 2014.

POHLE, Jörg. "Transparenz und Berechenbarkeit vs. Autonomie und Kontrollverlust: Die industrializierung der gesellschaftlichen Informationsverarbeitung und ihre Folgen". *In:* DEGELING, Martin/Püschel; Florian/Schauerte, Eva. *Mediale Kontrolle unter Beobachtung*. Privatheit und Quantifizierbarkeit 5.1. 2016. Disponível em: medialekontrolle.de/ausgaben/5-1-2016-privatheit-und-quantifizierbarkeit. Acesso em: 13 jun. 2021.

POSCHER, Ralf. "The right to data protection: a non-right thesis". *In:* MILLER, Russel. *Privacy and Power:* a transatlantic dialogue in the shadow of the NSA-Affair. Cambridge: Cambridge University Press, 2017.

WARREN, Samuel; BRANDEIS, Louis. "The Right to Privacy". *Harvard Law Review*. vol. 4, n. 5. Cambridge: The Harvard Law Review Association, 1890.

WHITMAN, James Q. "The Two Western Cultures of Privacy: Dignity versus Liberty". *The Yale Law Journal*. vol. 113. New Haven: The Yale Law Journal Company Inc., 2004.

Informação bibliográfica deste texto, conforme a NBR 6023:2002 da Associação Brasileira de Normas Técnicas (ABNT):

CAPÍTULO III - REGIME JURÍDICO DA PROTEÇÃO DE DADOS NO BRASIL: DÚVIDAS E PERSPECTIVAS - Lucas Catib de Laurentiis; Felipe Grizotto Ferreira; David Felice Falivene Baptista

LAURENTIIS, Lucas Catib de; FERREIRA, Felipe Grizotto; BAPTISTA, David Felice Falivene. "Regime jurídico da proteção de dados no Brasil: dúvidas e perspectivas". *In:* MARINHO, Gustavo; VALIM, Rafael; WARDE, Walfrido; SIMÃO, Valdir. *Aspectos relevantes da Lei Geral de Proteção de Dados*. São Paulo: Editora Contracorrente, 2021.

CAPÍTULO IV

SEPARAÇÃO INFORMACIONAL DE PODERES FRENTE À TRADIÇÃO BRASILEIRA NA ADMINISTRAÇÃO PÚBLICA

Juliano Maranhão
Ricardo Campos

Introdução

Com o advento da nova economia digital, o tema da proteção de dados surge como assunto de primeira ordem. Apesar da característica da nova economia digital estar diretamente ligada à sua inerente globalidade, cada tradição jurídica reconstrói a partir de seu arcabouço institucional o tema da proteção de dados de sua maneira própria e única. Nesse sentido, o instituto do transplante legal ou da movimentação global de conceitos e institutos legais ganha um sentido especial visto um simples transplante sem um complexo processo de releitura do conceito estrangeiro dentro no novo contexto institucional, apresenta-se como uma leitura reducionista desse importante fluxo jurídico moderno.

Partindo especificamente do contexto brasileiro, faz-se necessário observar e reconstruir a partir de quais parâmetros a discussão brasileira localizava seus conceitos e institutos antes dos contornos modernos da proteção de dados tomar o centro das discussões e, nos últimos anos, adentrar nas decisões do Supremo Tribunal Federal e uma nova lei própria de proteção de dados. Nesse ponto há que se colocar a questão de se haveria uma experiência jurídica brasileira que já incorporava uma evolução dos conceito de proteção de dados ou de "autodeterminação informacional" nos contornos dados pela discussão moderna[1] ou de se haveria, pelo contrário, evidências de que a tradição anterior de abordagem do tema "dado informático", tanto com relação ao Estado, quanto em relação ao indivíduo, caminharia de forma potencialmente conflitante em relação aos contornos conceituais e até institucionais do debate contemporâneo da proteção de dados.

Nesse esforço, é válido examinar como incorporar o princípio da separação de poderes informacional, pilar da proteção de dados pessoais frente à tradição de direito público, em particular quanto a certa permissividade na troca e compartilhamento de dados entre diferentes órgãos da administração, independentemente da legitimação da finalidade de tratamento conferida, ou não, pela competência legal exercida.

1. Tradição brasileira ou "transplante" da proteção de dados pessoais?

A Lei Geral de Proteção de Dados - Lei 13.709/2018 pronuncia, dentre seus fundamentos, uma série de direitos fundamentais, cujo assento se encontra na Constituição Federal. Assim, enuncia, em seu art. 2°, um conjunto de direitos concernentes ao titular ou ao sujeito do dado, como o respeito à privacidade (art. 5o, inc. X da CF88), a liberdade de expressão, de informação, de comunicação e de opinião (art.

1 Sobre o assunto ver MENDES, Laura. *Privacidade, proteção de dados e defesa do consumidor.* São Paulo: Saraiva, 2014, pp. 127 e ss.

5°, incs. IV e IX da CF88), a inviolabilidade da intimidade, da honra e da imagem; (art. 5° inc., X da CF88), a dignidade e o exercício da cidadania pelas pessoas naturais (art. 1°, II e III da CF88), bem como direitos concernentes aos controladores e operadores de dados, como o desenvolvimento econômico e tecnológico e a inovação (art. 218 e 219 da CF88) e a livre iniciativa, a livre concorrência e a defesa do consumidor; (art. 170, incs. IV e V da CF88).

Ao lado desses direitos fundamentais explicitamente reconhecidos pela Constituição, aparece, no art. 2° da LGPD, o direito ao livre desenvolvimento da personalidade, um direito fundamental derivado[2] já amplamente reconhecido pela doutrina e jurisprudência nacional,[3] e, por fim, a menção ao direito à "autodeterminação informativa", figura inédita, até a publicação da lei, tanto na dicção constitucional quanto na hermenêutica jurisprudencial, tendo recebido, até então, rara atenção doutrinária, em termos de um direito à proteção de dados, que seria derivado de um também derivado direito à privacidade.

O conceito de privacidade é multifacetado e admite várias acepções ou dimensões, sendo o resguardo pessoal, apenas uma delas. Esse primeiro sentido, ligado à exposição pessoal em publicações na mídia impressa, discutida no célebre texto de Warren e Brandeis[4] (right to be

---

2 A tradição constitucional brasileira não deixa de reconhecer e explicitar os chamados direitos fundamentais decorrentes, os quais, seguindo a cláusula de abertura do art. 5°, § 2 da CF 88, devem ser derivados do conteúdo de direitos fundamentais explícitos, notadamente quando necessários à proteção de liberdades constitucionalmente asseguradas. Nessa esteia, diversos direitos fundamentais decorrentes (não explícitos) foram validados pelo Supremo Tribunal Federal como direito à proteção do local de trabalho contra invasões arbitrárias de agentes públicos (decorre do art. 5°, inc. XI, 3 da CF 88), direito ao sigilo bancário (decorrente do artigo 5°, inc. X da CF 88), a anterioridade tributária, direito à união homoafetiva, direito de pessoas transexuais de alteração de prenome e sexo no registro civil, direito à identidade genética e filiação, direito de oposição política, direito ao esquecimento, dentre outros.

3 O direito ao livre desenvolvimento da personalidade também é reconhecido na doutrina e jurisprudência STF.

4 WARREN, S.D.; BRANDEIS, L.D. "The Right to Privacy". *Harvard Law Review*. vol. 4, n. 5. Cambridge: The Harvard Law Review Association, 1890, pp. 193-200.

left alone), evoluiu como reflexo de outras ameaças trazidas pela evolução das comunicações.

Assim é que, com o advento do processamento computacional, na década de sessenta e setenta, a proteção à privacidade ultrapassou a dimensão física de não-exposição para alcançar um sentido informacional (privacidade informacional) cuja tônica estava na preocupação com o "dado informático", mais propriamente com o tratamento informático de dados, que levava ao reconhecimento da necessidade de "controle da informação" contra o cruzamento de dados para inferências sobre indivíduos e a formação de dossiês permanentes nos arquivos computacionais.[5]

É essa a raiz do direito à autodeterminação informativa (ou informacional- informationelle Selbstbestimmung), que teve seu marco jurídico fundacional na decisão do Tribunal Constitucional Alemão contrária à Lei do Recenseamento da População de 1983 (*Volkszählungsgesetz*). Esse sentido informacional de dado, cuja preocupação reside em seu tratamento informático, ganhou nova conotação com a rede mundial de computadores e, notadamente, com a construção de uma esfera informacional decorrente da chamada internet 2.0, em que usuários interagem, produzem e consomem mutuamente conteúdo em plataformas de comunicação.

Para essa esfera transferiu-se boa parte das relações sociais e econômicas, a identidade individual ganhou uma representação virtual, ou seja, o indivíduo virtual se confunde com o complexo de informações a ele referentes na infosfera.[6] Aqui, a privacidade se incorpora ao valor da construção livre da personalidade individual.[7] Essa identidade virtual,

---

5 WESTIN, A.F.; SOLOVE, D.J. *Privacy and Freedom*. New York: IG Publishing, 2015.

6 FLORIDI, L. *The 4th Revolution*: how the Infosphere is Reshaping Human Reality. Oxford: Oxford University Press, 2014.

7 HILDEBRANDT, M. "Privacy and Identity". *In:* M, CLAES, E.; DUFF, A.; GUTWIRTH, S (Coord.). *Privacy and the Criminal Law*. Antwerp/Oxford: Intersentia, 2006, pp. 43-58.

construída no ambiente informacional, pode implicar restrições a direitos e a acesso a bens e afetar a própria construção interna da identidade, na medida em que a vigília e a circulação de informações sem salvaguardas podem inibir o comportamento. Daí o reconhecimento da necessidade de participação ativa do indivíduo na sua própria representação na esfera informacional, ou seja, uma prerrogativa individual em relação a sua auto-apresentação (*Selbstdarstellung*)[8] na sociedade da informação.[9] Como coloca Nissembaum,[10] o valor percebido na privacidade e na construção da personalidade informacional não está na restrição do fluxo de informações. Esse fluxo é desejado. O valor está na participação individual na determinação do fluxo adequado da informação, que é determinado contextualmente (qual tipo de informação, em relação a qual agente, em qual contexto, pode ser de que forma transmitida) de acordo com a finalidade do tratamento.

Esse sentido de "autodeterminação informativa" e a subjacente preocupação com o dado informático, considerando seu potencial de inferência e impactos na construção de uma esfera virtual e informacional da personalidade é inteiramente novo e não aparecia na tradição da hermenêutica constitucional, podendo ser visto como uma forma

---

8 Gabriele Britz chama a atenção para a relação entre liberdade de ação exterior e desenvolvimento da personalidade interior. Para ela o art. 2, inciso 1, da Constituição alemã, que fundamenta a informationalle Selbstbestimmung também protegeria a liberdade de desenvolvimento interno da personalidade (Freiheit innerer Selbstentfaltung). Com isso para ela a informationalle Selbstbestimmung também serviria - ao lado de proteger contra discriminações – "como um instrumento de implementação do direito de cada um a sua auto-apresentação na esfera pública (Recht auf Selbstdarstellung): Das Recht auf Selbstdarstellung richtet sich "gegen diejenigen Einschränkungen des inneren Freiraums (...), die aus (der Erwartung von) fremden Identitätserwartungen resultieren". pp. 67 e ss. BRITZ, Gabriele. *Freie Entfaltung durch Selbstdarstellung*. Tübingen, 2007. Ver também MÜLLER, Gerda. "Persönlichkeitsrecht als Schutz vor unerwünschter Berichterstattung?" *In*: *Zeitschrift für Rechtspolitik*, 2009, pp. 189 e ss.

9 Sobre o conceito de sociedade da informação, ver WEBSTER, F. *The Information Society Reader*. Abingdon: Routledge, 2004.

10 NISSENBAUM, H. *Privacy in Context*: Technology, Policy and the Integrity of Social Life. Palo Alto: Stanford Law Books, 2010.

de transplante jurídico.[11] Como tal, e à luz da própria crítica ao termo "transplante",[12] pode sofrer alterações de sentido e qualificações ao se inserir em um novo organismo representado pelo ordenamento jurídico pátrio, como também pode trazer adaptações e processos de mutação, conferindo novo sentido a institutos e direitos fundamentais reconhecidos no país de destino. Atentar para possíveis pontos de conflito e divergências conceituais é fundamental para a interpretação de conceitos transplantados como a autodeterminação informativa, notadamente quando observamos a inserção da LGPD no âmbito do Direito público brasileiro e o potencial conflito entre eficiência na gestão administrativa, na qual o compartilhamento de dados entre órgãos públicos é um dos veículos, e o controle finalístico inerente à proteção de dados pessoais.

Na tradição constitucional brasileira o direito à privacidade aparece como aspecto da inviolabilidade da vida privada, ao lado da proteção à intimidade, à honra e à imagem (CF 88, art. 5° inc. X), o que revela o sentido típico de um direito à reserva em relação à exposição da vida pessoal na esfera social com riscos associados de danos à imagem e à honra. Ou seja, uma faceta da proteção à integridade moral individual. O sentido informacional ou a preocupação como o "dado informático" não se consubstancia aqui, muito menos a dimensão da formação da personalidade na esfera informacional.

O termo "dado" aparece, propriamente, no inc. XII do art. 5° que prevê a inviolabilidade do "sigilo da correspondência e das comunicações telegráficas, de dados e das comunicações telefônicas". Assim, a tônica está nas formas de comunicação, chegando a doutrina inclusive a interpretar "dado" como uma modalidade de comunicação e não

---

11 WATSON, Alan. Legal transplants: An Approach to Comparative Law. 2. ed. London: University of Georgia Press, 1993. DUTRA, Deo Campos. "Transplantes Jurídicos: história, teoria e crítica no Direito Comparado". *Revista da Faculdade de Direito da UFRGS*, Porto Alegre, n. 39, 2018, pp. 76-96.

12 LEGRAND, Pierre. "The Impossibility of legal transplants". Maastricht Journal of European and Comparative Law, vol. 4, n. 2, 1997, pp. 111-124.

propriamente seu objeto.[13] O valor protegido no cerne desse dispositivo é a liberdade de comunicação e sendo assim, a preocupação central está na interação comunicativa, que deve estar livre de embaraços, sob pena de inibição dos interlocutores. Seu objeto concreto de atenção decorre das interceptações telefônicas e de correspondências praticadas durante o regime militar no Brasil.

A proteção do sigilo das comunicações como corolário da garantia de liberdade de comunicação não se confunde com a autodeterminação informativa, na medida que seu objeto é a interlocução, isto é, a comunicação intersubjetiva, e não, propriamente, o dado informático e seu potencial inferencial, com reflexos sobre a personalidade, muito menos a dimensão de virtualidade em que dados informáticos podem confeccionar ambientes na infosfera.

Note-se nesse aspecto a oscilação da jurisprudência ao interpretar o sentido de "dado" ao lidar com a apreensão de dispositivos de telefonia móvel e a possibilidade ou não de uso como prova do conteúdo digital de aplicativos de trocas de mensagem. Em 2014, o Superior Tribunal de Justiça subscreveu a tese de que uma troca de mensagens via WhatsApp em um celular coletado em uma busca e apreensão seria análogo a uma correspondência em curso, ou seja a uma interlocução escrita, de modo que uma ordem de interceptação de correspondência seria necessária para acessar aquele conteúdo, sob pena de violação da liberdade de comunicação (STJ: HC 51.531-RO). Todavia em julgado de 2016 pelo mesmo tribunal considerou que a troca de mensagens armazenada em dispositivo de telefonia móvel seria análogo a dados arquivados ou a documentos armazenados, constituindo, portanto itens de propriedade acessíveis em procedimentos de busca e apreensão (STJ: HC 75.800-PR).

Esta segunda decisão reflete precedente do STF, em julgado conduzido pelo Ministro Gilmar Mendes, no qual foi analisada a prisão em

---

13 FERRAZ JUNIOR, Tercio Sampaio. "Sigilo de dados – o direito à privacidade e os limites à função fiscalizadora do Estado". *Revista da Faculdade de Direito da USP*, 1993, pp. 440 e ss.

flagrante de corréu em policiais examinaram últimos registros telefônicos dos dois aparelhos celulares apreendidos:

> não se confundem registros telefônicos e comunicação telefônica" (...) "indago: e se o número estivesse em um pedaço de papel no bolso da camisa usada pelo réu no dia do crime, seria ilícito o acesso pela autoridade policial? E se o número estivesse anotado nas antigas agendas de papel ou em um caderno no momento da prisão?

Nessa passagem fica marcada a influente distinção entre registros ou dados armazenados e o fluxo dados como uma modalidade de comunicação intersubjetiva, em que a tônica de proteção está na liberdade de comunicar-se e não na proteção da personalidade em função da ameaça de tratamentos abusivos de dados.

Outro aspecto revelador de potencial conflito entre a tradição europeia de proteção de dados pessoais e o ordenamento pátrio está no compartilhamento de dados entre órgãos da Administração pública, em particular no que se refere à investigação criminal. Na tradição brasileira, o tema é visto a partir de uma prevalência do princípio de eficiência da Administração (art. 37, CF88, em particular no que concerne à segurança pública) sobre a inviolabilidade da vida privada.

Assim, por exemplo, o STF, em julgado de 2016, autorizou o acesso pela Receita Federal a dados bancários de contribuintes sem necessidade de autorização judicial, sob o argumento de que a vida privada não seria severamente impactada por se tratar propriamente de uma "transferência de sigilo da órbita bancária para a fiscal" (ADIs 2390, 2386, 2859 e 2397 (RE) 601314). E, com base no mesmo argumento, o STF admitiu, em julgado de dezembro de 2019, portanto já na vigência da LGPD, a "possibilidade de compartilhamento com o Ministério Público, para fins penais, dos dados bancários e fiscais do contribuinte, obtidos pela Receita Federal no legítimo exercício de seu dever de fiscalizar, sem autorização prévia do Poder Judiciário". (RE nº 1.055.941/SP).

O conceito de autodeterminação informativa e a proteção de dados pessoais, como se sabe, porém, não se confunde com proteção ao sigilo. Possui uma dimensão dinâmica que vai muito além de um direito de defesa, que postularia um espaço privado de informações a não ser invadido pelo Estado ou a ser garantido pelo Estado.[14]A proteção de dados consiste, na verdade, em reforçar duas atribuições do indivíduo no novo cenário da sociedade da informação: (i) a transparência por parte da Administração e do setor privado sobre o uso de dados por eles processados; (ii) colocar o indivíduo em posição ativa e dinâmica na relação com seus dados e informações perante o Estado e a iniciativa privada.[15]

E o mecanismo primordial adotado pela legislação de proteção de dados, arraigada no conceito de autodeterminação informacional, está no princípio de finalidade. Trata-se de vincular e restringir a aplicação de qualquer informação derivada do processamento de dados pessoais ao objetivo que justificou sua coleta. O processamento para fins abertos ou desconhecidos é vedado pelo princípio da finalidade.[16] Reconhece-se, assim, como fundamento legítimo para o tratamento, o consentimento que delimite seu escopo, o exercício de competência legal com objeto determinado, a necessidade para prestação de serviço ou execução de contrato especificado etc. Em todo e qualquer caso, a justificativa original da coleta é que determina os limites do processamento, do emprego

---

14 Der Forma clássica sobre o conceito de direitos de defesa ver Gertrude Lübbe--Wolf, Die Grundrechte als Eingriffsabwehrrechte, Baden-Badenn 1998. Sobre a crítica a concepção de direito fundamental de defesa frente ao Estado na proteção de dados ver LADEUR, Karl-Heinz. "Datenschutz – vom Abwehrrecht zur planerischen Optimierung von Wissensnetzwerken. Zur objektiv-rechtlichen Dimension" *des Datenschutzes*, DuD 2000, pp. 12 e ss.

15 Conforme anota a decisão, as pessoas têm "o poder, em princípio, de determinar por si próprias a atribuição e a utilização dos seus dados pessoais". (Tradução livre) BVerfGE 65, 1.

16 Sobre o assunto ver os casos elencados de coleta de dados sem finalidade na diretiva europeia RL 2006/24/EG e as decisões do tribunal europeu sobre o assunto EuGH, C-293/12 e C-594/12. Na doutrina SIMITIS, Spiros. "Die Vorratsspeicherung – ein unverändert zweifelhaftes Privileg". *In*: *Neue Juristische Wochenschrift*, 2014, pp. 2158 ss.

e da transmissão de informações dele extraídas, razão pela qual, "transferências de sigilo" entre órgãos da administração, com competências distintas, como se verá mais adiante, não se coadunam à noção de autodeterminação informativa.

Por fim, usualmente se aponta o habeas data como um precursor da proteção de dados pessoais. Em sua origem, o instituto foi incorporado na Constituição de 1988 para fins de estabelecer mecanismos de acesso a dados presentes em arquivos do Governo Militar tendo, nos últimos anos, se desenvolvido como um sistema geral de acesso a banco de dados num escopo mais amplo,[17] conforme jurisprudência do STF. Esse movimento se evidencia, por exemplo, no RE 673.707, no qual o relator Min. Luiz Fux reforçou o acesso a informações a cadastro de entidade governamental, no caso a Receita Federal, no qual foi fixada repercussão geral na matéria no sentido de que o "habeas data é a garantia constitucional adequada para a obtenção dos dados concernentes ao pagamento de tributos do próprio contribuinte constantes dos sistemas informatizados ode apoio à arrecadação dos órgãos da administração fazendária dos entes estatais".[18]

Há também uma recorrente ênfase na questão de se o habeas data asseguraria acesso à pessoa não somente a bancos de dados de entidades governamentais, mas também a bancos de dados com caráter público entretanto gerido e administrado por entidades ou pessoas privadas. No que tange a abrangência do conceito de entidades governamentais, entende-se que a garantia do habeas data estende-se a todos os entes da federação nos níveis federal, estadual ou municipal.[19] Estariam também, por exemplo, serviços de proteção de crédito ou de listagens de mala direta abrangidos pelo objeto do habeas data? A partir de uma interpretação sistemática, pode-se partir do parâmetro conferido pelo art. 1 da

---

17 CARREIRA ALVIM, José Eduardo. *Habeas data*. Rio de Janeiro: Forence, 2001, pp. 16 e ss.

18 RE 673.707, rel. Min. Luiz Fux, DJe 18.06.2015.

19 NERY JUNIOR, Nelson; NERY, Rosa Maria de A. *Leis constitucionais comentadas e anotadas*. São Paulo: Ed. RT, 2019, p. 1253.

Lei nº 9.507/97, no qual são definidos como de caráter público "todo registro ou banco de dados contendo informações que sejam ou que possam ser transmitidas a terceiros ou que não sejam do uso privativo do órgão ou entidade produtoras ou depositárias das informações". Nesse sentido, há de se inferir que o instituto do habeas data também asseguraria tanto o acesso quanto a retificação de informações presentes em banco de dados de caráter público gerido por privados.[20] Acima de tudo com relação a retificação de informações ligadas à proteção de crédito e banco de dados geridos por entidades privadas, o ordenamento jurídico brasileiro confere uma proteção maior.[21]

Apesar do aumento do escopo de aplicação de arquivos militares para arquivos caráter público em geral assegurando-se não apenas o acesso como a retificação, que refletem direitos dos titulares de dados reconhecidos pela LGPD, essa "antecipação" não traz em seu bojo traços do direito fundamental à autodeterminação informativa, em termos de controle do fluxo de informações ou de finalidade de seu emprego pela Administração, circunscrevendo-se a uma preocupação com transparência do Estado perante o indivíduo.

Nesse contexto, o primeiro ponto a ser destacado é o surgimento do *habeas data* refere-se a um movimento de abertura da nebulosa

---

20 MEIRELLES, Hely Lopes; WALD, Arnoldo; MENDES, Gilmar Ferreira. *Mandado de Segurança e Ações Constitucionais*. 32. E d. São Paulo: Malheiros, n. 1, 2009, pp. 303-305. Nesse contexto também diretórios partidários possuem legitimidade passiva *ad causam* para cabimento de *habeas data*. Para tanto ver "Recurso eleitoral. Habeas data. Legitimidade passiva. Interesse em agir. Inadequação. I – As ações de habeas data são concedidas para conhecimento ou retificação de dados constantes não só de órgãos governamentais, mas também de entidades de caráter público, o que consubstancia a legitimidade dos Diretórios Municipais de partidos políticos para figurar no polo passivo dos aludidos feitos. II – Para demonstrar o interesse de agir na ação de habeas data, faz-se necessária a apresentação da prova do indeferimento do pedido de informações ou da omissão em atender o requerente. III – O habeas data não tem o condão de desconstituir decisões judiciais prolatadas em outros processos, e quando impetrado com essa finalidade, mostra-se inadequada a via eleita". (g.n) (TRE-GO, RE 3174 -GO, j. 24.11.2005. rel. Felipe Batista Cordeiro, DJ 30.11.2005).

21 NERY JUNIOR, Nelson; NERY, Rosa Maria de A. *Constituição Federal Comentada*. cit., coment. 133 CF 5º, p. 320.

organização estatal estruturada em torno dos princípios e ditames do período ditatorial brasileiro. Assim, o habeas data enquadra-se num movimento pós-ditadura que se sucedeu com a carta de Ulisses de 1988, processo o qual foi marcado até período recente por uma abertura dos dados estatais orientados pela necessidade de transparência do Estado e seus dados. Nesse contexto, menciona-se a cristalização deste longo processo de estabelecimento de uma maior transparência dos dados estatais com a Lei nº 12.527/2011, lei do acesso à informação, no qual o norte orientador não é balizado pelos ditames de controle de finalidade e do fluxo de tratamento de dados pelo Estado, mas à simples abertura de dados.

Também na Alemanha pós-ditadura, houve forte onda, a qual perdura até os dias atuais, da liberalização do acesso a dados do Estado. Caso emblemático encontra-se nos chamados "Stasi-Akten" ou documentos da Stasi, no qual o Ministério de Segurança do Estado da República Democrática Alemã (RDA) administrava aproximadamente 111 quilômetros de arquivos, incluindo 41 milhões de cartões de índice. A autoridade competente também detinha até o final da década de 90 1,95 milhões de fotografias, 2.876 filmes e vídeos, e aproximadamente 23.250 documentos de áudio. Com a reunificação, o parlamento alemão aprovou a famosa lei dos documentos da Stasi (Stasi-Unterlagen-Gesetz (StUG)) em 14 de novembro de 1991, a qual assegura o direito a todos os cidadão o direito de acessar os documentos que o Ministério de Segurança do Estado guardou em sua pessoa. Mais de dois milhões de pessoas já fizeram uso desta possibilidade desde 1992.[22]

Tanto o *habeas data* quando outras leis e institutos inseridos no contexto de transparência pós-ditadura não procuram tematizar a proteção e seus princípios adjacentes do dado, mas a sua simples acessibilidade ao dado do cidadão sem imbuir nesses procedimentos questões relativas aos princípios basilares da proteção de dados como o princípio da finalidade. Aqui não se trata da proteção de dados no sentido atual da privacidade, mas da proteção de dados para fins de memória. Nesse

22 Sobre o assunto ver ENGEL, Albert. *Die rechtliche Aufarbeitung der Stasi-Unterlagen auf der Grundlage des StUG*. Berlin: Duncker & Humblot, 1995.

sentido, não se aplicam pilares estruturantes da proteção de dados como a autodeterminação informativa como prerrogativa de controle do fluxo de dados a partir da finalidade de sua coleta.

Nesse sentido, em vez de projetar uma gênese embrionária de um conceito de proteção de dados e privacidade, seria mais proveitoso para o transplante desse novo ramo no Brasil, entender pontos de convergência mas também pontos de potencial conflito, em particular quando examinarmos sua inserção no direito público, diante dos princípios de transparência e eficiência da Administração.

Essa perspectiva de exegese torna-se urgente, tendo em vista não só a entrada em vigor da LGPD, como também o recente reconhecimento do direito fundamental à autodeterminação informativa pelo STF no caso IBGE,[23] que considerou inconstitucional o art. 2º da Medida Provisória 954/20, por considerar desproporcional, em análise de controle de finalidade, a determinação para que as companhias de telefonia enviassem ao IBGE dados cadastrais de toda sua base de clientes, a saber, nome, número de telefone. Em outro precedente recente, o tribunal acenou para uma "mutação constitucional" trazida pelas implicações jurídicas, econômicas e sociais do desenvolvimento tecnológico em relação ao processamento de dados. Assim, em posição diametralmente oposta àquela indicada acima, o Ministro Gilmar Mendes, aponta, em precedente envolvendo acesso ao conteúdo de mensagens em celular apreendido em prisão em flagrante (HC 168052, 2020):

> Afirmar que o ser humano é livre exige, não como seu pressuposto, mas como consectário, reconhecer seu domínio ou controle sobre os inputs e outputs de informação. Esse sentido natural da liberdade se traduz, no mundo jurídico, na liberdade 'informacional' próxima ao que o Tribunal Constitucional Federal alemão chamou de Informationelle Selbsstbestimmung, ou autodeterminação em matéria de informação, que

23 Medida Cautelar na Ação Direta de Inconstitucionalidade 6.387, Distrito Federal.

conjuga o aspecto negativo de não impedimento ao positivo, de controle.

2. Ponto de conflito: a unidade informacional na administração e a autodeterminação informativa

Os pontos de potencial conflito entre o impulso legislativo para estimular a eficiência Estatal e a proteção de dados pessoais são visíveis e não demoraram a aparecer. Em plena vacatio legis da LGPD foram publicados decretos concentrando informações e dados nas mãos do Estado e permitindo seu livre compartilhamento entre órgãos públicos independentemente de indicação da finalidade de tratamento.

Por exemplo, o Decreto 10.046/19, que cria o Cadastro Base do Cidadão, define como serão compartilhados os dados pelos órgãos públicos: livremente, independentemente de convênio ou qualquer termo que explicite a finalidade do compartilhamento, em nome da eficiência e de melhorias na prestação de serviços públicos. Outro exemplo, está no Decreto 9.929/19, que determina a transferência dos dados do registro civil de pessoas naturais a um "Comitê Gestor" formado por sete ministérios, além do INSS e IBGE, que podem compartilhá-los entre si, independentemente de requisição. Vale lembrar que os cartórios de registros de pessoas naturais lidam, em essência, com dados pessoais, e em grande parte, íntimos, como a natureza da filiação paterna, adoção e por vezes, sensíveis, como a mudança de nome pela alteração de sexo. Demais órgãos da Administração deveriam requisitar de modo fundamentado o acesso, o que, aparentemente, torna-se desnecessário com o novo Decreto.

Ambos os Decretos são inconciliáveis com o direito à autodeterminação informativa tal como consubstanciado na LGPD. Note que a LGPD em seu art. 23. §5° apenas indica que notários e registradores devem "fornecer acesso" por meio eletrônico aos dados, ou seja, a informações específicas legalmente previstas ou requisitadas para determinado fim público, não os transferir para uma base própria da Administração. E o art. 26 determina que o uso compartilhado de dados pessoais pelo Poder Público deve atender a finalidade específica de política pública ou exercício de competência legal.[24]

Essas restrições são meios necessários para, em espírito, garantir a autodeterminação do cidadão sobre os dados referentes a sua pessoa, o que pressupõe transparência acerca de quem detém o dado e para qual finalidade emprega a informação dele extraída.[25] Trata-se de inserir o indivíduo na dinâmica de fluxo de informações, com o direito de co-participação e co-determinação, correlatos ao dever de transparência, adequação ao fim, necessidade e proporcionalidade no processamento de dados pela iniciativa privada ou pelo poder público.

O Decreto instituidor do Cadastro Base do Cidadão prevê a ampla reunião de dados, ligando-os a identificadores biométricos e com alusões a perfis comportamentais- fala-se até mesmo em "biometria comportamental" (art. 2º, II)- e cujo compartilhamento é regrado por um "Comitê Central de Governança". A linguagem inevitavelmente nos remete às preocupações responsáveis por um marco da proteção de dados no âmbito internacional: a decisão do Tribunal Constitucional Alemão em 1983,[26] que declarou inconstitucional lei que criava um censo estatal, visando à coleta de dados pessoais para a otimização de políticas públicas (conhecida como *Volkszählungsurteil*).

Naquele contexto histórico e cultural, assombrado pela experiência vizinha de uma burocracia eficiente de vigília comportamental, baseada no processamento computacional de dados dos cidadãos, em

---

24 Sobre o compartilhamento de dados no judiciário, ver CUEVA, Ricardo. "Proteção de dados pessoais no Judiciário". *Revista do Advogado*. n. 144. São Paulo: AASP, 2019, pp. 6-12.

25 BRITZ, Gabriele. "Autodeterminação Informativa entre a crítica principiológica dogmática e a permanência do Tribunal Constitucional Alemão". *In*: CAMPOS, Ricardo; NERY JUNIOR, Nelson; ABBOUD, Georges (Coord.) *Proteção de Dados e regulação*. RT 2020 (no prelo). BRITZ, Gabriele. "Informationelle Selbstbestimmung zwischen rechtswissenschaftlicher Grundsatzkritik und Beharren des Bundesverfassungsgerichts". *In*: W. Hoffmann-Riem (Hg.), Offene Rechtswissenschaft. Tübingen, 2010, pp. 561-596.

26 BVerfG 65, 1 (43).

nome de uma "Segurança do Estado" (*Staatssicherheit*), cujos contornos não eram bem definidos, a decisão do tribunal constitucional na então Alemanha Ocidental, em firme reação contra o "controle indiscriminado" da vida privada, por meio de uma "inteligência informacional", cunhou o direito fundamental à autodeterminação informativa. Por ironia ou destino, o julgamento foi realizado 16 dias antes da virada para o ano 1984, que, segundo a "profecia" de George Orwell culminaria com tendências extremadas de um estado de vigilância total.

Outros estatutos podem ser observados com a mesma tendência. O Sistema Único de Segurança Pública (Susp) implantado pela Lei nº 13.675/2018 no qual há alto grau de compartilhamento de dados e informações de inteligência e de segurança pública advindas das mais variadas fontes e âmbitos institucionais como polícias, bombeiros, órgãos penitenciários, agentes de trânsito etc., federais, estaduais e municipais. Pouco ainda se tem refletido sobre os reais padrões de proteção de direitos decorrentes do compartilhamento de uma gama de dados sensíveis dentro deste marco regulatório.

Outro exemplo de indiferença entre esferas estatais e o compartilhamento recíproco de dados encontra-se na Arguição de Descumprimento de Preceito Fundamental (ADPF) 695, na qual, a partir do decreto presidencial, autoriza-se o compartilhamento de dados pessoais de 76 milhões de brasileiros entre o Serviço Federal de Processamento de Dados (Serpro) com a Agência Brasileira de Inteligência (Abin). Neste caso, dentre várias questões a serem analisadas à luz da separação de poderes informacional está a proporcionalidade desse compartilhamento. Em segundo plano, caberia também questionar se um decreto poderia estruturar a legitimidade de uma intervenção adicional em direitos fundamentais decorrente do compartilhamento dos dados desviados de sua função originária, ou se, para tal intervenção em diretos fundamentais, não seria necessário uma autorização legal em estrito senso garantindo não somente maior legitimidade democrática, mas também estabelecendo uma base legal clara com um regime de salvaguarda de dados de terceiros.

3. Separação informacional de poderes

A autodeterminação informativa, nos contornos delineados pelo Tribunal Constitucional alemão no julgado pioneiro do Censo de 1983, abrange duas dimensões: (i) a democrática e (ii) a do livre desenvolvimento da personalidade.[27]

Quanto à primeira, o tribunal chamou a atenção para o fato de que quem não sabe se e por quem informações sobre a sua pessoa são tratados, perde a oportunidade de avaliar de forma confiável as consequências do seu comportamento, bem como as reações dos seus interlocutores na comunicação, e acaba sofrendo efeito de inibição de seu comportamento e expressão de seu pensamento, diante da crescente incerteza.[28] Nesse sentido, a proteção de dados, como veículo para proteção dos direitos fundamentais, é a espinha dorsal de qualquer democracia liberal.[29]

Em relação à segunda dimensão, destacou que a armazenagem indefinida de dados que

> podem ser recuperados a qualquer momento em questão de segundos, independentemente da distância" e que "podem ser (combinados) com outras recolhas de dados para formar uma imagem pessoal parcial ou amplamente completa sem que o titular dos dados possa controlar suficientemente a sua exatidão e utilização,[30]

mina a oportunidade de cada cidadão participar da formação de sua identidade na esfera pública, o que afeta a livre construção de sua própria personalidade interna.

---

27 SIMITIS, Spiros. *Die Zäsur: Das Volkszählungsurteil des BVerfG Simitis/Hornung/ Spiecker gen.* Döhmann, Datenschutzrecht 1. Ed. 2019, notas marginais 37-38.

28 BVerfG 65, 1 (43).

29 SPIECKER, Indra. *Veröffentlichungen der Vereinigung der Deutschen Staatsrechtslehrer (VVDStRL)*. 9 (2018), p. 55.

30 BVerfG 65, 1 (42).

E seguindo a tradição das constituições democrático-liberais do pós-guerra em vincular um regime de liberdades fundamentais do indivíduo a um regime organizacional de competências e atribuições, evitando a concentração de poder,[31] aquela decisão pioneira já apontou para a necessidade de reconceituação da divisão de poderes na nova sociedade da informação. Em era na qual o poder se confunde com o controle da informação, a ameaça bem percebida e alertada por Spiros Simitis, está na possibilidade de administração pública e o Estado se tornarem uma "unidade informacional".[32] Cunhou-se, assim, o conceito de divisão de poderes informacional, segundo o qual a finalidade de coleta e tratamento de dados pessoais por cada órgão público circunscreve-se à estrita definição de sua competência legal, sendo vedado o uso para outra finalidade dentro da Administração.[33]

O conceito da separação informacional dos poderes conota a primordialidade de se introduzir na sociedade informacional um princípio geral do constitucionalismo moderno, o qual se legitima na necessária fragmentação do poder estatal para fins de preservação de garantias e liberdades fundamentais do indivíduo. Nesse contexto, historicamente, o Estado de direito moderno apresenta-se ao mesmo tempo como uma arquitetura jurídica de fomento de esferas de liberdades privadas

---

31 Essa distinção entre dois âmbitos da constituição moderna, direitos fundamentais e organização estatal guiado pela divisão de poderes conforma o Direito público contemporâneo. Para tanto, ver SCHMIDT-AßMANN, Eberhard. "Der Rechtsstaat". *In*: ISENSEE, Josef; KIRCHHOF, Paul (Coord.). *Handbuch des Staatsrechts, der Bundesrepublik Deutschland.* Heidelberg, 2004, p. 565. FENSKE, Hans. Art. „Gewaltenteilung". *In*: Brunner, Conze, Kosellek (Orgs.) tomo III, 1982, pp. 823 e ss. Ver também Carl Schmitt, Verfassungslehre, 7 Ed., Berlim 1993, pp. 126-127.

32 SIMITIS, Spiros. *Die informationelle Selbstbestimmung* - Grundbedingung einer verfassungskonformen Informationsordnung. NJW, 1984, 398, p. 403.

33 O princípio da finalidade não é absoluto. Os dados pessoais recolhidos uma vez para determinados fins podem, sob certas condições, ser (posteriormente) processados para outros fins. O critério decisivo é a compatibilidade. A finalidade original e a nova finalidade não devem ser incompatíveis. Para tanto ver MONREAL, Manfred. "Weiterverarbeitung nach einer Zweckänderung in der DS-GVO". *In*: *Zeitschrift für Datenschutz.* 2016, pp. 507 e ss.

(direitos fundamentais) e também, no plano organizacional interno, é marcado por uma fragmentação de suas funções e órgãos.[34]

A tradicional separação dos poderes visava, e ainda visa, a estabelecer um arranjo institucional, no qual o poder exercido pelo Estado seja distribuído e delimitado por competências e controlado reciprocamente por mecanismos legais postos pelo sistema jurídico vigente. Nesse contexto, com o avanço da sociedade informacional, o próprio Estado torna-se cada vez mais um "Estado Informacional", dependente, para a execução das suas funções primordiais, em larga escala, do acúmulo, tratamento e compartilhamento de dados. Dentro do processo de moldagem ou adaptação do constitucionalismo às novas condições tecnológicas da digitalização, o princípio da separação informacional de poderes cria barreiras informacionais entre órgãos estatais com o objetivo de assegurar direitos fundamentais individuais.

O debate em torno do conceito da separação informacional de poderes surge na Alemanha precisamente no âmbito da discussão pública sobre o surgimento de novos autômatos e nova tecnologias e, especialmente, como essas novas técnicas transformam a velocidade e abrangência do fluxo informacional entre os órgãos estatais que compõem a arquitetura da segurança interna, em sentido lato, podendo, assim, gerar graves intervenções em direitos fundamentais dos indivíduos. No contexto da discussão alemã, o princípio da separação informacional é um conceito incorporado na jurisprudência do tribunal constitucional alemão compondo um regime geral constitucional da proteção de dados desde a famosa decisão do censo de 1983.[35] Em seu âmago,

---

34 Nesse contexto, Hasso Hoffmann introduziu uma interessante distinção entre o direito do "dominador" (Recht des Herrschaft) e o direito do Direito (Recht des Rechts). Ver Hasso Hoffmann, Das Recht des Rechts, das Recht der Herrschaft und die Einheit der Verfassung, Duncker & Humboldt 1998, pp. 18 e ss. Ver também um leitura abrangente da separação de poderes em Christoph Möllers, Die drei Gewalten. Legitimation der Gewaltengliederung in Verfassungsstaat, Europäischer Integration und Internationalisierung. Velbrück Weilerswisst 2008, pp. 121 e ss.

35 PETER BULL, Hans. *Informationelle Selbstbestimmung* - Vision oder Illusion?. Mohr Siebeck 2011, pp. 22 e ss.

concentra-se a discussão em como separar os órgãos de inteligência dos órgãos de segurança pública e persecução penal diferenciando-os, em suas respectivas competências e finalidades, a partir de parâmetros do campo da proteção de dados moderna.

O princípio da separação dos poderes, quando interligado com a dimensão informacional da proteção de dados, ganha uma forte conotação de vinculação ao princípio da finalidade. Em outras palavras, a ideia norteadora do princípio em tela centra-se no corolário de que os dados coletados no âmbito de alguns dos órgãos e atividades estatais como inteligência, por exemplo, não podem ser compartilhados e tratados livremente por outros órgãos e atividades estatais como a de persecução penal ou da segurança pública. O mesmo vale reciprocamente para a relação dos demais âmbitos entre si. Nesse caso, a finalidade do acúmulo e processamento de um determinado dado vincula o local e a finalidade inicial pela qual seu tratamento fora inicialmente baseado, assim como cria ao mesmo tempo vedações para uma transferência ou comunicabilidade desses dados com outros órgãos adversos à finalidade inicial da coleta.[36]

Poderia ser questionado, nesse ponto, se então a colaboração entre órgãos estatais, que, em certa medida, também é veículo de eficiência da execução das funções estatais em geral, restaria em princípio prejudicada pelo princípio da separação informacional de poderes uma vez que um órgão não poderia, hipoteticamente, colaborar transferindo dados a outros órgãos.[37] Ocorre que a vinculação do princípio da finalidade da coleta e tratamento de dados confere novos contornos jurídicos aos acordos entre órgãos estatais no que tange à transferência de dados, uma vez que estas cooperações de transferência de dados ficam

---

36 Sobre o princípio da finalidade no Direito europeu ver art. 5 inciso 1 GDPR. Na literatura ver ROßNAGEL, Alexander. "*DSGVO Art. 5 Grundsätze für die Verarbeitung personenbezogener Daten*". *In*: SIMITIS, Spiros; HORNUNG, Gerrit; SPIECKER, Indra. (Coord.). *Datenschutzrecht*. 1. Auflage, 2019. Notas marginais 92 a 95.

37 Sobre a discussão ver o artigo clássico de Simitis sobre o assunto, SIMITIS, Spiros. "Von der Amtshilfe zur Informationshilfe – Informationsaustausch und Datenschutzanforderungen in der öffentlichen Verwaltung". *In*: NJW 1986, pp. 2796 e ss.

condicionadas a padrões e garantias decorrentes da proteção de dados. Dentro do debate da separação informacional dos poderes, isso significa que, em princípio, a transferência de dados entre órgãos é vedada se estabelecida sem critérios e medidas que delimitam tanto o tratamento quanto a transferência segundo objetivos que justifiquem o acordo, a partir de princípios e valores do Estado de Direito como, por exemplo, o princípio da reserva de lei e da proporcionalidade.

No debate sobre a separação informacional dos poderes, faz-se especialmente necessário compreender como as três funções, particularmente a função de inteligência, a função de segurança pública e a função de persecução penal compreendem-se como função de Estado e como diferem entre si. A persecução penal, por exemplo, tem, primordialmente, seus olhos voltados para o passado no sentido de elucidar fatos pretéritos na acepção da repressão de delitos. Ela se enquadra no âmbito do processo penal clássico, em torno do conceito de suspeita. Já a segurança pública tem um caráter adverso a este. Sua função e finalidade são voltados para a ideia, em primeira instância, de prevenção (e não de repressão), com o intuito de evitar danos a bens coletivos caros à sociedade. Nesse contexto, a suspeita do cometimento de um delito pretérito cede lugar à ideia reguladora do perigo e da probabilidade do dano à sociedade. Nesses moldes, diferencia-se persecução penal de segurança pública. Já a inteligência, por sua vez, possui natureza e finalidade distintas tanto da persecução penal quanto da segurança pública. A ideia norteadora do sistema de inteligência está voltada para o conceito de precaução, no qual a atividade estatal, ou dito nos contornos do direito constitucional moderna, as intervenções a direitos fundamentais encontram-se justificadas numa antecipação da ação estatal, no qual o Estado anteriormente ao acontecimento de um perigo (no sentido da segurança pública) ou de um delito concreto (no sentido da persecução penal).[38]

---

38 Lucas Montenegro e Orlandino Gleizer, A esfera protegida dos dados pessoais e as intervenções informacionais do Estado. A dogmática constitucional aplicada ao tratamento de dados na Segurança Pública e no Processo Penal, Marcial Pons 2021 (no prelo).

Quando se trata da transferência de dados dentro da dogmática do direito da proteção de dados, há uma tensão inerente com um dos pilares da proteção de dados centrado na finalidade. Seria possível dizer que a transferência de dados, per si, configuraria já um desvio de finalidade na medida em que a finalidade inicial legitimada da coleta do dado já não é condizente com a finalidade do tratamento do dado no órgão público receptor do dado.[39] Nesse sentido também, a GDPR, por exemplo, estabeleceu requisitos de um regime de exceção visto que a atual economia de dados é de certa forma uma economia da circulação (legal) de dados.[40] O desvio de finalidade no contexto da transferência de dados passa a ter um caráter legítimo e legal quando por um lado se enquadra nos requisitos postos para esse regime de exceção e também se apresente proporcional para alcance de um determinado objetivo estatal. Justamente por ser uma intervenção adicional a direitos fundamentais, transferências de dados não podem ser feitas à revelia de princípios como o da proporcionalidade e da reserva de lei (normas autorizativas).

Nesse sentido, o princípio da separação informacional de poderes não visa ao engessamento das atividades estatais, nem traz obstáculos à eficiência da execução de suas finalidades. Pelo contrário. A separação informacional de poderes procura garantir que o Estado atual - cada vez mais um Estado digitalizado, onde a eficácia de sua atividade depende da forma como ele utiliza os novos meios eletrônicos - não se transforme em unidade informacional, retomando uma versão absolutista de um estado totalitário digital em sua versão 4.0.

---

39 WYBITUL, Tim; STRÖBEL, Lukas; RUEß, Marian. Übermittlung personenbezogener Daten in Drittländer. Zeitschrift für Datenschutz, 2017, pp. 503 e ss.

40 Para tanto, ver KARG, *Ambrock. Ausnahmetatbestände der DS-GVO als Rettungsanker des internationalen Datenverkehrs?*. ZD, 2017, pp. 1 e ss.

Considerações finais

No contexto atual, em que tanto o Estado quanto a sociedade são extremamente dependentes de modelos de negócios e da digitalização em geral, a proteção de dados surge por um lado como um arcabouço jurídico destinado a oferecer mais segurança jurídica aos serviços digitais, e por outro lado, efetivar garantias individuais do cidadão num mundo cada vez mais digital. Não somente o Estado e a sociedade transformam-se com as novas tecnologias. Também a dimensão da personalidade no plano do indivíduo distancia-se cada vez mais da personalidade que se desenvolve pela reclusão, nos moldes agostinianos. O desenvolvimento da personalidade ocorre cada vez mais na dependência da interação com novas tecnologias. Essa observação abstrata, entretanto, carece de uma especificidade dentro de uma cultura jurídica concreta.

Dentro do escopo do presente artigo, pretendeu-se demonstrar que uma tradição da proteção de dados no sentido moderno não existia dentro da tradição jurídica brasileira como recorrentemente procura-se constatar dentro da doutrina. Somente com o debate dos últimos anos, especialmente com a entrada em vigor da Lei Geral de Proteção de Dados e recentes decisões elucidadas acima pelo Supremo Tribunal Federal, a moderna discussão da proteção de dados ganha espaço dentro da comunicação jurídica institucionalizada no Brasil.

Assim, o desenvolvimento anterior da tradição brasileira assentado na distinção entre dado armazenado e comunicação do dado ou fluxo de dados começa a ruir dando espaço para uma maior proteção às formas de armazenamento e novas condicionantes para a nova economia digital assentada no tratamento de dados. A autodeterminação informativa é incorporada no debate brasileiro justamente no momento em que a estrutura dogmática ligada à dados não se apresenta mais capaz de lhe dar com a complexidade da nova sociedade digital.

Informação bibliográfica deste texto, conforme a NBR 6023:2002 da Associação Brasileira de Normas Técnicas (ABNT):

CAPÍTULO IV - SEPARAÇÃO INFORMACIONAL DE PODERES FRENTE À TRADIÇÃO BRASILEIRA NA ADMINISTRAÇÃO PÚBLICA - Juliano Maranhão; Ricardo Campos

MARANHÃO, Juliano; CAMPOS, Ricardo. "Separação informacional de poderes frente à tradição brasileira na administração pública". *In:* MARINHO, Gustavo; VALIM, Rafael; WARDE, Walfrido; SIMÃO, Valdir. *Aspectos relevantes da Lei Geral de Proteção de Dados*. São Paulo: Editora Contracorrente, 2021.

CAPÍTULO V

A SEGURANÇA DOS DADOS NA LGPD BRASILEIRA: UMA PERSPECTIVA EUROPEIA, DESDE PORTUGAL[1] [2]

Manuel David Masseno

1. A LGPD e o RGPD – a modo de pré-entendimento... conclusivo

Como ponto de partida, não podemos deixar de constatar como a Lei nº 13.709, de 14 de agosto de 2018, a Lei Geral sobre Proteção

1 Este texto foi construído a partir da minha aula no Programa de Pós-Graduação em Direito - Mestrado da UNISC - Universidade de Santa Cruz do Sul, RS, no dia 30 de agosto de 2019, assim como da matéria lecionada no MESI - Mestrado em Engenharia de Segurança Informática do IPBeja - Instituto Politécnico de Beja e no I Curso de Pós-Graduação Avançada em Direito da Proteção de Dados da Faculdade de Direito da Universidade de Lisboa. Aliás, é patente o estilo didático do mesmo, até porque não se trata de um estudo jurídico de natureza dogmática.

2 Artigo foi publicado previamente na *Revista do Programa de Pós-Graduação em Direito - Mestrado e Doutorado da Universidade de Santa Cruz do Sul*, nº 2 de 2020, assim como em WACHOWICZ, Marcos (Coord.). *Proteção de dados pessoais em perspectiva*: LGPD e RGPD na ótica do direito comparado. Curitiba: Gedai, UFPR 2020, pp. 39-72.

de Dados – LGPD, tem sido reiteradamente exposta como sendo uma espécie de projeção tropicalizada do Regulamento (UE) 2016/679, do Parlamento Europeu e do Conselho, de 27 de abril de 2016, relativo à proteção das pessoas singulares [físicas] no que diz respeito ao tratamento de dados pessoais e à livre circulação desses dados (Regulamento Geral sobre a Proteção de Dados), o RGPD.[3]

Aliás, até a própria *occasio legis* seria suscetível de o demonstrar, pela coincidência da entrada em vigor do RGPD, no final de maio de 2018, com a aceleração do processo legislativo no Congresso brasileiro, sobretudo devida a uma muito forte pressão midiática. Assim, depois de anos de hesitações na opção entre o modelo norte-americano, de fragmentação legislativa vertical e aplicação judiciária a posteriori, e o modelo europeu, com uma disciplina geral e uma implementação também feita através de autoridades administrativas independentes, o Brasil escolheu seguir o segundo.

Porém, se assim será em termos gerais, ao descermos ao nível do estudo de cada um dos institutos que informam a LGPD, metaforicamente falando “do bosque para cada árvore”, verificamos como a proximidade é mais aparente do que real. Inclusive é viável identificar um padrão comum, o da menor consideração dos interesses, e dos correspondentes direitos, das pessoas físicas, relativamente aos das organizações, mormente se tratando de Instituições Públicas.

A meu ver, um dos exemplos mais claros de uma tal escolha de Política Legislativa está na legitimação dada às organizações para criarem “perfis comportamentais”, através de ferramentas técnicas próprias da Inteligência Artificial, aceitando a viabilidade de ocorrerem processos

3 Mesmo apenas em Portugal, os trabalhos dedicados ao *Regulamento* começam a somar-se. Assim e no que se refere a abordagens gerais, são de apontar desde os trabalhos iniciais de Catarina Sarmento e CASTRO (2016), de Angelina TEIXEIRA (2016), de Jorge Barros MENDES (2017) e de Mafalda Miranda BARBOSA (2017), até às sínteses de Sónia MOREIRA (2018) e de Alexandre Sousa PINHEIRO (2018 a), podendo também ter algum interesse o meu estudo com Cristiana Teixeira SANTOS (2018), assim como, e sobretudo, o *Comentário* coordenado por Alexandre Sousa PINHEIRO (2018) e ainda o recentíssimo *Manual* de A. Barreto Menezes Cordeiro (2020).

decisionais sem revisão humana (Art. 12 § 2º e 20, por força da Medida Provisória nº 869, de 27 de dezembro de 2018, não revertida pela Lei nº 13.853, de 8 de julho de 2019), bem como a previsão de um "uso compartilhado" por "órgãos e entidades públicos no cumprimento de suas competências legais, ou entre esses e entes privados" (Art. 5 XVI, 7 III, 9 V, 18 VII e 26), este já regulamentado pelo Decreto nº 10.046, de 9 de outubro de 2019, no que se refere à administração pública federal, o que autoriza o monitoramento permanente dos cidadãos, inclusive antecipando seus comportamentos futuros, e permite o seu condicionamento por tais organizações.

A isto acresce a previsão de uma "Autoridade Nacional de Proteção de Dados - ANPD, enquanto órgão da administração pública federal, na esfera da Presidência da República" (Art. 55-A, mesmo após a referida Lei nº 13.853), consequentemente, sem garantias de independência, apesar de ter ficado "assegurada [sua] autonomia técnica e decisória" (Art. 55-B, ainda segundo a mesma Lei).

Em ambos os institutos, verificamos que a LGPD se afasta tanto do regime aplicável às "decisões individuais automatizadas, incluindo [a] definição de perfis" (Art.ºs 4º 4) e 22.º)[4] quanto do estatuto garantido às "autoridades de controlo" (Art. 51 e 52),[5] ao ponto de só a

---

4 Quanto a esta questão, uma das mais delicadas e controvertidas no que se refere ao emprego da Inteligência Artificial no domínio do tratamento de dados pessoais, são de atender as referências de Catarina Sarmento e CASTRO (2016), assim como os estudos de José Afonso FERREIRA (2018), de Gabriela CALDAS (2019) e de Madalena Perestrelo de OLIVEIRA (2019), bem como o comentário de Alexandre Sousa PINHEIRO e Carlos Jorge GONÇALVES (2018 a), e as referências de A. Barreto Menezes CORDEIRO (2020. pp. 148-149); e, especificamente, além da abordagem de Ana Alves LEAL (2017), esta centrada no Setor Financeiro, aponto a minha abordagem no que se refere às viagens (2016) e o meu trabalho com Cristiana Teixeira SANTOS (2019), a propósito da proteção dos turistas enquanto cidadãos e consumidores. Sobre estas questões, são ainda fundamentais as *Orientações sobre as decisões individuais automatizadas e a definição de perfis para efeitos do Regulamento (UE) 2016/679*, do Grupo de Trabalho do Artigo 29.º [GT 29, o qual antecedeu o atual CEPD – Comité Europeu para a Proteção de Dados], adotadas em 3 de outubro de 2017 (Com a última redação revista e adotada em 6 de fevereiro de 2018).

5 A este propósito, mormente, relevam as considerações de Filipa Urbano CALVÃO (2015), ainda que proferidas antes da adoção do RGPD, assim como os

segunda discrepância ser suscetível de impedir a consideração do Brasil enquanto destino de dados pessoais tratados na União Europeia sem autorizações específicas (Art. 44 e 45, 1 e 2 alínea b).[6]

Quanto à disciplina da Segurança dos Dados e desde já, podemos antecipar que este padrão se confirma, com uma maior consideração dos interesses das organizações, públicas ou privadas, em detrimento dos direitos dos cidadãos, enquanto titulares dos dados.

Mas, para podermos entender as diferenças entre o RGPD e a LGPD, é preciso ter presente que os mesmos resultam de tradições diversas no que se refere à proteção de dados pessoais, apenas agora convergentes.

No que se refere às Fontes gerais europeias, o percurso já é de décadas, desde a Convenção do Conselho da Europa nº 108, de 28 de janeiro de 1981, sobre a proteção das pessoas relativamente ao tratamento automatizado de dados de carácter pessoal, passando pela Diretiva 95/46/CE do Parlamento Europeu e do Conselho, de 24 de Outubro de 1995, relativa à proteção das pessoas singulares [físicas] no que diz respeito ao tratamento de dados pessoais e à livre circulação desses dados, até à respetiva constitucionalização pelo Tratado sobre o Funcionamento da União Europeia (Art. 16) e a Carta dos Direitos Fundamentais da União Europeia (Art. 8), desde o Tratado de Lisboa (2007 – 2009), ambos os instrumentos com o mesmo valor formal que o Tratado da União Europeia (*ex vi* Art.º 6º),[7] sem esquecer a

---

comentários breves de Alexandre Sousa PINHEIRO (2018) e (2018), o apontamento contextualizado de João Ferreira PINTO (2018) e, ainda, a abordagem de A. Barreto Menezes CORDEIRO (2020, pp. 397-402).

6 Para estas matérias e em termos gerais, temos os estudos de Inês O. Andrade de JESUS (2018) e, sobretudo, de Ricardo Rodrigues de Oliveira (2018), assim como o comentário de Alexandre Sousa PINHEIRO e Carlos Jorge GONÇALVES (2018).

7 Para uma melhor compreensão quanto à origem e à relevância destas Fontes, são sobretudo de atender os trabalhos de Maria Eduarda GONÇALVES (2003, pp. 88-97), e de Catarina Sarmento e CASTRO (2005. pp. 39-45) e, bem assim, de Alexandre Sousa PINHEIRO (2015, pp. 528-546 e 573-661) e Alessandra SILVEIRA e João MARQUES (2016); além dos comentários aos referidos preceitos

Jurisprudência do Tribunal de Justiça da União Europeia, nomeadamente o Acórdão Google Spain (Processo C-131/12, de 13 de maio de 2014), proferido durante o processo legislativo que conduziu ao RGPD e teve uma grande importância para o prosseguimento do mesmo e seu conteúdo final.[8]

Enquanto a LGPD é uma novidade, ainda que relativa, se formos rigorosos. Com efeito, já vigorava o, dito, "Marco Civil da Internet", aprovado pela Lei nº 12.965, 23 de abril de 2014, estabelece princípios, garantias, direitos e deveres para o uso da Internet no Brasil,[9] incluindo diversas questões relativas à proteção de dados pessoais (Art. 3, II e II, 7, VII, VIII e X, 11, 14 e 14), regulamentado pelo Decreto nº 8.771, de 11 de maio de 2016. Pelo que tecnicamente, o "Marco Civil" até será uma Lei Geral perante a LGPD, no que se refere aos tratamentos de dados realizados na Internet, enquanto nos demais casos será aplicável por analogia, legis ou iuris.

Adicionalmente, também o Código de Defesa do Consumidor, aprovado pela Lei nº 8.078, de 11 de setembro de 1990, e a Lei de Acesso a Informações Públicas, resultante da Lei nº 12.527, de 18 de

---

do *Tratado sobre o Funcionamento da União Europeia*, de Luís Neto GALVÃO (2012), e da *Carta dos Direitos Fundamentais da União Europeia*, por Catarina Sarmento e CASTRO (2013).

8 Sobre este Acórdão, cuja importância não poderá nunca ser desvalorizada, contamos com as reflexões, ainda "a quente", de Sofia Vasconcelos CASIMIRO (2014), a que se juntaram os estudos de Filipa Urbano CALVÃO (2015), de João MARQUES (2016) e de Catarina Sarmento e CASTRO (2016), assim como as considerações mais recentes de Catarina Santos BOTELHO (2017), de Maria de Fátima GALANTE (2018) e ainda de Rui P. Coutinho de Mascarenhas ATAÍDE (2019).

9 Daí, no que se refere à proteção de dados, a correspondência será com a Diretiva relativa à privacidade e às comunicações eletrônicas (Diretiva 2002/58/CE, do Parlamento Europeu e do Conselho, de 12 de julho de 2002, relativa ao tratamento de dados pessoais e à proteção da privacidade no sector das comunicações eletrônicas, tal como alterada pela Diretiva 2009/136/CE, do Parlamento Europeu e do Conselho, de 25 de novembro de 2009), a qual está em vias de ser substituída pelo Regulamento relativo à privacidade e às comunicações eletrônicas (Proposta de Regulamento relativo ao respeito pela vida privada e à proteção dos dados pessoais, COM (2017) 10 final, de 10 de janeiro de 2017), sobre o qual aponto as referência presentes no meu estudo com Cristiana Teixeira SANTOS (2019).

novembro de 2011, contêm regras sobre dados pessoais, a serem articuladas sistematicamente com a LGPD e o "Marco Civil".

No entanto, a Constituição Federal, de 1988, apenas trata da matéria de um modo fragmentário e indireto, além do habeas data (Art. 5 LXXII), só consta o direito ao respeito pela vida privada (Art. 5 X).[10]

Enquanto ao que se refere à Jurisprudência, para ficarmos pelo assunto correspondente ao Acórdão Google Spain, há a apontar as decisões do Superior Tribunal de Justiça no Caso Xuxa (REsp nº 1.316.921/RJ, de 26 de junho de 2012), que se consolidou também nos Tribunais de Justiça, salvo nos do Rio de Janeiro e de São Paulo, a qual foi superada quando a "alternativa europeia" se tornou prevalecente (REsp nº 1.660.168/RJ, de 8 de maio), ao prevalecer o voto do Ministro Marco Aurélio Bellize sobre o da Ministra Fátima Nancy Andrighi.

2. Um objetivo comum: a segurança no tratamento dos dados pessoais

Com efeito, no RGPD começa por ser enunciado um dever geral de "segurança no tratamento", o qual se projeta logo como um dos "princípios relativos ao tratamento de dados pessoais", o da "integridade e confidencialidade", pois os dados devem ser:

> Tratados de uma forma que garanta a sua segurança, incluindo a proteção contra o seu tratamento não autorizado ou ilícito e contra a sua perda, destruição ou danificação acidental, adotando as medidas técnicas ou organizativas adequadas. (Art. 5 nº 1 alínea f).

---

10 Entretanto, a 2 de julho de 2019, foi aprovada, em segunda votação, pelo Senado Federal a Proposta de Emenda à Constituição 17/2019, a qual acrescenta ao Art. 5º o inciso XII-A, estabelecendo que "é assegurado, nos termos da lei, o direito à proteção de dados pessoais, inclusive nos meios digitais", cujo primeiro subscritor é o Senador Eduardo Gomes (MDB-TO).

Consequentemente, desde a conceção e por defeito [omissão], com ênfase na pseudonimização (Art. 25 nº 1):[11]

> Tendo em conta as técnicas mais avançadas, os custos de aplicação e a natureza, o âmbito, o contexto e as finalidades do tratamento, bem como os riscos, de probabilidade e gravidade variável, para os direitos e liberdades das pessoas singulares [físicas], o responsável pelo tratamento [controlador] e o subcontratante [operador] aplicam as medidas técnicas e organizativas adequadas para assegurar um nível de segurança adequado ao risco [...], (Art. 32 nº 1).

O qual se articula explicitamente com o princípio da "responsabilidade", dado que "O responsável pelo tratamento é responsável pelo cumprimento do disposto no nº 1 e tem de poder comprová-lo" (Art. 5 nº 2), e, por isso mesmo,

> Tendo em conta a natureza, o âmbito, o contexto e as finalidades do tratamento dos dados, bem como os riscos para os direitos e liberdades das pessoas singulares [físicas], cuja probabilidade e gravidade podem ser variáveis, o responsável pelo

---

11 Daí resulta que "A fim de preservar a segurança e evitar o tratamento em violação do presente regulamento, o responsável pelo tratamento [controlador], ou o subcontratante [operador], deverá avaliar os riscos que o tratamento implica e aplicar medidas que os atenuem, como a cifragem. Essas medidas deverão assegurar um nível de segurança adequado, nomeadamente a confidencialidade, tendo em conta as técnicas mais avançadas e os custos da sua aplicação em função dos riscos e da natureza dos dados pessoais a proteger. Ao avaliar os riscos para a segurança dos dados, deverão ser tidos em conta os riscos apresentados pelo tratamento dos dados pessoais, tais como a destruição, perda e alteração acidentais ou ilícitas, e a divulgação ou o acesso não autorizados a dados pessoais transmitidos, conservados ou sujeitos a qualquer outro tipo de tratamento, riscos esses que podem dar azo, em particular, a danos físicos, materiais ou imateriais". (*Considerando* 83); em termos gerais, são de referir as considerações breves de Alexandre L. Dias PEREIRA (2018), de Teresa Vale LOPES (2018), de Joana MOTA (2019) e, sobretudo, de A. Barreto Menezes CORDEIRO (2020, pp. 326-335 e 346-347).

> tratamento aplica as medidas técnicas e organizativas que forem adequadas para assegurar e poder comprovar que o tratamento é realizado em conformidade com o presente regulamento. Essas medidas são revistas e atualizadas consoante as necessidades. (Art. 24 n. 1).[12]

Designadamente e em relação ao nosso objeto de estudo, este princípio tem como corolários os regimes da responsabilidade (civil,[13] Art. 82, contraordenacional [administrativa],[14] Art. 83, e, se os Estados-membros assim o decidirem, também penal, (Art. 84), assim como a aplicação das regras e medidas de segurança que abordaremos em seguida.

---

12 Consequentemente, "Deverá ser consagrada a responsabilidade do responsável por qualquer tratamento de dados pessoais realizado por este ou por sua conta. Em especial, o responsável pelo tratamento deverá ficar obrigado a executar as medidas que forem adequadas e eficazes e ser capaz de comprovar que as atividades de tratamento são efetuadas em conformidade com o presente regulamento, incluindo a eficácia das medidas. Essas medidas deverão ter em conta a natureza, o âmbito, o contexto e as finalidades do tratamento dos dados, bem como o risco que possa implicar para os direitos e liberdades das pessoas singulares [fisicas]". (*Considerando* 74). Este princípio de *accountability* havia sido já objeto do Parecer 3/2010 do GT 29, sobre o "princípio da responsabilidade", adotado em 13 de julho de 2010, e, no que se refere ao seu conteúdo, podemos referir os estudos de Mafalda Miranda BARBOSA (2018) e de Teresa Vale LOPES (2018), assim como as considerações de Joana MOTA (2019) e de A. Barreto Menezes CORDEIRO (2020, pp. 161-163 e 323-325), além de Alexandre Sousa PINHEIRO (2018).

13 A propósito da mesma, são referidos os estudos de Mafalda Miranda BARBOSA (2017), de A. Barreto MENEZES CORDEIRO (2018), retomadas em A. Barreto Menezes CORDEIRO (2020, pp. 381-396), e de Tiago Branco da Costa (2019), além das referências de Marco Alexandre SAIAS (2017) e do comentário de Cristina Pimenta COELHO (2018).

14 Quanto a estas, entretanto densificadas através das Diretrizes de aplicação e fixação de coimas para efeitos do Regulamento 2016/679, adotadas em 3 de outubro de 2017 pelo GT 29, temos as referências prospetivas de Catarina Sarmento e CASTRO (2016), assim como as iniciais de Marco Alexandre SAIAS (2017), além da análise de José Lobo MOUTINHO e David Silva RAMALHO (2017), depois retomada por José Lobo MOUTINHO (2018) e ainda as considerações de Pedro Miguel FREITAS (2018), sem esquecer o comentário breve de Cristina Pimenta COELHO (2018).

Em termos análogos, da LGPD consta o princípio "da segurança", o qual exige a

> utilização de medidas técnicas e administrativas aptas a proteger os dados pessoais de acessos não autorizados e de situações acidentais ou ilícitas de destruição, perda, alteração, comunicação ou difusão. (Art. 6 VII).

Pelo que,

> Os sistemas utilizados para o tratamento de dados pessoais devem ser estruturados de forma a atender aos requisitos de segurança, aos padrões de boas práticas e de governança e aos princípios gerais previstos nesta Lei e às demais normas regulamentares. (Art. 49).

e, por isso mesmo,

> Os agentes de tratamento ou qualquer outra pessoa que intervenha em uma das fases do tratamento obriga[m]-se a garantir a segurança da informação prevista nesta Lei em relação aos dados pessoais, mesmo após o seu término. (Art. 47)

Este mesmo critério foi retomado e explicitado, até com alguma especificação, ao enunciar a Lei que

> Os agentes de tratamento devem adotar medidas de segurança, técnicas e administrativas aptas a proteger os dados pessoais de acessos não autorizados e de situações acidentais ou ilícitas de destruição, perda, alteração, comunicação ou qualquer forma de tratamento inadequado ou ilícito. (Art. 46, *caput*).

Tal como no RGPD, este princípio está articulado com o "da responsabilização e prestação de contas", consistente na

> demonstração, pelo agente, da adoção de medidas eficazes e capazes de comprovar a observância e o cumprimento das normas de proteção de dados pessoais e, inclusive, da eficácia dessas medidas. (Art. 6º X).

Embora a LGPD vá um pouco mais longe, prevendo que "A autoridade nacional poderá [...] sugerir a adoção de padrões e de boas práticas para os tratamentos de dados pessoais pelo Poder Público". (Art. 32).

De igual modo e além de nas regras e medidas de segurança, este princípio tem uma especial importância no concernente às matérias "Da Responsabilidade e do Ressarcimento de Danos" (Art. 42 a 44) e das "Sanções Administrativas" (Art. 52 a 54).

3. As regras de segurança

Enquanto ponto de partida, resulta que do RGPD não consta a previsão de serem estabelecidas normas de segurança vinculativas, a aprovar e/ou a auditar pela Comissão Europeia, pelos Estados-membros, pelas Autoridades nacionais ou mesmo pelo CEPD – Comité Europeu para a Proteção de Dados.

Assim, apenas são indicados padrões genéricos, referidos como "medidas técnicas e organizativas adequadas", as quais deverão ser determinadas em função de critérios casuísticos, resultantes de análises de risco (Art. 25 nº 1 e 2 e 32 nº 1),[15] ou de avaliações

---

15 Pois, "Para determinar se há uma probabilidade razoável de os meios serem utilizados para identificar a pessoa singular, importa considerar todos os fatores objetivos, como os custos e o tempo necessário para a identificação, tendo em conta a

de impacto (Art.º 35.º), se estiverem reunidos os correspondentes pressupostos.[16]

O que afasta esta disciplina da prevista pela Diretiva e Privacy,[17] remetendo explicitamente para esquemas autorregulatórios, consistentes em códigos de conduta (Art. 40 e 41) ou em instrumentos de certificação (Art. 42 e 43).[18]

---

tecnologia disponível à data do tratamento dos dados e a evolução tecnológica". (*Considerando* 26). Sobre estas análises, numa perspectiva técnica, tem interesse o estudo de Luísa A. Inácio Varandas dos SANTOS e Mário R. Monteiro MARQUES (2019), e, desde uma perspectiva jurídica, as considerações de Teresa Vale LOPES (2018), Joana MOTA (2019) e, ainda, de estudo de A. Barreto MENEZES CORDEIRO (2018), cujas conclusões são retomadas em A. Barreto MENEZES CORDEIRO (2020, pp. 317-322).

16 Além de seguir as "Orientações relativas à Avaliação de Impacto sobre a Proteção de Dados (AIPD) e que determinam se o tratamento é "suscetível de resultar num elevado risco" para efeitos do Regulamento (UE) 2016/679 (Revistas e adotadas pela última vez em 4 de outubro de 2017), do Comitê Europeu para a Proteção de Dados, a este propósito e em geral, são de assinalar as referências breves de Luís PICA (2018) e as considerações de Teresa Vale LOPES (2018) e Joana MOTA (2019), bem como e sobretudo o estudo de Bruno PEREIRA e João ORVALHO (2019).

17 A antes mencionada Diretiva relativa ao tratamento de dados pessoais e à proteção da privacidade no sector das comunicações eletrônicas, em cujos termos "O prestador de um serviço de comunicações eletrônicas publicamente disponível adotará as medidas técnicas e organizativas adequadas para garantir a segurança dos seus serviços, se necessário conjuntamente com o fornecedor da rede pública de comunicações no que respeita à segurança da rede. Tendo em conta o estado da técnica e os custos da sua aplicação, essas medidas asseguram um nível de segurança adequado aos riscos existentes. [pelo que] As autoridades nacionais competentes devem ter competência para auditar as medidas tomadas por prestadores de serviços de comunicações eletrônicas acessíveis ao público e para emitir recomendações sobre melhores práticas relativas ao nível de segurança que estas medidas devem alcançar. [enquanto] a Comissão poderá, após consulta da Agência Europeia para a Segurança das Redes e da Informação (ENISA), do Grupo de Proteção das Pessoas no que respeita ao Tratamento de Dados Pessoais instituído nos termos do artigo 29.º da Diretiva 95/46/CE, e da Autoridade Europeia para a Proteção de Dados, aprovar medidas técnicas de execução respeitantes às circunstâncias, ao formato e aos procedimentos aplicáveis aos requisitos de informação e notificação a que se refere o presente artigo. Na aprovação dessas medidas, a Comissão deve envolver todos os interessados, de modo, designadamente, a ser informada sobre os melhores meios técnicos e económicos disponíveis para a aplicação do presente artigo". (Art. 4, nºs 1 e 5). Nesta particular, têm interesse as reflexões de Carlos Pinto de ABREU (2018).

18 Neste particular, temos já as das Orientações 1/2018 relativas à certificação e à definição de critérios de certificação de acordo com os artigos 42 e 43 do Regulamento

Porém, se o respetivo acatamento "pode ser utilizado como elemento para demonstrar o cumprimento das obrigações" (Art. 32 nº 3), o certo é que não exime de eventuais responsabilidades, apenas as podendo graduar (Art. 83 nº 1 alínea d).

Mas, sendo o caso, também será de observar as regras em matéria de Cibersegurança, cujos regimes jurídicos se sobrepõem. Antes de mais, relevam as que estão presentes na Diretiva (UE) 2016/1148, do Parlamento Europeu e do Conselho, de 6 de julho de 2016, relativa a medidas destinadas a garantir um elevado nível comum de segurança das redes e da informação em toda a União [Diretiva NIS / SRI],[19] já que

> Os Estados-Membros asseguram que os operadores de serviços essenciais tomem as medidas técnicas e organizativas adequadas e proporcionadas para gerir os riscos que se colocam à segurança das redes e dos sistemas de informação que utilizam nas suas operações. Essas medidas devem garantir um nível de segurança das redes e dos sistemas de informação adequado ao risco em causa, tendo em conta os progressos técnicos mais recentes. (Art. 14 nº 1).

Resultando que,

> Essas medidas devem garantir um nível de segurança das redes e dos sistemas de informação adequado ao risco em causa, tendo em conta os progressos técnicos mais recentes, e devem ter em conta [designadamente, a sua] conformidade com as normas internacionais (Art. 16 nº 1 alínea e).

(Versão 3.0, de 4 de junho de 2019), adotadas pelo CEPD, e, embora em termos genéricos, são de lembrar os apontamentos de Luís PICA (2018) e de Teresa Vale LOPES (2018).

19 A propósito desta disciplina, são de indicar as referências de Alexandre L. Dias PEREIRA (2018).

Ainda neste âmbito e como referência, temos o Regulamento de Execução (UE) 2018/151, da Comissão, de 30 de janeiro de 2018, que estabelece normas de execução da Diretiva (UE) 2016/1148 [...] no respeitante à especificação pormenorizada dos elementos a ter em conta pelos prestadores de serviços digitais[20] na gestão dos riscos que se colocam à segurança das redes e dos sistemas de informação [...]". Designadamente, quando esclarece que

> As normas internacionais referidas no artigo 16, nº 1, alínea e), da Diretiva (UE) 2016/1148 são normas aprovadas por um organismo internacional de normalização, como referido no artigo 2º, nº 1, alínea a), do Regulamento (UE) nº 1025/2012, do Parlamento Europeu e do Conselho [de 25 de outubro de 2012, relativo à normalização europeia]. (Art. 2 nº 5).

E pode ainda vir a ser viável recorrer às normas constantes de um "sistema europeu de certificação de cibersegurança" (Art. 51 e 52 do Regulamento (UE) 2019/881, de 17 de abril de 2019, relativo [...] à certificação da cibersegurança das tecnologias da informação e comunicação (Regulamento Cibersegurança).[21]

Em síntese, o Legislador europeu teve sempre por referência as normas internacionais relevantes no que se refere à Segurança da Informação, designadamente a Norma ISO 27001, na medida em que esta se ajusta à proteção de dados pessoais.[22]

---

20 Enquanto "serviços digitais" são considerados os "1. Mercados em linha. [os] 2. Motores de pesquisa em linha. [e os] 3. Serviços de computação em nuvem", Art.º 4º c) e o Anexo III da Diretiva *NIS / SRI*.

21 Estas questões têm escapado ao interesse da nossa Doutrina jurídica, mas sempre é de apontar o estudo de Helena CARRAPIÇO e André BARRINHA (2018).

22 Sobre a Norma ISO 27001 (Por extenso, ISO/IEC 27001 - Tecnologia da informação - técnicas de segurança - sistemas de gestão da segurança da informação – requisitos) e sua implementação no contexto do *RGPD*, são de atender os *Modelos* propostos, ainda que desde a perspectiva da Segurança da Informação, por José MARTINS *et al.* (2018) e, ainda mais recentemente, por José MARTINS e Jorge

Por sua vez, na LGPD a abordagem é simétrica, pois se

> Os sistemas utilizados para o tratamento de dados pessoais devem ser estruturados de forma a atender aos requisitos de segurança, aos padrões de boas práticas e de governança e aos princípios gerais previstos nesta Lei e às demais normas regulamentares (Art. 49).

Da mesma resulta que, proativamente,

> A autoridade nacional poderá dispor sobre padrões técnicos mínimos para tornar aplicável o disposto no *caput* deste artigo, considerados a natureza das informações tratadas, as características específicas do tratamento e o estado atual da tecnologia, especialmente no caso de dados pessoais sensíveis, assim como os princípios previstos no *caput* do art. 6º desta Lei. (Art. 46 § 1º)

e, também,

> [...] editar regulamentos e procedimentos sobre proteção de dados pessoais e privacidade, bem como sobre relatórios de impacto à proteção de dados pessoais para os casos em que o tratamento representar alto risco à garantia dos princípios gerais de proteção de dados pessoais previstos nesta Lei (Art. 55-J, XII).

De este modo, apenas em termos complementares,

CUSTÓDIO (2019), este tendo já em atenção a respetiva articulação com a Norma ISO/IEC 27701:2019, cujo Anexo D estabelece os correspondentes critérios.

> Os controladores e operadores, no âmbito de suas competências, pelo tratamento de dados pessoais, individualmente ou por meio de associações, poderão formular regras de boas práticas e de governança que estabeleçam as condições de organização, o regime de funcionamento, os procedimentos, incluindo reclamações e petições de titulares, as normas de segurança, os padrões técnicos, as obrigações específicas para os diversos envolvidos no tratamento, as ações educativas, os mecanismos internos de supervisão e de mitigação de riscos e outros aspectos relacionados ao tratamento de dados pessoais. (Art. 50, *caput*).

Sendo que "A autoridade nacional estimulará a adoção de padrões técnicos que facilitem o controle pelos titulares dos seus dados pessoais" (Art. 51) e "As regras de boas práticas e de governança deverão ser publicadas e atualizadas periodicamente e poderão ser reconhecidas e divulgadas pela autoridade nacional". (Art. 50, § 3º).

4. Os dados pessoais e a limitação do seu tratamento

Se, nos termos do RGPD, é considerado como "dado pessoal" toda

> informação relativa a uma pessoa singular [física] identificada ou identificável ("titular dos dados") é considerada identificável uma pessoa singular [física] que possa ser identificada, direta ou indiretamente, em especial por referência a um identificador, como por exemplo um nome, um número de identificação, dados de localização, identificadores por via eletrônica ou a um ou mais elementos específicos da identidade física, fisiológica, genética, mental, econômica, cultural ou social dessa pessoa singular [física] (Art. 4º 1).[23]

---

23 O que inclui os quase-identificadores e os metadados, como os registros de conexão [no Brasil, definidos pelo *Marco Civil* como "o conjunto de informações

Em contrapartida, da LGPD apenas consta uma definição muito sintética de "dado pessoal", como a

> informação relacionada a pessoa natural identificada ou identificável", sem indicação de identificadores (Art. 5°, I). Mas, a mesma deve ser integrada com a de "dado pessoal sensível: [que é o] dado pessoal sobre origem racial ou étnica, convicção religiosa, opinião política, filiação a sindicato ou a organização de caráter religioso, filosófico ou político, dado referente à saúde ou à vida sexual, dado genético ou biométrico, quando vinculado a uma pessoa natural" (Art. 5°, II) e "Poderão ser igualmente considerados como dados pessoais, para os fins desta Lei, aqueles [dados] utilizados para formação do perfil comportamental de determinada pessoa natural, se identificada. (Art. 12 § 2)

A delimitando, negativamente, pela de "dado anonimizado: [enquanto] dado relativo a titular que não possa ser identificado [...]" (Art. 5, III).

---

referentes à data e hora de início e término de uma conexão à internet, sua duração e o endereço IP utilizado pelo terminal para o envio e recebimento de pacotes de dados" (Art. 5°, VIII)]. Até, porque "As pessoas singulares [físicas] podem ser associadas a identificadores por via eletrônica, fornecidos pelos respectivos aparelhos, aplicações, ferramentas e protocolos, tais como endereços IP (protocolo internet) ou testemunhos de conexão (*cookie*) ou outros identificadores, como as etiquetas de identificação por radiofrequência. Estes identificadores podem deixar vestígios que, em especial quando combinados com identificadores únicos e outras informações recebidas pelos servidores, podem ser utilizados para a definição de perfis e a identificação das pessoas singulares [físicas]". (*Considerando* 30 do *RGPD*). Nesta matéria, há ainda que atender ao conteúdo do Parecer 4/2007 sobre o "conceito de dados pessoais", de 20 de junho de 2007, do GT 29, assim como à Jurisprudência do Tribunal de Justiça da União Europeia, a qual culminou no Acórdão proferido no Processo C-582/14, Patrick Breyer, de 19 de outubro de 2016. Na Doutrina, são de atender as considerações de Filipa Urbano CALVÃO (2015), esta ainda durante as negociações do *Regulamento Geral*, e de Mafalda Miranda BARBOSA (2017), tal como o estudo de A. Barreto MENEZES CORDEIRO (2018), cujas conclusões são retomadas em A. Barreto MENEZES CORDEIRO (2020, pp. 107-131), ademais do comentário à definição por parte de Alexandre Sousa PINHEIRO (2018).

Isto, sem esquecer o Regulamento do Marco Civil da Internet, o qual, complementarmente, o define como o

> dado relacionado à pessoa natural identificada ou identificável, inclusive números identificativos, dados locacionais ou identificadores eletrônicos, quando estes estiverem relacionados a uma pessoa. (Art. 14 I).

Por sua vez, embora tenha por objetivo primeiro o da garantia dos direitos dos titulares dos dados, a limitação do respetivo tratamento desempenha também uma função relevante no que se refere à segurança, estando subjacente às correspondentes disciplinas. Isto, tanto por reduzir os riscos em casos de incidentes, quanto por dificultar, ou até mesmo impossibilitar, a utilização de ferramentas analíticas de Big Data, melhor dizendo de "megadados".[24] [25]

---

24 Como dá conta explicita o Parecer 3/2013 do GT 29, sobre a "limitação de finalidade", de 2 de abril de 2013, "O termo "Megadados refere-se ao aumento exponencial da disponibilidade e da utilização automatizada de informações: refere-se a conjuntos de dados digitais gigantescos detidos por empresas, governos e outras organizações de grandes dimensões, que são depois extensivamente analisados (daí o nome 'analítica') com recurso a algoritmos informáticos".

25 Quanto às implicações do tratamento destes "megadados", a Autoridade Europeia para a Proteção de Dados tem sido bastante assertiva, desde o Parecer preliminar "Privacidade e competitividade na era dos grandes volumes de dados: a articulação entre a proteção de dados, a lei da concorrência e a proteção do consumidor na Economia Digital", de 14 de março de 2014, reforçado pelo Parecer 4/2015 "Rumo a uma nova ética digital: dados, dignidade e tecnologia", de 11 de setembro de 2015, logo seguido do Parecer 7/2015 "Corresponder aos desafios dos Grandes Volumes de Dados: um apelo à transparência, controlo do utilizador, proteção de dados desde a conceção e responsabilidade", de 19 de novembro do mesmo ano, entretanto atualizado pelo Parecer 8/2016 "Aplicação efetiva da legislação na economia digital", de 23 de setembro de 2016. Por sua vez, o GT 29, que enfrentara estes problemas, pela primeira vez, no seu Parecer 2/2010, sobre "a publicidade comportamental em-linha", voltou a abordá-los com o Parecer 5/2012, sobre a "Computação em Nuvem", de 1 de julho de 2012, e pelo Parecer 3/2013, sobre "limitação de finalidade", antes referido, bem como e sobretudo pela "Declaração do Grupo do Artigo 29.° sobre o impacto do desenvolvimento da *Big Data* na proteção das pessoas relativamente ao tratamento dos seus dados

Assim, no RGPD é enunciado o princípio da "minimização dos dados", já que estes devem ser "Adequados, pertinentes e limitados ao que é necessário relativamente às finalidades para as quais são tratados" (Art.º 5º nº 1 alínea c). O que tem também uma dimensão temporal, o que o articula com o princípio da «limitação da conservação», sendo aqueles apenas "Conservados de uma forma que permita a identificação dos titulares dos dados apenas durante o período necessário para as finalidades para as quais são tratados [...]" (Art.º 5º nº 1 alínea d).[26]

Consequentemente,

> [...] o responsável pelo tratamento [controlador] aplica, tanto no momento de definição dos meios de tratamento como no momento do próprio tratamento, as medidas técnicas e organizativas adequadas [...] destinadas a aplicar com eficácia os princípios da proteção de dados, tais como a minimização. (Art. 25.º nº 1).

O que é depois especificado, dado que

> O responsável pelo tratamento aplica medidas técnicas e organizativas para assegurar que, por defeito [por omissão], só sejam tratados os dados pessoais que forem necessários para cada finalidade específica do tratamento. Essa obrigação aplica-se à quantidade de dados pessoais recolhidos, à extensão do seu tratamento,

pessoais na UE", de 16 de setembro de 2016. A este propósito e em termos gerais, temos as referências de Catarina Sarmento e CASTRO (2016), assim como o meu estudo de 2016, no âmbito do Direito Privado, e o de Maria Eduarda GONÇALVES (2016), no do Público, seguidos do de Ana Alves LEAL (2017), podendo ainda indicar a abordagem jurídica interdisciplinar que publiquei em 2019.

26 Sobre os conteúdos deste(s) princípio(s) são de indicar as referências breves de Alexandre Sousa PINHEIRO (2018 b) e de A. Barreto MENEZES CORDEIRO (2020, pp. 158-131) e ainda as do meu estudo com Cristiana Teixeira SANTOS (2018).

> ao seu prazo de conservação e à sua acessibilidade. Em especial, essas medidas asseguram que, por defeito, os dados pessoais não sejam disponibilizados sem intervenção humana a um número indeterminado de pessoas singulares [físicas]. (Art. 25 nº 2).

O mesmo princípio releva, ainda, a propósito das "regras vinculativas aplicáveis às empresas" nas transferências de dados pessoais para países terceiros ou organizações internacionais (Art. 47 nº 1 alínea d) ou do "tratamento para fins de arquivo de interesse público ou para fins de investigação científica ou histórica ou para fins estatísticos" (Art. 89 nº 1).

Por sua vez, na LGPD é enunciado o "Princípio da necessidade", consistindo este na "limitação do tratamento ao mínimo necessário para a realização de suas finalidades, com abrangência dos dados pertinentes, proporcionais e não excessivos em relação às finalidades do tratamento de dados" (Art. 6º, III), tendo também limites temporais, nomeadamente com a "verificação de que a finalidade foi alcançada ou de que os dados deixaram de ser necessários ou pertinentes ao alcance da finalidade específica almejada" (Art. 15, I).

5. A anonimização e a pseudonimização

Antes de tudo o mais e no que concerne ao RGPD, é necessário afirmar que a anonimização, enquanto técnica destinada a garantir a segurança dos dados pessoais, nem sequer a referindo no seu articulado. Por isso,

> [...] Os princípios da proteção de dados não deverão, pois, aplicar-se às informações anónimas, ou seja, às informações que não digam respeito a uma pessoa singular identificada ou identificável nem a dados pessoais tornados de tal modo anónimos que o seu titular não seja ou já não possa ser identificado. O presente regulamento não diz, por isso, respeito ao tratamento

> dessas informações anônimas, inclusive para fins estatísticos ou de investigação. (Considerando 26, in fine).

Mais explícito ainda é o Regulamento (UE) 2018/1807, de 14 de novembro de 2018, relativo a um regime para o livre fluxo de dados não pessoais na União Europeia, o qual complementa o RGPD. Este, além de distinguir "dados pessoais" de "dados não pessoais" e de restringir a sua aplicação a estes, incluindo as situações em que ambos "estejam indissociavelmente ligados", reitera a imperatividade dos regimes de proteção dos dados pessoais (Art.ºs 2º nº 2 e 3º 1).

E, mais ainda, deixa em evidência que

> A internet das coisas, a inteligência artificial e a aprendizagem automática, que estão em expansão, representam grandes fontes de dados não pessoais, por exemplo, em consequência da sua utilização em processos automatizados de produção industrial. [Concluindo que] Se os progressos tecnológicos permitirem transformar dados anonimizados em dados pessoais, esses dados devem ser tratados como dados pessoais, e o Regulamento (UE) 2016/679 deve ser aplicado em conformidade.[27] [28]

27 Ao que acresce o explicitado pela Comissão Europeia na sua Comunicação, interpretativa, "Orientações sobre o regulamento relativo a um quadro para o livre fluxo de dados não pessoais na União Europeia" (COM(2019) 250 final, de 25 de maio de 2019), com referências específicas e desenvolvidas quanto a esta questão, concluindo que "[...] se determinados dados não pessoais puderem ser associados a uma pessoa de qualquer forma, tornando-os direta ou indiretamente identificáveis, devem ser considerados dados pessoais. [e, do mesmo modo] Aplicam-se as mesmas regras [as relativas ao tratamento de dados pessoais] quando a evolução da tecnologia e da análise de dados torna possível a conversão de dados anonimizados em dados pessoais".

28 Nesta matéria, é fundamental o Parecer nº 5/2014, sobre "técnicas de anonimização", de 10 de abril, do GT 29, e, sobre a mesma, começamos por dispor das considerações de Catarina Sarmento e CASTRO (2016), sendo que, logo após a publicação do *RGPD*, esta questão foi identificada e analisada por Ana Alves LEAL (2017), a propósito das implicações da *Big Data*, entretanto, a questão foi enfrentada por A. Barreto MENEZES CORDEIRO (2018), a propósito dos

Isto porque a identificação a partir de dados anónimos, ou a re-identificação de dados anonimizados, passaram a ser tecnicamente viáveis, designadamente com base nas analíticas de Big Data.[29]

O que nos permite concluir que, na União Europeia, vigora um limite móvel entre os "dados pessoais" e os "dados não pessoais", com uma tendência expansiva dos primeiros, à medida que a tecnologia o permita. O que exige uma atitude de prevenção e de precaução permanentes por parte de quem assume beneficiar do respetivo tratamento, com os inerentes riscos e sem exclusão das respetivas responsabilidades, retomando o antigo brocardo cuius commoda eius et incommoda.

Diferentemente do que sucede com a anonimização, a pseudonimização é definida pelo RGPD, como

> [...] o tratamento de dados pessoais de forma que deixem de poder ser atribuídos a um titular de dados específico sem recorrer a informações suplementares, desde que essas informações suplementares sejam mantidas separadamente e sujeitas a medidas técnicas e organizativas para assegurar que os dados pessoais não possam ser atribuídos a uma pessoa singular identificada ou identificável (Art. 4 e 5).

---

limites da "identificabilidade", retomando-a A. Barreto MENEZES CORDEIRO (2020, pp. 126-131); porém, permito-me remeter para o meu estudo sobre os limites entre ambos os Regulamentos referidos, já publicado em 2020.

29 Neste mesmo sentido, com uma assertividade crescente, foi-se pronunciando o GT 29, designadamente, no Parecer nº 7/2003, de 12 de dezembro, sobre a "reutilização de informações do setor público e a proteção dos dados pessoais", no Parecer nº 6/2013, de 5 de junho, sobre "dados abertos e reutilização de informações do setor público (ISP)", de 5 de junho, e, sobretudo, de um modo muito detalhado, no Parecer sobre as "técnicas de anonimização", antes referido.

E além de ser fortemente sugerida,[30] surge qualificada como constituindo uma "medida técnica adequada para assegurar um nível de segurança adequado ao risco" (Art.º 32 nº 1 alínea c). Mais ainda, constitui o "exemplo" de "medidas técnicas adequadas [...] destinadas a aplicar com eficácia os princípios da proteção de dados, tais como a minimização, e a incluir as garantias necessárias no tratamento", no contexto da proteção de dados desde a conceção (Art.º 25.º nº 1), com a sua especificação a dever constar dos "códigos de conduta" (Art.º 40.º nº 2 alínea d) ou a ser usada para fins de arquivo de interesse público, ou para fins de investigação científica ou histórica ou para fins estatísticos (Art.º 89.º nº 1).

Porém, o problema está em a re-identificação dos titulares dos dados pessoais ser ainda mais fácil tecnicamente que com a anonimização, não o só com base nas analíticas de Big Data, mas também por outras vias (v.g., por correlações, ou por notícias de jornal, ou por dados de utilização de celulares ou de cartões de crédito ou ainda por reversão de pseudónimos através de força bruta), o que é assumido no próprio RGPD.[31]

---

30 Designadamente, no *Considerando* 26, segundo o qual, "Os dados pessoais que tenham sido pseudonimizados, que possam ser atribuídos a uma pessoa singular mediante a utilização de informações suplementares, deverão ser considerados informações sobre uma pessoa singular identificável. Para determinar se uma pessoa singular é identificável, importa considerar todos os meios suscetíveis de ser razoavelmente utilizados, tais como a seleção, quer pelo responsável pelo tratamento quer por outra pessoa, para identificar direta ou indiretamente a pessoa singular. Para determinar se há uma probabilidade razoável de os meios serem utilizados para identificar a pessoa singular, importa considerar todos os fatores objetivos, como os custos e o tempo necessário para a identificação, tendo em conta a tecnologia disponível à data do tratamento dos dados e a evolução tecnológica", mas também no *Considerando* 28, "A aplicação da pseudonimização aos dados pessoais pode reduzir os riscos para os titulares de dados em questão e ajudar os responsáveis pelo tratamento [controladores] e os seus subcontratantes [operadores] a cumprir as suas obrigações de proteção de dados. A introdução explícita da "pseudonimização" no presente regulamento não se destina a excluir eventuais outras medidas de proteção de dados".

31 Para começar, se é certo que "A aplicação da pseudonimização aos dados pessoais pode reduzir os riscos para os titulares de dados em questão e ajudar os responsáveis pelo tratamento [controladores] e os seus subcontratantes [operadores] a cumprir as suas obrigações de proteção de dados". (*Considerando* 28) e, "A fim

Daí a preocupação manifesta com os riscos inerentes à "inversão não autorizada da pseudonimização".[32] O que torna necessária, ou muito aconselhável, uma pseudonimização forte, incluindo os quase-identificadores, já próxima das técnicas de cifragem [v.g., com uma atribuição aleatória de códigos, desligados dos dados originais, e não reversível com a mesma tecnologia.

Em contraponto, a LGPD toma a anonimização como uma referência técnica destinada a garantir a segurança do tratamento de dados pessoais e define-a como a

> utilização de meios técnicos razoáveis e disponíveis no momento do tratamento, por meio dos quais um dado perde a possibilidade de associação, direta ou indireta, a um indivíduo (Art. 5, XI).

---

de criar incentivos para aplicar a pseudonimização durante o tratamento de dados pessoais, deverá ser possível tomar medidas de pseudonimização, permitindo-se simultaneamente uma análise geral, no âmbito do mesmo responsável pelo tratamento [controlador] quando este tiver tomado as medidas técnicas e organizativas necessárias para assegurar, relativamente ao tratamento em questão, a aplicação do presente regulamento e a conservação em separado das informações adicionais que permitem atribuir os dados pessoais a um titular de dados específico", como explicita o *Considerando* 29. Aliás, estas mesmas limitações constam do Parecer do GT 29 sobre as "técnicas de anonimização", já referido.

32 Pois "O risco para os direitos e liberdades das pessoas singulares [físicas], cuja probabilidade e gravidade podem ser variáveis, poderá resultar de operações de tratamento de dados pessoais suscetíveis de causar danos físicos, materiais ou imateriais, em especial quando o tratamento possa dar origem à discriminação, à usurpação ou roubo da identidade, a perdas financeiras, prejuízos para a reputação, perdas de confidencialidade de dados pessoais protegidos por sigilo profissional, à inversão não autorizada da pseudonimização, ou a quaisquer outros prejuízos importantes de natureza económica ou social;", *Considerando* 75, e "Se não forem adotadas medidas adequadas e oportunas, a violação de dados pessoais pode causar danos físicos, materiais ou imateriais às pessoas singulares [físicas], como a perda de controlo sobre os seus dados pessoais, a limitação dos seus direitos, a discriminação, o roubo ou usurpação da identidade, perdas financeiras, a inversão não autorizada da pseudonimização, danos para a reputação, a perda de confidencialidade de dados pessoais protegidos por sigilo profissional ou qualquer outra desvantagem económica ou social significativa das pessoas singulares [físicas]", *Considerando* 85.

Depois, é referida a propósito da legitimidade "para a realização de estudos por órgão de pesquisa" (Art. 7, IV), mesmo no que se refere ao tratamento de dados sensíveis (Art. 11, II c), desde que indispensável, assim como "na realização de estudos em saúde pública", neste último caso a par da pseudonimização (Art. 13, *caput*).

Adicionalmente, também justifica a conservação dos dados anonimizados, "após o término do seu tratamento", desde que "para finalidades [de] de estudo por órgão de pesquisa" (Art. 16, II).

Além de poder ser exigida, pelo titular dos dados, ao controlador, "a qualquer momento e mediante requisição", a anonimização dos "dados desnecessários, excessivos ou tratados em desconformidade com o disposto nesta Lei" (Art. 18, IV), ficando ainda excluída a portabilidade dos dados anonimizados (Art. 18 § 7º).

Porém e afastando-se do regime europeu, as suas limitações intrínsecas e temporais são assumidas ab initio pelo Legislador, por o critério indicado para a qualificação dos "dados anonimizados" ter por referência os "meios técnicos razoáveis e disponíveis na ocasião de seu tratamento" (Art. 5, III), o mesmo valendo para a anonimização enquanto processo, como acabámos de ver.

Mas, sendo certo que

> Os dados anonimizados não serão considerados dados pessoais para os fins desta Lei, salvo quando o processo de anonimização ao qual foram submetidos for revertido, utilizando exclusivamente meios próprios [i.e., não de ou por terceiros], ou quando, com esforços razoáveis, puder ser revertido. § 1º A determinação do que seja razoável deve levar em consideração fatores objetivos, tais como custo e tempo necessários para reverter o processo de anonimização, de acordo com as tecnologias disponíveis, e a utilização exclusiva de meios próprios. (Art. 12).

o que tem uma especial relevância em termos de responsabilidade civil, pois se

> Responde pelos danos decorrentes da violação da segurança dos dados o controlador ou o operador que, ao deixar de adotar as medidas de segurança previstas no art. 46 desta Lei, der causa ao dano. (Art. 44, Parágrafo único)

a aplicação dos "meios técnicos razoáveis e disponíveis no momento do tratamento", afastará a correspondente ilicitude (Art. 43, III), não torna sequer irregular o tratamento de esses dados, o mesmo é dizer que

> [...] quando deixar de observar a legislação ou quando não fornecer a segurança que o titular dele pode esperar, consideradas as circunstâncias relevantes, entre as quais [III] as técnicas de tratamento de dados pessoais disponíveis à época em que foi realizado. (Art. 44).

O mesmo vale para as sanções administrativas, sendo critério de apreciação da respectiva conduta

> [...] a adoção reiterada e demonstrada de mecanismos e procedimentos internos capazes de minimizar o dano, voltados ao tratamento seguro e adequado de dados, em consonância com o disposto no inciso II do § 2° do art. 48 desta Lei (Art. 52 § 1°, VIII).

Em termos substancialmente análogos aos do RGPD, a pseudonimização é identificada como

> [...] o tratamento por meio do qual um dado perde a possibilidade de associação, direta ou indireta, a um indivíduo, senão pelo uso de informação adicional mantida separadamente pelo controlador em ambiente controlado e seguro (Art. 13 § 4°).

No entanto, a mesma apenas surge a propósito da "realização de estudos em saúde pública, [para os quais] os órgãos de pesquisa poderão ter acesso a bases de dados pessoais", como uma alternativa, menos exigente, à anonimização (Art. 13, *caput*). Embora podendo empregue em geral, ao ser uma das possíveis

> [...] medidas técnicas e administrativas aptas a proteger os dados pessoais de acessos não autorizados e de situações acidentais ou ilícitas de destruição, perda, alteração, comunicação ou difusão. (Art. 6, VII)

ou, mais especificamente, uma das

> [...] medidas de segurança, técnicas e administrativas aptas a proteger os dados pessoais de acessos não autorizados e de situações acidentais ou ilícitas de destruição, perda, alteração, comunicação ou qualquer forma de tratamento inadequado ou ilícito. (Art. 46)

Porém, ao não existir uma previsão análoga à anonimização, no que se relativa à determinação de regras técnicas de segurança pela autoridade nacional (Art. 12 §3º), apenas releva o poder genérico de esta dispor "padrões técnicos mínimos", também a este propósito (§ 1º do Art. 46).

Consequentemente, fica mais difícil afastar a ilicitude em caso de incidente de segurança, no que se refere à responsabilidade civil e às sanções administrativas.

7. A cifragem

Esta é referida quase a medo pelo RGPD, o qual não a define, surgindo sempre a par da pseudonimização, a propósito dos tratamentos que não tenham por base o consentimento dos titulares dos dados (Art. 7 nº 4 alínea e), da segurança no tratamento (Art. 32 nº 1 alínea a) e, sobretudo, da isenção de responsabilidades no caso de ocorrerem incidentes de segurança (Art. 34.º nº 3 alínea a), sempre que

> O responsável pelo tratamento [controlador] tiver aplicado medidas de proteção adequadas, tanto técnicas como organizativas, e essas medidas tiverem sido aplicadas aos dados pessoais afetados pela violação de dados pessoais, especialmente medidas que tornem os dados pessoais incompreensíveis para qualquer pessoa não autorizada a aceder a esses dados, tais como a cifragem.

Embora, devamos ter presente que a "cifragem dos dados pessoais", só por si, não baste (Art.º 32.º nº 1 alínea a), por a mesma apenas poder garantir a confidencialidade dos dados, não as respetivas integridade e disponibilidade.[33] O que em especial a aconselha perante "grandes riscos", designadamente perante o tratamento de "categorias especiais de dados pessoais" [dados sensíveis] (Art.º 9º), na sequência de avaliações de impacto (Art.º 35.º).

Ainda assim, a cifragem, e mesmo uma cifragem forte, sem acesso por quaisquer terceiros, inclusive com autorização judicial, tem vindo a ser proposta ou defendida institucionalmente na União Europeia ainda que no plano da *Soft Law*:[34]

---

33 Daí, o caráter cumulativo das medidas de segurança (Art. 32 nº 1), ou seja, "A capacidade de assegurar [não só] a confidencialidade, [mas também a] integridade, disponibilidade e resiliência permanentes dos sistemas e dos serviços de tratamento" (b), "A capacidade de restabelecer a disponibilidade e o acesso aos dados pessoais de forma atempada no caso de um incidente físico ou técnico" (c) e ainda "Um processo para testar, apreciar e avaliar regularmente a eficácia das medidas técnicas e organizativas para garantir a segurança do tratamento" (d).

34 Como ocorreu, reiteradamente, com a Declaração Conjunta da Europol e da ENISA, de 20 de maio de 2016, sobre "uma investigação criminal lícita que respeite a proteção dos dados no século XXI", a Resolução sobre "a luta contra a cibercriminalidade", do Parlamento Europeu, de 3 de outubro de 2017 (2017/2068(INI) e, mais ainda, a "Declaração sobre a cifragem e o seu impacto na proteção das pessoas

Já na LGPD a cifragem não é, sequer, mencionada, embora esteja implícita quando refere que

> No juízo de gravidade do incidente, será avaliada eventual comprovação de que foram adotadas medidas técnicas adequadas que tornem os dados pessoais afetados ininteligíveis, no âmbito e nos limites técnicos de seus serviços, para terceiros não autorizados a acessá-los. (Art. 48 § 3º).

Pelo que estará só entre as

> [...] medidas de segurança, técnicas e administrativas aptas a proteger os dados pessoais de acessos não autorizados e de situações acidentais ou ilícitas de destruição, perda, alteração, comunicação ou qualquer forma de tratamento inadequado ou ilícito. (Art. 46)

Embora, tal como no RGPD, também não basta, só por si, para afastar a responsabilidade civil ou sanções administrativas, pois pode não ser viável reverter ou mitigar os efeitos do incidente de segurança (Art. 48 § 1º, VI, e § 2º, II), por sua natureza, a cifragem é a técnica mais pertinente para prevenir danos maiores, tal como se verifica no RGPD.

---

singulares [físicas] relativamente ao tratamento dos seus dados pessoais na EU", de 11 de abril de 2018, do GT 29.

Referências bibliográficas

ABREU, Carlos Pinto de. "Breves notas sobre segurança da informação, acesso a dados e privacidade". *C&R - Revista de Regulação e Concorrência*. Lisboa, n. 35, 2018, pp. 49-78. Disponível em: http://www.concorrencia.pt/vPT/Estudos_e_Publicacoes/Revista_CR/Documents/Revista_ReC_35.pdf. Acesso em: 16 jun. 2021

ATAÍDE, Rui P. Coutinho de Mascarenhas. "Direito ao esquecimento". *Cyberlaw by CIJIC*. Lisboa, n. 6, 2019. Disponível em: https://www.cijic.org/wp-content/uploads/2021/03/DIREITO-AO-ESQUECIMENTO-Rui-Ataide-vf.pdf. Acesso: em 17 jun. 2021.

BARBOSA, Mafalda Miranda. "Proteção de Dados e Direitos de Personalidade: uma relação de interioridade constitutiva. Os Benefícios da Protecção e a Responsabilidade Civil". *Estudos de Direito do Consumidor*. Coimbra, n. 12, 2017, pp. 75-131. Disponível em: https://www.fd.uc.pt/cdc/pdfs/rev_12_completo.pdf. Acesso em: 16 jun. 2021.

BARBOSA, Mafalda Miranda. "Data controllers e data processors: da responsabilidade pelo tratamento de dados à responsabilidade civil". *Revista de Direito Comercial*. Lisboa, n. 2, 2018, pp. 424-494. Disponível em: https://www.revistadedireitocomercial.com/data-controllers-e-data-processors. Acesso em: 16 jun. 2021.

BOTELHO, Catarina Santos. "Novo Ou Velho Direito? – o direito ao esquecimento e o princípio da proporcionalidade no constitucionalismo global". *AB INSTANTIA*. Coimbra, n. 7, 2017, pp. 49-71. Disponível em: https://papers.ssrn.com/sol3/papers.cfm?abstract_id=3130258. Acesso em: 16 jun. 2021.

CALDAS, Gabriela. "O direito à explicação no Regulamento Geral sobre a proteção de dados". *Anuário da Proteção de Dados*. Lisboa, 2019, pp. 37-53. Disponível em: http://cedis.fd.unl.pt/wp-content/uploads/2019/06/ANUARIO-2019-Eletronico_compressed.pdf. Acesso em: 16 jun. 2021.

CALVÃO, Filipa Urbano. "A protecção de dados pessoais na internet: desenvolvimentos recentes". *Revista de Direito Intelectual*. Coimbra, n. 2, 2015, pp. 67-84.

CALVÃO, Filipa Urbano. "O modelo de supervisão de tratamento de dados pessoais na União Europeia: da atual diretiva ao futuro regulamento". *Fórum de Proteção de Dados*, Lisboa, n. 1, 2015, pp. 36-48. Disponível em https://repositorio.ucp.pt/bitstream/10400.14/20343/1/O%20modelo%20de%20supervis%c3%a3o%20de%20tratamentos%20de%20dados%20pessoais%20na%20Uni%c3%a3o%20Europeia%20da%20atual-%20diretiva%20ao%20futuro%20regulamento.pdf. Acesso em 17 jun. 2021. acesso não autorizado

CARRAPIÇO, Helena; BARRINHA, André. "European Union cyber security as an emerging research and policy field". *European Politics and Society*. vol. 19, n. 3, 2018, pp. 299-303. Disponível em: https://www.tandfonline.com/doi/full/10.1080/23745118.2018.1430712. Acesso em: 16 jun. 2021.

CASIMIRO, Sofia Vasconcelos. "O direito a ser esquecido pelos motores de busca: o Acórdão Costeja". *Revista de Direito Intelectual*. Coimbra, n. 2, 2014, pp. 307-353.

CASTRO, Catarina Sarmento. *Direito da Informática, Privacidade e Dados Pessoais*. Coimbra, Almedina, 2005, p. 374.

CASTRO, Catarina Sarmento e. "Comentário ao artigo 8º". *In:* SILVEIRA, Alessandra; CANOTILHO, Mariana (Eds.). *Carta dos Direitos Fundamentais da União Europeia Comentada*. Coimbra, Almedina, 2013, pp. 120-128.

CASTRO, Catarina Sarmento e. "A jurisprudência do Tribunal de Justiça da União Europeia: o regulamento geral sobre a proteção de dados pessoais e as novas perspectivas para o direito ao esquecimento na Europa". *In: Estudos em Homenagem ao Conselheiro Presidente Rui Moura Ramos*. vol. 1. Coimbra, Almedina, 2016, pp. 1047-1070.

COELHO, Cristina Pimenta. "Artigo 82º - Direito de indemnização e responsabilidade". *In:* PINHEIRO, Alexandre Sousa (Coord.). *Comentário ao Regulamento Geral de Proteção de Dados*. Coimbra: Almedina, 2018, pp. 633-637.

COELHO, Cristina Pimenta. "Artigo 83º - Condições gerais para a aplicação de coimas". *In:* PINHEIRO, Alexandre Sousa (Coord.). *Comentário ao Regulamento Geral de Proteção de Dados*. Coimbra: Almedina, 2018, pp. 637-647.

COELHO, Cristina Pimenta. "Artigo 84º - Sanções". *In:* PINHEIRO, Alexandre Sousa (Coord.). Comentário ao Regulamento Geral de Proteção de Dados. Coimbra: Almedina, 2018, pp. 648-650.

CORDEIRO, A. Barreto Menezes. "Dados pessoais: conceito, extensão e limites". *Revista de Direito Civil*. Coimbra, vol. 3 n. 2, 2018, pp. 297-321. Disponível em: https://blook.pt/publications/publication/e38a9928dbce/. Acesso em: 16 jun. 2021.

CORDEIRO, A. Barreto Menezes. "Da responsabilidade civil pelo tratamento de dados pessoais". *Working paper*. Lisboa, BLOOK, 2018. Disponível em: https://blook.pt/publications/publication/2ae6399f13bb/. Acesso em: 16 jun. 2021.

CORDEIRO, A. Barreto Menezes. *Direito da Proteção de Dados*. Coimbra, Almedina, 2020.

COSTA, Tiago Branco da. "A responsabilidade civil decorrente da violação do Regulamento Geral sobre a Proteção de Dados". *In* SILVEIRA, Alessandra; ABREU, Joana R. S. Covelo; COELHO, Larissa (Coord.). UNIO Ebook Interop 2019: *O Mercado Único Digital da União Europeia como desígnio político*: a interoperabilidade como o caminho a seguir. Braga: Pensamento Sábio - Associação para o conhecimento e inovação / Universidade do Minho - Escola de Direito, pp. 68-77. Disponível em: http://repositorium.sdum.uminho.pt/bitstream/1822/61446/3/UNIO_EBOOK_INTEROP_2019.pdf. Acesso em: 16 jun. 2021.

FERREIRA, Afonso José. "*Profiling* e algoritmos autónomos: um verdadeiro direito de não sujeição". *Anuário da Proteção de Dados*. Lisboa, 2018, pp. 35-43. Disponível em: http://cedis.fd.unl.pt/wp-content/uploads/2018/04/ANUARIO-2018-Eletronico.pdf. Acesso em: 16 jun. 2021.

FREITAS, Pedro Miguel. "The General Data Protection Regulation: an overview of the penalties' provisions from a Portuguese standpoint". *UNIO - EU Law Review*. Braga, vol. 4, n. 2, 2018, pp. 99-104. Disponível em: http://www.unio.cedu.direito.uminho.pt/Uploads/UNIO%204%20.%20Vol%201/Unio%204%20n.%202%20PT/Unio%204%20n.%202%20EN/Pedro%20Miguel%20Freitas%20(1).pdf. Acesso em: 16 jun. 2021.

GALANTE, Maria de Fátima. "A Internet e o Direito ao Esquecimento: análise jurisprudencial". *Data Venia - Revista Jurídica Digital*. S.l, n. 9, 2018, pp. 223-250. Disponível em: http://datavenia.pt/ficheiros/edicao09/datavenia09_p223_250.pdf. Acesso em: 16 jun. 2021

GALVÃO, Luís Neto. "Comentário ao artigo 16° do TFUE". *In:* PORTO, Manuel Lopes; ANASTÁCIO, Gonçalo (Coord.). *Tratado de Lisboa Anotado e Comentado*. Coimbra, Almedina, 2012, pp. 252-256.

GONÇALVES, Maria Eduarda. *Direito da Informação*: novos direitos e formas de regulação na sociedade da informação. Coimbra, Almedina, 2 Ed., 2003. p.222.

GONÇALVES, Maria Eduarda. "The EU Data Protection Reform and the Challenges of Big Data: tensions in the relations between technology and the law". *In:* NETO, Luísa; RIBEIRO, Fernanda (Coord.). *IV Colóquio Luso-Brasileiro Direito e Informação* - Atas. Porto: Faculdade de Letras da Universidade do Porto, 2016, pp. 46-63. Disponível em: https://view.joomag.com/direito-e-informa%c3%a7%c3%a3o-na-sociedade-em-rede-atas-direito-e-informa%c3%a7%c3%a3o-na-sociedade-em-rede-atas/0242499001470686892. Acesso em: 16 jun. 2021.

JESUS, Inês O. Andrade de. "O direito à proteção de dados pessoais e o regime jurídico das transferências internacionais de dados: a proteção viaja com as informações que nos dizem respeito?" *Anuário da Proteção de Dados*, Lisboa, 2018, pp. 71-90. Disponível em: http://cedis.fd.unl.pt/wp-content/uploads/2018/04/ANUARIO-2018-Eletronico.pdf. Acesso em: 16 jun. 2021.

LEAL, Ana Alves. "Aspectos Jurídicos da Análise de Dados na Internet (*Big Data Analytics*) nos Setores Bancário e Financeiro: Proteção de Dados Pessoais e Deveres de Informação". *In:* CORDEIRO, António Menezes, OLIVEIRA, Ana Perestrelo de; DUARTE, Diogo Pereira (Coord.). FinTech – *Desafios da Tecnologia Financeira.* Coimbra, Almedina, 2017, pp. 75-202.

LOPES, Teresa Vale. Responsabilidade e governação das empresas no âmbito do novo Regulamento sobre a Proteção de Dados. *Anuário da Proteção de Dados,* Lisboa, 2018, pp. 45-69. Disponível em: http://cedis.fd.unl.pt/wp-content/uploads/2018/04/ANUARIO-2018-Eletronico.pdf. Acesso em: 16 jun. 2021.

MARQUES, João. "Direito ao Esquecimento – A Aplicação do Acórdão Google pela CNPD". *Fórum de proteção de dados.* Lisboa, n. 3, 2016, pp. 44-55.

MARTINS, José; CUSTÓDIO, Jorge. Método de Design, Implementação e Operação de um Sistema de Gestão de Segurança da Informação (V1.0). Proelium – *Revista Científica da Academia Militar.* Lisboa, A. VIII, n. 4, 2019, pp. 91-120. Disponível em: https://academiamilitar.pt/images/site_images/Revista_Proelium/Proelium_VIII_4_-_Jan2020.pdf. Acesso em: 16 jun. 2021.

MARTINS, José [*et al.*]. Modelo Integrado de Atividades para a Gestão da Segurança da Informação, Cibersegurança e Proteção de Dados Pessoais. Lisboa, *Cyberlaw by CIJIC*, n. 5, 2018. Disponível em: https://www.cijic.org/wp-content/uploads/2018/03/MODELO-INTEGRADO-DE-ATIVIDADES-PARA-A-GEST%C3%83O-DE-SEGURANCA-DA-INFORMACAO-CIBERSEGURANCA-E-PROTECCAO-DE-DADOS.pdf. Acesso em: 16 jun. 2021.

MASSENO, Manuel David. On the relevance of big data for the formation of contracts regarding package tours or linked travel arrangements, according to the new package travel directive. *Comparazione e Diritto Civile*. Salerno, n. 4, 2016, pp. 2-13. Disponível em: http://www.comparazionedirittocivile.it/download/volumi/201604.pdf. Acesso em: 16 jun. 2021.

MASSENO, Manuel David. "Como a União Europeia procura proteger os cidadãos-consumidores em tempos de *Big Data*". *Revista Eletrônica do Curso de Direito da UFSM*. Santa Maria, vol. 14, n. 3. Disponível em: https://periodicos.ufsm.br/revistadireito/article/view/41708/pdf. Acesso em: 16 jun. 2021.

MASSENO, Manuel David. "Na borda: dados pessoais e não pessoais nos dois Regulamentos da União Europeia". *In:* MARTINO, Antonio (Coord.). *Actas del IV Congreso Interactivo Virtual / Humanos* – Máquinas - Derechos (20 y 21 de noviembre / 2019). Buenos Aires, Astrea, 2020. Disponível em: https://www.astrea.com.ar/resources/doctrina/doctrina0511.pdf. Acesso em: 16 jun. 2021.

MASSENO, Manuel David; SANTOS, Cristiana Teixeira. Assuring Privacy and Data Protection within the Framework of Smart Tourism Destinations. MediaLaws – *Rivista di diritto dei media*. Milano, n. 2, 2018, pp. 251-266. Disponível em: http://www.medialaws.eu/rivista/assuring-privacy-and-data-protection-within-the-framework-of-smart-tourism-destinations/. Acesso em 16 jun. 2021.

MASSENO, Manuel David; SANTOS, Cristiana Teixeira. "Personalization and Profiling of Tourists in Smart Tourism Destinations – a Data Protection perspective". *Revista Argumentum*. Marília, vol. 20, n. 3, 2019, pp. 1215-1240. Disponível em: http://ojs.unimar.br/index.php/revistaargumentum/article/view/1243/752. Acesso em: 16 jun. 2021.

MENDES, Jorge Barros. O Novo Regulamento de Proteção de Dados: as principais alterações. *Revista Luso-Brasileira de Direito do Consumo*. Curitiba, 2017, pp. 27, pp. 13-37. Disponível em: https://issuu.com/editorabonijuris9/docs/revista_luso-brasileira_de_direito__d0959fdb6ee330. Acesso em: 16 jun. 2021.

MOREIRA, Sónia. "A proteção das pessoas singulares no novo Regulamento Geral de Protecção de Dados Pessoais". *In:* CALHEIROS, Clara [*et al.*] (Eds.). Direito na Lusofonia: Direito e Novas Tecnologias / *Atas do 5º Congresso Internacional de Direito na Lusofonia*. Braga, Escola de Direito Universidade do Minho / Centro de Investigação em Justiça e Governação, 2018, pp. 485-492. Disponível em: http://repositorium.sdum.uminho.pt/bitstream/1822/59737/1/29-Lusofonia%20V%20RGPD%20 2018.pdf. Acesso em: 16 jun. 2021.

MOTA, Joana. "Proteção de dados desde a conceção e por defeito. Avaliação de impacto e segurança". *In:* CORDEIRO, António Menezes; OLIVEIRA, Ana Perestrelo de; DUARTE, Diogo Pereira (Eds.). FinTech II - *Novos Estudos sobre Tecnologia Financeira*. Coimbra, Almedina, 2019, pp. 129-146.

MOUTINHO, José Lobo. "Legislador português precisa-se. Algumas notas sobre o regime sancionatório no Regulamento Geral sobre Protecção de Dados" (Regulamento (UE) 2016/679). *Fórum de proteção de dados*. Lisboa, n. 4, 2017, pp. 40-57. Disponível em: https://www.cnpd.pt/media/uh4fanca/forum4_af_web_low.pdf. Acesso em: 16 jun. 2021.

MOUTINHO, José Lobo; RAMALHO, David Silva. "Notas sobre o regime sancionatório da proposta de regulamento geral sobre a protecção de dados do Parlamento Europeu e do Conselho". *Fórum de proteção de dados*. Lisboa, n. 1, 2015, pp. 18-33. Disponível em: https://www.cnpd.pt/media/owgnsrp2/forum_1_af_web_low.pdf. Acesso em: 16 jun. 2021.

OLIVEIRA, Madalena Perestrelo de. "Definição de perfis e decisões individuais automatizadas no Regulamento Geral sobre a Proteção de Dados". *In:* CORDEIRO, António Menezes; OLIVEIRA, Ana Perestrelo de; DUARTE, Diogo Pereira (Eds.). FinTech II - *Novos Estudos sobre Tecnologia Financeira*. Coimbra, Almedina, 2019, pp. 61-88.

OLIVEIRA, Ricardo Rodrigues de. "*What's in a Name?* Uma Breve Análise do Nível de Protecção Adequado no Âmbito das Transferências de Dados Pessoais dos Cidadãos da União Europeia para Países Terceiros". Lisboa, *Anuário da Proteção de Dados* - 2018, pp. 119-145. Disponível em: http://cedis.fd.unl.pt/wp-content/uploads/2018/04/ANUARIO-2018--Eletronico.pdf. Acesso em: 16 jun. 2021.

PEREIRA, Alexandre L. Dias. 2018. A Proteção de Dados Pessoais e o Direito à Segurança Informática no Comércio Eletrónico. *Banca, Bolsa e Seguros*. Coimbra, nº 3, 2013, pp. 303-329. Disponível em: https://www.fd.uc.pt/bbs/wp-content/uploads/2019/01/bbs3_final_2p.pdf. Acesso em: 16 jun. 2021.

PEREIRA, Bruno; ORVALHO, João. "Avaliação de impacto sobre a protecção de dados". *Cyberlaw by CIJIC*. Lisboa, n. 7, 2919. Disponível em: https://www.cijic.org/wp-content/uploads/2019/05/Bruno-Pereira-e-Joao-Orvalho_RGPD_Avalia%C3%A7%C3%A3o-de-Impacto-sobre-a-Prote%C3%A7%C3%A3o-de-Dados.pdf. Acesso em: 16 jun. 2021.

PICA, Luís. As Avaliações de impacto, o encarregado de dados pessoais e a certificação no Novo Regulamento Europeu de Proteção de Dados Pessoais. Lisboa, *Cyberlaw by CIJIC*, n. 5, 2018. Disponível em: https://www.cijic.org/wp-content/uploads/2018/03/3_AS-AVALIA%C3%87%C3%95ES-DE-IMPACTO-O-ENCARREGADO-DE-DADOS-PESSOAIS-E-A-CERTIFICA%C3%87%C3%83O-NO-NOVO-REGULAMENTO-EUROPEU-DE-PROTE%C3%87%C3%83O-DE-DADOS-PESSOAIS.pdf. Acesso em: 16 jun. 2021.

PINHEIRO, Alexandre Sousa. *Privacy e Protecção de Dados Pessoais:* a construção dogmática do direito à identidade informacional. Lisboa, AAFD, 2015, p. 907.

PINHEIRO, Alexandre Sousa. Apresentação do Regulamento (UE) 216/679 do Parlamento Europeu e do Conselho, de 27 de abril de 2016 – Regulamento Geral de Proteção de Dados (RGPD). Lisboa, *Revista do Centro de Estudos Judiciários*, n. 1, 2018, pp. 303-327.

PINHEIRO, Alexandre Sousa. "Artigo 4º - Definições". *In:* PINHEIRO, Alexandre Sousa (Coord.). *Comentário ao Regulamento Geral de Proteção de Dados*. Coimbra, Almedina, 2018, pp. 115-204.

PINHEIRO, Alexandre Sousa. "Artigo 51º - Autoridade de controlo". *In:* PINHEIRO, Alexandre Sousa (Coord.). *Comentário ao Regulamento Geral de Proteção de Dados*. Coimbra, Almedina, 2018, pp. 533-535.

PINHEIRO, Alexandre Sousa. "Artigo 52º - Independência". *In:* PINHEIRO, Alexandre Sousa (Coord.). *Comentário ao Regulamento Geral de Proteção de Dados*. Coimbra, Almedina, 2018, pp. 535-539.

PINHEIRO, Alexandre Sousa; GONÇALVES, Carlos Jorge. "Artigo 22º - Decisões automatizadas, incluindo definição de perfis". *In:* PINHEIRO, Alexandre Sousa (Coord.). *Comentário ao Regulamento Geral de Proteção de Dados.* Coimbra, Almedina, 2018, pp. 386-390.

PINHEIRO, Alexandre Sousa; GONÇALVES, Carlos Jorge. "Artigo 45º - Transferências com base numa decisão de adequação". *In:* PINHEIRO, Alexandre Sousa (Coord.). *Comentário ao Regulamento Geral de Proteção de Dados.* Coimbra, Almedina, 2018, pp. 504-512.

PINTO, João Ferreira. "Autoridades de Controle Independentes no (Novo) Regulamento Geral (UE) sobre a Proteção de Dados (RGPD): The Never Never Land?" Lisboa, *Cyberlaw by CIJIC,* n. 5, 2018. Disponível em: https://www.cijic.org/wp-content/uploads/2018/03/Opiniao_AUTORIDADES-DE-CONTROLO-INDEPENDENTES-NO-NOVO-REGULAMENTO-GERAL-UE-SOBRE-A-PROTE%C3%87%C3%83O-DE-DADOS.pdf. Acesso em: 17 jun. 2021.

SAIAS, Marco Alexandre. "Reforço da responsabilização dos responsáveis pelo tratamento de dados". *Revista Luso-Brasileira de Direito do Consumo.* Curitiba, n. 27, 2017, pp. 72-90. Disponível em: https://issuu.com/editorabonijuris9/docs/revista_luso-brasileira_de_direito__d0959fdb6ee330. Acesso em: 16 jun. 2021.

SILVEIRA, Alessandra; MARQUES, João. "Do direito a estar só ao direito ao esquecimento. Considerações sobre a proteção de dados pessoais informatizados no Direito da União Europeia: sentido, evolução e reforma legislativa". *Revista da Faculdade de Direito da UFPR.* Curitiba, vol. 61, n. 3, 2016, pp. 91-118. Disponível em: https://revistas.ufpr.br/direito/article/view/48085/29828. Acesso em: 16 jun. 2021.

SANTOS, Luísa A. Inácio Varandas dos; MARQUES, Mário R. Monteiro. "Gestão de Risco Aplicada à Segurança da Informação". *Cyberlaw by CIJIC.* Lisboa, n. 5, 2019. Disponível em: https://www.cijic.org/wp-content/uploads/2019/05/Luisa-Santos-e-Mario-Marques_GEST%C3%83O-DE-RISCO-APLICADA-%C3%80-SEGURAN%C3%87A-DA-INFORMA%C3%87%C3%83O.pdf. Acesso em: 16 jun. 2021.

SANTOS, Lourenço Noronha dos. Inteligência Artificial e Privacidade. *In:* ROCHA, Manuel Lopes; PEREIRA, Rui Soares. *Inteligência Artificial & Direito.* Coimbra, Almedina, 2020, pp. 147-159.

TEIXEIRA, Angelina. A Chave para a Regulamentação da Protecção de Dados (Das pessoas singulares). Data Venia - *Revista Jurídica Digital*. S.l., n. 1, 2016, pp. 6-32. Disponível em: http://www.datavenia.pt/ficheiros/edicao06/datavenia06_p005-032.pdf. Acesso em: 16 jun. 2021.

Informação bibliográfica deste texto, conforme a NBR 6023:2002 da Associação Brasileira de Normas Técnicas (ABNT):

CAPÍTULO V - A SEGURANÇA DOS DADOS NA LGPD BRASILEIRA: UMA PERSPECTIVA EUROPEIA, DESDE PORTUGAL - Manuel David Masseno

MASSENO, Manuel David. "A segurança dos dados na LGPD brasileira: uma perfectiva europeia, desde Portugal". *In:* MARINHO, Gustavo; VALIM, Rafael; WARDE, Walfrido; SIMÃO, Valdir. *Aspectos relevantes da Lei Geral de Proteção de Dados*. São Paulo: Editora Contracorrente, 2021.

CAPÍTULO VI

OS DIREITOS BÁSICOS PARA A PROTEÇÃO DE DADOS

Valdir Simão
Diana Carolina Biseo Henriques

Introdução

A Constituição Federal de 1988, em seu art. 5º, inciso XII, inaugura, em termos de sigilo, o tema da proteção de dados no ordenamento jurídico brasileiro, estabelecendo a inviolabilidade dos dados. A partir desta norma constitucional, perdurou por toda a década de noventa até a segunda década do século XXI o entendimento jurisprudencial de que o que se protegia era a liberdade e a comunicação, mas não os dados propriamente ditos.[1]

1 O Supremo Tribunal Federal, em decisão exarada nos autos do Recurso Extraordinário 418-416-8/SC, em 04.04.2006, sob relatoria do Ministro Sepúlveda Pertence, não reconheceu a existência de uma garantia de inviolabilidade sobre dados armazenados em computador com base em garantias constitucionais, adotando a doutrina de Tércio Sampaio Ferraz Júnior de que o ordenamento brasileiro tutela

À medida da evolução da produção e comunicação de dados, passou-se a ter uma maior clareza do que seriam estes dados e da necessidade de sua proteção, impulsionando o fortalecimento dos direitos e garantias individuais para a proteção de dados pessoais. Conforme bem observado pelo filósofo Norberto Bobbio, "os direitos são produtos históricos, nascem de necessidades, quando emergem historicamente".[2]

Verificada a necessidade da proteção de dados, houve a edição da Lei 13.709/2018, Lei Geral de Proteção de Dados ("LGPD"), dialogando com todo um arcabouço principiológico e direitos fundamentais insculpidos na Constituição Federal, como a dignidade da pessoa humana e o direito fundamental à privacidade, dispostos no artigo 1º, inciso III e artigo 5º, inciso X.

Inspirada no Regulamento 679/2016, Regulamento Geral Europeu de Proteção de Dados ("GDPR"), a LGPD alinha-se às normas internacionais quanto ao uso de dados pessoais. Assim como no diploma normativo europeu, o tratamento dos direitos do titular dos dados pessoais é disciplinado pela LGPD de maneira ampla, de modo a proporcionar um maior controle e proteção ao cidadão sobre seus dados. O novo panorama exige a proteção de toda a forma de armazenamento e tratamento de dados para a garantia dos direitos dos titulares,

---

o sigilo das comunicações, e não dos dados. (FERRAZ JUNIOR, Tercio Sampaio. Sigilo de dados: o direito à privacidade e os limites à função fiscalizadora do Estado. Revista da Faculdade de Direito da Universidade de São Paulo, v. 88, p. 447, 1993).

Neste sentido é também o HC 124322 AgR, sob relatoria do Min. Roberto Barroso, julgado em 09.12.2016: "2. As decisões proferidas pelas instâncias de origem estão alinhadas com a jurisprudência do Supremo Tribunal Federal, no sentido de que a proteção a que se refere o art. 5º, XII, da Constituição, é da comunicação 'de dados' e não dos 'dados em si mesmos' (RE 418.416, Rel. Min. Sepúlveda Pertence, Plenário) 3. Ausência de teratologia, ilegalidade flagrante ou abuso de poder que autorize a concessão da ordem de ofício para invalidar a prova. 4. Agravo regimental a que se nega provimento".

2 "*I diritti sono prodotti storici, nascono da bisogni, quando storicamente emergono*" (BOBBIO, Norberto. L'età dei diritti. Torino: Einaudi, 2014, p. 64)

compreendendo ainda um largo espectro de aplicação de atividades desenvolvidas tanto no setor privado quanto no setor público.[3]

No entanto, não se pode desconsiderar que, no Brasil, ao contrário de alguns países da Europa,[4] o tema da proteção de dados sob esta lupa dos direitos e garantias do titular dos dados se apresenta como uma novidade. Em verdade, o próprio termo "proteção de dados" (e o direito à autodeterminação informativa) foi incorporado recentemente pela doutrina e pela jurisprudência, mormente durante os debates que antecederam a promulgação da LGPD. Em descompasso com o que já vinha ocorrendo em países europeus, houve um tratamento lento e fragmentado sobre a matéria, com a edição de diversas leis esparsas, mesmo que não utilizado o termo "proteção de dados".[5]

---

3 A LGPD traz capítulo próprio sobre as atividades de tratamento de dados realizadas pelo Poder Público (Capítulo IV). Quanto à guarda, manejo e compartilhamento de dados pessoais pelo Estado brasileiro, impende a leitura de artigo reservado ao tema de autoria do professor Marcos Perez (Perez, Marcos. "Invasão de privacidade chancelada por lei". *In*: UOL Folha Pi auí. Disponível em www.piaui.folha.uol.com.br. Acesso em: https://piaui.folha.uol.com.br/invasao-de-privacidade-chancelada-por-lei/).

4 Em alguns países europeus as normas sobre proteção de dados existem desde a década de 1970. A lei de proteção de dados do Estado alemão de Hesse, de 1970, operou uma mudança de perspectiva ao utilizar pela primeira vez o termo "proteção de dados" (Datenschutz), em vez de optar por fórmulas já estabelecidas na legislação alemã como o da Datensicherung ou Datensicherheit, ambas referentes à segurança da informação. A partir da experiência de Hesse, algumas legislações nacionais surgiram na Europa, desde a pioneira lei sueca de proteção de dados – Datalagen, à lei francesa de proteção de dados pessoais de 1978, intitulada Informatique et Libertées, e outras legislações análogas em países como Espanha, Alemanha e outros. (DONEDA, Danilo. "Panorama histórico da proteção de dados pessoais". *In*: DONEDA, Danilo et al (Coord.). Tratado de proteção de dados pessoais. Rio de Janeiro: Forense, 2021, p. 26-27).

Aliás, a Europa, desde muito cedo, preocupou-se com a proteção de dados pessoais e sua padronização, a exemplo da Resolução n. 73/1973 e da Resolução n. 74/1974, com recomendações aos Estados-membros. Aliás, em 1981, já vigorava a Convenção 108 do Conselho da Europa, primeiro tratado internacional vinculante sobre proteção de dados.

5 À título exemplificativo, abordam o tema da proteção de dados: a Lei nº 8.078/1990 (Código de Defesa do Consumidor); a Lei nº 12.412/2011 (Lei de Cadastro Positivo); a Lei nº 9.472/1997 (Lei Geral de telecomunicações); a Lei nº

A LGPD, apesar de conter normas que em muito se equiparam àquelas previstas no GDPR, é um verdadeiro salto quando comparado às leis anteriores que tratavam, ainda que veladamente, sobre a matéria; ao passo que o GDPR constitui um aprimoramento de diplomas legais já bastante avançados sobre a proteção de dados, uma vez que se verificou a necessidade de "um quadro de proteção de dados sólido e mais coerente", dada "a utilização de dados pessoais numa escala sem precedentes", conforme os considerandos (5), (6) e (7) do GDPR.[6]

Neste contexto, o efetivo cumprimento da LGPD promete enfrentar muitos desafios, sobretudo quanto à efetividade dos direitos dos titulares de dados pessoais, considerando ainda a ligação da proteção de dados com temas diversos, complexos e heterogêneos que dizem

---

12.527/2011 (Lei de Acesso à Informação); a Lei n° 12.737/2012 (Lei Carolina Dieckmann); a Lei n° 12.965/2014 (Marco Civil da Internet), dentre outras.

6 "(5)A integração económica e social resultante do funcionamento do mercado interno provocou um aumento significativo dos fluxos transfronteiriços de dados pessoais. O intercâmbio de dados entre intervenientes públicos e privados, incluindo as pessoas singulares, as associações e as empresas, intensificou-se na União Europeia. As autoridades nacionais dos Estados-Membros são chamadas, por força do direito da União, a colaborar e a trocar dados pessoais entre si, a fim de poderem desempenhar as suas funções ou executar funções por conta de uma autoridade de outro Estado-Membro.

(6) A rápida evolução tecnológica e a globalização criaram novos desafios em matéria de proteção de dados pessoais. A recolha e a partilha de dados pessoais registaram um aumento significativo. As novas tecnologias permitem às empresas privadas e às entidades públicas a utilização de dados pessoais numa escala sem precedentes no exercício das suas atividades. As pessoas singulares disponibilizam cada vez mais as suas informações pessoais de uma forma pública e global. As novas tecnologias transformaram a economia e a vida social e deverão contribuir para facilitar a livre circulação de dados pessoais na União e a sua transferência para países terceiros e organizações internacionais, assegurando simultaneamente um elevado nível de proteção dos dados pessoais.

(7) Esta evolução exige um quadro de proteção de dados sólido e mais coerente na União, apoiado por uma aplicação rigorosa das regras, pois é importante gerar a confiança necessária ao desenvolvimento da economia digital no conjunto do mercado interno. As pessoas singulares deverão poder controlar a utilização que é feita dos seus dados pessoais. Deverá ser reforçada a segurança jurídica e a segurança prática para as pessoas singulares, os operadores económicos e as autoridades públicas".

respeito à privacidade, à higidez do Estado Democrático, à liberdade de informação e expressão, à segurança pública, entre outros tantos temas.

Daí que surge a necessidade de se delimitar os direitos básicos dos titulares de dados pessoais como instrumentos para barrar as técnicas atualmente utilizadas por aqueles que tem acesso a dados de terceiros, a fim de impor uma série de cuidados e restrições à coleta, armazenamento, compartilhamento e tratamento de dados.

1. O direito fundamental à autodeterminação informativa e seus consectários

A LGPD, influenciada pelo GDPR, surge em um contexto de extensão da proteção aos titulares de dados. Muito além de garantir a liberdade e a comunicação, o objetivo da lei é salvaguardar a dignidade dos titulares de dados, de maneira que se verifique um controle efetivo sobre a coleta, armazenamento, tratamento e compartilhamento de seus dados pessoais. Isto se nota já nos primeiros dispositivos da LGPD, com a consagração da autodeterminação informativa como fundamento da proteção de dados (art. 2°, inciso II, da LGPD).

O conceito de autodeterminação informativa surgiu na Alemanha, em 1983, quando o Tribunal Constitucional Federal alemão fixou traços essenciais do direito à autodeterminação informativa, reconhecendo-o como um direito fundamental[7] do qual resultaria "o direito do indivíduo de decidir por si sobre a divulgação e utilização dos seus dados pessoais".[8]

---

7 O direito à autodeterminação informativa como um direito fundamental é tema abordado em artigo desta obra intitulado "Autodeterminação informativa: surge um novo direito fundamental", de autoria de Belisário dos Santos Jr. e Juliana Vieira dos Santos.

8 BVerfGE 65,1 (43), Recenseamento (Volkszählung). Disponível em: [www.servat.unibe.ch/dfr/bv065001.html]. Trata-se de trecho de decisão do Tribunal Constitucional alemão no julgamento paradigmático da Lei do Censo de 1983, "que determinou que os cidadãos fornecessem uma série de dados pessoais para mensurar

É a partir deste precedente que se passou a tutelar uma postura ativa do cidadão que, com fulcro no direito à autodeterminação informativa, decide acerca da coleta e do uso de seus dados pessoais. Trata-se de direito do indivíduo de autodeterminar seus dados pessoais.

Neste mesmo sentido, a Suprema Corte brasileira, no julgamento da ADI 6387, reconheceu o direito à autodeterminação informativa, relacionado a outros princípios e direitos fundamentais, como a privacidade (art. 5º, X, CF) e a dignidade humana (art. 1º, III, CF), a fim de "conferir ao indivíduo o direito de evitar exposições de seus dados sem possibilidades mínimas de controle, sobretudo em relação a práticas de tratamento de dados capazes de sujeitar o indivíduo a julgamentos preditivos e peremptórios".[9]

Conforme a doutrina de José Adércio Leite Sampaio,[10] ao comentar o art. 5º, inciso X, da CF, confere-se ao indivíduo um controle amplo, não só sobre a coleta dos dados, mas também sobre a sua destinação, de maneira que o titular exerça um controle sobre uso e circulação de seus dados:

> Ainda que autorizada a captação, a pessoa ainda detém o direito de controlar o uso das informações pessoais que não se contém no âmbito do domínio fático dessas informações, de

---

estatisticamente a distribuição espacial e geográfica da população. O Tribunal declarou a inconstitucionalidade parcial da norma em razão de sua vagueza e amplitude, que possibilitava o cruzamento dos dados coletivos com outros registros públicos, bem como a sua transferência para outros órgãos da administração", conforme o voto do Ministro Luiz Fux nos autos da ADI 6387 MC, sob relatoria da Ministra Rosa Weber, Tribunal Pleno, julgado em 07/05/2020, DJe-270 DIVULG 11-11-2020 PUBLIC 12-11-2020.

9 Trecho do voto do Ministro Gilmar Mendes nos autos da ADI 6387 MC, sob relatoria da Ministra Rosa Weber, Tribunal Pleno, julgado em 07/05/2020, DJe-270 DIVULG 11-11-2020 PUBLIC 12-11-2020

10 SAMPAIO, José Adércio Leite. "Comentário ao art. 5º, inciso X". In: CANOTILHO, J. J. Gomes; MENDES, Gilmar F.; SARLET, Ingo W.; Streck, Lenio L. (Coords.). Comentários à Constituição do Brasil. São Paulo: Saraiva/Almedina, 2013.

> sua exclusividade, próprios do conceito de "segredo", mas vai além: ainda quando as informações tenham saído desses domínios, a pessoa – de que se trata – continua a exercer um "controle" sobre sua destinação. Vale dizer que não poderão ser usadas: armazenadas, processadas, tratadas, comunicadas, transmitidas, divulgadas ou publicadas – sem que tenha sido inequivocamente dada a autorização para tanto.

Desse modo, o direito à autodeterminação informativa pretende assegurar uma ampla proteção dos dados pessoais, através da participação do cidadão de forma ativa em todo o processo de coleta, armazenamento, tratamento e compartilhamento de seus dados. Tal direito garante, além da utilização dos dados conforme a lei, um protagonismo do cidadão no controle de seus dados.

Aliás, nota-se, pelo extenso rol do art. 18 da LGPD, a abrangência que se pretendeu dar à proteção de dados, a partir de uma série de outros direitos conferidos ao titular dos dados pessoais, desdobramentos do direito à autodeterminação informativa. São eles: "I - confirmação da existência de tratamento; II - acesso aos dados; III - correção de dados incompletos, inexatos ou desatualizados; IV - anonimização, bloqueio ou eliminação de dados desnecessários, excessivos ou tratados em desconformidade com o disposto nesta Lei; V - portabilidade dos dados a outro fornecedor de serviço ou produto, mediante requisição expressa, de acordo com a regulamentação da autoridade nacional,[11] observados os segredos comercial e industrial; VI - eliminação dos dados pessoais tratados com o consentimento do titular; VII - informação das entidades públicas e privadas com as quais o controlador realizou uso compartilhado de dados; VIII - informação sobre a possibilidade de não fornecer consentimento e sobre as consequências da negativa; IX - revogação do consentimento".

11 A Autoridade Nacional de Proteção de Dados (ANPD), criada pela Lei 13.853/2019, é órgão da administração pública federal responsável por zelar, implementar e fiscalizar o cumprimento da LGPD (art. 5º, XIX, da LGPD).

Para a melhor compreensão de tais direitos, podemos analisá-los em quatro grandes blocos: (i) direito de acesso e qualidade de dados; (ii) direito de informação (direito de se informar, de ser informado e de informar); (iii) direito à portabilidade; e (iv) direito de bloqueio, eliminação e anonimização. Vejamos cada um deles.

1.1 Direito de acesso e qualidade de dados

A LGPD consagra, em seu art. 6º, incisos IV e V, como dois de seus princípios basilares, o de livre acesso e de qualidade de dados. Tais princípios estabelecem a garantia ao titular de consulta gratuita e facilitada sobre a forma e a duração do tratamento, bem como sobre a integralidade de seus dados pessoais.

O estabelecimento da gratuidade, repelindo a cobrança de despesas para o procedimento de acesso, traduz-se no artigo 18, § 5º, da LGPD, ao dispor que o requerimento de acesso seja atendido sem custos para o solicitante. O referido dispositivo estabelece que é vedada a cobrança de qualquer custo para o exercício do direito de acesso, seja pela Autoridade Nacional de Proteção de Dados (ANPD), seja pelos agentes de tratamento (controladores e operadores) e encarregados.

No que concerne à consulta facilitada, a LGPD se preocupou inclusive com a operacionalização do direito de acesso, estabelecendo que o seu exercício se dará rapidamente e de forma simplificada. Neste sentido, o requerimento de acesso aos dados e confirmação acerca da existência de tratamento deverá ser atendido imediatamente, quando apresentado em formato simplificado, e, no prazo de até 15 (quinze) dias, contados da data do pedido, por meio de declaração clara e completa, que indique a origem dos dados, a inexistência de registro, os critérios utilizados e a finalidade do tratamento, observados os segredos comercial e industrial (art. 19, I e II).

Anote-se, contudo, que a impossibilidade de prejudicar os direitos ou as liberdades de terceiros, incluindo o segredo comercial ou a propriedade intelectual, não se presta a justificar a recusa de acesso a todas as informações ao titular dos dados. Em tais hipóteses, o acesso deverá ser concedido, ainda que parcialmente, a todos os dados que não prejudiquem os direitos e liberdades de terceiros. A negativa de acesso restringe-se ao estritamente necessário.[12]

Além disso, a escolha da forma de atendimento do pedido - eletrônica ou física - caberá ao requerente (arts. 18, I e II e 19, § 2º, I e II), impondo-se ao controlador, inclusive, que o armazenamento dos dados seja realizado em formato que favoreça o direito de acesso (art. 19, §1º), ou seja, que possibilite ao titular aceder diretamente aos seus dados pessoais.

Como se vê, ao estabelecer que a consulta deverá ser gratuita e facilitada, a finalidade da norma é eliminar eventuais obstáculos ao exercício do direito de acesso e qualidade de dados, de maneira que deverá ser repreendida toda e qualquer prática que vise dificultar o acesso aos dados pelo seu titular. Isto decorre do espírito de ampla proteção de dados pessoais da LGPD, inspirado no considerando 59 do GDPR:

> (59) Deverão ser previstas regras para facilitar o exercício pelo titular dos dados dos direitos que lhe são conferidos ao abrigo do presente regulamento, incluindo procedimentos para solicitar e, sendo caso disso, obter a título gratuito, em especial, o acesso a dados pessoais, a sua retificação ou o seu apagamento e o exercício do direito de oposição. O responsável pelo tratamento deverá fornecer os meios necessários para que os pedidos possam ser apresentados por via eletrônica, em especial quando os dados sejam também tratados por essa via. O responsável pelo tratamento deverá ser obrigado a responder aos pedidos do titular dos dados sem demora injustificada e o mais tardar no prazo de um mês e expor as suas razões quando tiver intenção de recusar o pedido.

O direito do titular de acesso e qualidade de dados não se resume à possibilidade de aceder a seus dados pessoais, mas também engloba

---

12 Trata-se de um paralelo traçado com a Lei n. 12.527/2011 ("Lei de Acesso à Informação") que garante ao cidadão o acesso à parte não sigilosa da informação (isto é, acesso parcial).

o direito de exigir a correção de erros, inexatidões ou desatualizações (art. 18, III). Conforme a doutrina de Fermín Morales Prats,[13] ao tratar da "identidade informática", deve ser resguardado o direito de conhecer, corrigir, subtrair ou anular, bem como agregar dados depositados. Trata-se de faculdades dos titulares que derivam do direito de acesso aos bancos de dados e tem por intuito assegurar um maior controle dos dados que dizem respeito ao indivíduo.

A possibilidade de o titular de dados exigir a correção de erros, inexatidões ou desatualizações é também inspirada em princípio previsto no GDPR - art. 5º (1)(d),[14] qual seja: o princípio da exatidão. Tal princípio pressupõe que os dados inexatos sejam retificados sem demora e, inclusive, o direito do titular de requerer a completude de seus dados, considerando as finalidades do tratamento (art. 16, GDPR).[15]

Além disso, caso tenha ocorrido o compartilhamento dos dados anteriormente à correção de erros, inexatidões ou desatualizações, o responsável pelo tratamento deverá informar a correção aos agentes de tratamento, de modo a garantir que tal direito seja efetivamente cumprido (art. 18, §6º). Assegura-se, pois, que o titular tenha um controle efetivo sobre os seus dados pessoais, ainda que no bojo do processo dinâmico de uso e compartilhamento dos dados por terceiros.

Em breve síntese, o direito de acesso e qualidade de dados garante ao titular um maior controle sobre os seus dados, estabelecendo, dentre outras hipóteses, a possibilidade de: (i) confirmar a existência e

---

13 PRATS, Fermín Morales. La tutela penal de la intimidad: privacy e informática. Barcelona: Ediciones Destino, 1984, p. 47.

14 "Artigo 5º Princípios relativos ao tratamento de dados pessoais. 1. Os dados pessoais são: (...) d) Exatos e atualizados sempre que necessário; devem ser adotadas todas as medidas adequadas para que os dados inexatos, tendo em conta as finalidades para que são tratados, sejam apagados ou retificados sem demora («exatidão»);"

15 "Artigo 16. Direito de retificação. O titular tem o direito de obter, sem demora injustificada, do responsável pelo tratamento a retificação dos dados pessoais inexatos que lhe digam respeito. Tendo em conta as finalidades do tratamento, o titular dos dados tem direito a que os seus dados pessoais incompletos sejam completados, incluindo por meio de uma declaração adicional".

duração de tratamento de dados; (ii) corrigir dados incompletos, inexatos ou desatualizados; e (iii) obter cópia integral de seus dados pessoais de forma gratuita, célere e simplificada, através de meio eletrônico ou físico.

1.2 Direito à portabilidade

O direito à portabilidade, previsto no art. 18, inciso V, da LGPD, liga-se ao direito de acesso na medida em que é facultado ao usuário receber a integralidade de seus dados de maneira estruturada e de leitura automática, seja para seu conhecimento, seja para transmiti-los a terceiro. Neste mesmo sentido, o art. 20 (2) do GDPR dispõe acerca do "direito de receber os dados pessoais que lhe digam respeito e que tenha fornecido a um responsável pelo tratamento, num formato estruturado, de uso corrente e de leitura automática, e o direito de transmitir esses dados a outro responsável pelo tratamento".

A portabilidade é outra ferramenta prevista na lei que tem por intuito reforçar o controle do titular sobre os seus dados, possibilitando que sejam utilizados inclusive para facilitar a migração do titular para prestador de serviços concorrente. Dessa forma, evita-se que o consumidor sofra com eventuais obstáculos à troca do prestador de serviços.

O art. 18, inciso V, da LGPD estabelece que também o direito à portabilidade deverá observar os segredos comercial e industrial. Neste sentido, o titular tem direito de acesso integral aos seus dados pessoais, excluídos os dados inferidos ou derivados pelo controlador, como aqueles gerados pelos próprios provedores.

Quando os dados forem gerados por decisões automatizadas, a possibilidade de acesso deverá ser analisada caso a caso, uma vez que os dados podem estar incluídos no próprio conteúdo do direito à portabilidade, como, por exemplo, o histórico de uso de determinado website ou serviço. No entanto, o controlador, quando se recusar a tomar as providências em razão de eventual "segredo do negócio", deverá motivar a sua recusa, podendo o titular solicitar explicações ou mesmo se opor à falta de motivação ou motivação inadequada ou insuficiente.

Assim como o direito de acesso, o direito à portabilidade deverá ser exercido de maneira facilitada e gratuita, além de realizado com eficiência e segurança. No entanto, tal direito não pode ser exercido fora dos padrões de razoabilidade, observando as características do controlador, especialmente em face de eventuais limitações técnicas e custos envolvidos para que se proceda a portabilidade. Sempre que seja técnica e economicamente possível, o titular poderá exigir que os seus dados pessoais sejam transmitidos diretamente entre os responsáveis pelo tratamento.

Além disso, para a concretização do direito à portabilidade, caberá ao Estado brasileiro, através da Autoridade Nacional de Proteção de Dados (ANPD), elaborar diretrizes que orientem os responsáveis pelo tratamento de dados a desenvolverem formatos interoperáveis que permitam a portabilidade dos dados.

1.3 Direito de informação (direito de se informar, de ser informado e de informar)

O direito de informação é assegurado na Constituição federal de 1988, em seus arts. 5°, IV, IX e XIV, e 220 e abarca "os atos de buscar, receber e difundir informações, que correspondem aos direitos de se informar, de ser informado e de informar".[16]

Tanto o regulamento europeu quanto a LGPD prescrevem o direito de informação. Similarmente ao GDPR, na lei brasileira o direito de informação funda-se como um pressuposto para o exercício dos outros direitos, à medida em que tem por intuito garantir ao titular de dados um tratamento equitativo e transparente.

Neste sentido, a Autoridade Nacional de Proteção de Dados (ANPD) deverá exercer o importante papel de "promover na população o conhecimento das normas e das políticas públicas sobre proteção

---

16 CUEVA, Ricardo Villas Bôas. "Proteção de dados pessoais e direito ao esquecimento". *In*: Laura Schertel Mendes; Danilo Doneda; Ingo Wolfgang Sarlet; Otavio Luiz Rodrigues Jr.; Bruno Bioni. (Org.). Tratado de Proteção de Dados Pessoais. 1ed.Rio de Janeiro: Forense, 2021, p. 640.

de dados pessoais e das medidas de segurança", conforme estabelece o art. 55-J, inciso VI, da LGPD.

A LGPD estabelece obrigações do controlador de informar os critérios utilizados, a finalidade do tratamento e o seu fundamento – seja com base em consentimento do titular, seja com base em lei - independentemente de provocação do cidadão, de maneira que se diminua a assimetria de informações entre as partes envolvidas. É a partir de tais informações que o titular dos dados pessoais poderá avaliar a licitude do tratamento e compartilhamento de dados.

O controlador deverá ainda informar (i) a possibilidade de revogação do consentimento, nos termos do § 5° do artigo 8° da lei (art. 18, incisos I a IX); (ii) medidas perante a Autoridade Nacional de Proteção de Dados (ANPD), bem como perante os organismos de defesa do consumidor (art. 18, §§ 1° e 8°); (iii) quanto à oposição a tratamento realizado com fundamento em uma das hipóteses de dispensa de consentimento, uma vez descumprida a lei (art. 18, § 2°), (iv) os critérios e os procedimentos utilizados, mormente quando da tomada de decisões automatizadas (§ 1° do art. 20); dentre outros.

Ao contrário do RGDP, que elenca quais informações o controlador deverá prestar e em quais momentos (arts. 13 (2)(f),[17] 14 (2)(g)[18] e 15

17 "Artigo 13. Informações a facultar quando os dados pessoais são recolhidos junto do titular. (...) 2. Para além das informações referidas no n.o 1, aquando da recolha dos dados pessoais, o responsável pelo tratamento fornece ao titular as seguintes informações adicionais, necessárias para garantir um tratamento equitativo e transparente: (...) f) A existência de decisões automatizadas, incluindo a definição de perfis, referida no artigo 22, n.os 1 e 4, e, pelo menos nesses casos, informações úteis relativas à lógica subjacente, bem como a importância e as consequências previstas de tal tratamento para o titular dos dados".

18 "Artigo 14. Informações a facultar quando os dados pessoais não são recolhidos junto do titular. (...) 2. Para além das informações referidas no n.o 1, o responsável pelo tratamento fornece ao titular as seguintes informações, necessárias para lhe garantir um tratamento equitativo e transparente: (...) g) A existência de decisões automatizadas, incluindo a definição de perfis referida no artigo 22.o, n.os 1 e 4, e, pelo menos nesses casos, informações úteis relativas à lógica subjacente, bem como a importância e as consequências previstas de tal tratamento para o titular dos dados".

(1)(h)[19] do GDPR), na lei brasileira não se encontram artigos similares. No entanto, não é passível de dúvidas ou entre dúvidas que o titular deverá ser informado previamente ao tratamento e compartilhamento dos dados. Aliás, nas hipóteses em que a lei exige, além do dever de informar, o consentimento, nos termos do art. 7º, I, da LGDP, o titular também deverá ter plena ciência acerca da possibilidade de não fornecer consentimento e sobre as consequências da negativa.

Além disso, se por um lado, os controladores têm a obrigação de prestar todas as informações, de maneira espontânea, necessárias para que o titular possa compreender os seus direitos e como exercê-los; por outro, os titulares podem solicitar do controlador o fornecimento de quaisquer informações, resguardados os segredos comerciais e industriais, e impor informações sobre os seus dados, quando, por exemplo, verifique-se a necessidade de sua correção.

Para o efetivo exercício do direito de informação em quaisquer de seus elementos (a saber, direitos de se informar, de ser informado e de informar), o art. 6º, inciso VI, da LGPD garante aos titulares a clareza e acessibilidade de informações sobre os seus dados pessoais. Tais requisitos são repetições do disposto no considerando 39 do RGDP:

> (39) O tratamento de dados pessoais deverá ser efetuado de forma lícita e equitativa. Deverá ser transparente para as pessoas singulares que os dados pessoais que lhes dizem respeito são recolhidos, utilizados, consultados ou sujeitos a qualquer outro tipo de tratamento e a medida em que os dados pessoais são ou virão a ser tratados. O princípio da transparência exige que as informações ou comunicações relacionadas com o tratamento

19 "Artigo 15. Direito de acesso do titular dos dados. 1. O titular dos dados tem o direito de obter do responsável pelo tratamento a confirmação de que os dados pessoais que lhe digam respeito são ou não objeto de tratamento e, se for esse o caso, o direito de aceder aos seus dados pessoais e às seguintes informações: (...) h) A existência de decisões automatizadas, incluindo a definição de perfis, referida no artigo 22, n.os 1 e 4, e, pelo menos nesses casos, informações úteis relativas à lógica subjacente, bem como a importância e as consequências previstas de tal tratamento para o titular dos dados".

> desses dados pessoais sejam de fácil acesso e compreensão, e formuladas numa linguagem clara e simples. Esse princípio diz respeito, em particular, às informações fornecidas aos titulares dos dados sobre a identidade do responsável pelo tratamento dos mesmos e os fins a que o tratamento se destina, bem como às informações que se destinam a assegurar que seja efetuado com equidade e transparência para com as pessoas singulares em causa, bem como a salvaguardar o seu direito a obter a confirmação e a comunicação dos dados pessoais que lhes dizem respeito que estão a ser tratados. As pessoas singulares a quem os dados dizem respeito deverão ser alertadas para os riscos, regras, garantias e direitos associados ao tratamento dos dados pessoais e para os meios de que dispõem para exercer os seus direitos relativamente a esse tratamento. Em especial, as finalidades específicas do tratamento dos dados pessoais deverão ser explícitas e legítimas e ser determinadas aquando da recolha dos dados pessoais.

Como se vê, a LGPD ambiciona a garantia de ampla transparência aos titulares de dados, contudo, permanece uma incógnita como será tratado o direito de informação no Brasil. Deverá ser realizado um esforço por parte de todos os setores da sociedade e, principalmente, da Autoridade Nacional de Proteção de Dados (ANPD) para conscientizar e orientar o titular de dados e os responsáveis pelo tratamento acerca do direito de informação.

1.4 Direito de bloqueio, eliminação e anonimização

A LGPD prevê o direito do titular de obter dos responsáveis pelo armazenamento e tratamento de seus dados pessoais o bloqueio ou eliminação de dados, seja porque se verifique que são desnecessários ou excessivos, o que violaria o princípio da necessidade (art. 6°, III), seja porque utilizados em desconformidade com o que dispõe a lei, em virtude do princípio da finalidade (art. 6°, I), que determina a realização do tratamento para propósitos legítimos, específicos, explícitos e informados ao titular.

Trata-se de uma limitação imposta ao controlador e encarregados, na medida em que a conservação dos dados é autorizada para as finalidades descritas na lei e somente até que tais finalidades sejam alcançadas. A limitação à conservação é inclusive elencada dentre os princípios que regem o tratamento de dados pessoais no art. 5º (1)(e), do RGDP:

> 1. Os dados pessoais são:
>
> (...)
>
> e) Conservados de uma forma que permita a identificação dos titulares dos dados apenas durante o período necessário para as finalidades para as quais são tratados; (...)

Os conceitos de bloqueio e eliminação são definidos no art. 5º, incisos XIII e XIV, respectivamente, da LGPD. O bloqueio é a "suspensão temporária de qualquer operação de tratamento, mediante guarda do dado pessoal ou do banco de dados"; ao passo que a eliminação caracteriza a "exclusão de dado ou de conjunto de dados armazenados em banco de dados". É dizer: o bloqueio é uma medida temporária e a eliminação é o apagamento de maneira definitiva dos dados do titular.

Cumpre esclarecer que o bloqueio e a eliminação também são elencados como espécies de sanções a serem aplicadas pela Autoridade Nacional de Proteção de Dados (ANPD), nos termos do art. 52, incisos V e VI, da LGPD. Disto, contudo, não decorre uma suposta descaracterização do bloqueio e eliminação de dados como direitos do titular, oponíveis diretamente aos responsáveis pelo tratamento. Os direitos de bloqueio e eliminação de dados constam expressamente no capítulo III, "DOS DIREITOS DO TITULAR", mais especificamente no art. 18, inciso IV da LGPD.

O direito de bloqueio previsto no art. 18, inciso IV da LGPD não possui paralelo no GDPR. Ao tentar encontrar instituto que se aproxime do direito de bloqueio no GDPR, Ricardo Villas Bôas

Cueva[20] aponta o direito à limitação do tratamento, previsto no art. 18 do GDPR, apesar de admitir que tal direito não se confunde com o direito de bloqueio:

> (...) talvez a forma mais próxima seja o direito à limitação do tratamento, previsto no art. 18 do RGPD, que pode ser resumido como o direito à restrição temporária do tratamento ou da utilização dos dados em certas hipóteses especificadas na norma, entre elas a situação em que "o tratamento for lícito e o titular dos dados se opuser ao apagamento dos dados pessoais e solicitar, em contrapartida, a limitação da sua utilização;" (art. 18, 1, b, do RGPD).

Como se vê, o direito de bloqueio caracteriza a suspensão temporária de qualquer operação de tratamento, o que não se restringe à limitação do tratamento previsto no art. 18 do GDPR. Por outro lado, não se pode afirmar que não existiria a possibilidade de o titular dos dados requerer a limitação do tratamento com base na legislação brasileira. Isso porque, considerando que o titular tem o direito de impedir o tratamento de seus dados em determinadas hipóteses, poderia também impor limites ao tratamento. *In eo quod plus est semper inest et minus.*[21] Há a possibilidade de o titular impor restrições ao tratamento de seus dados, desde que seja compatível com os parâmetros estabelecidos pelo diploma legal.

Quanto ao direito de eliminação, para a sua devida compreensão, o inciso IV do art. 18 da LGPD deve ser analisado conjuntamente com o inciso VI do mesmo dispositivo, de maneira que a eliminação de dados pelo titular terá lugar não só quando verificada a realização

---

20 CUEVA, Ricardo Villas Bôas. "Proteção de dados pessoais e direito ao esquecimento". *In*: Laura Schertel Mendes; Danilo Doneda; Ingo Wolfgang Sarlet; Otavio Luiz Rodrigues Jr.; Bruno Bioni. (Org.). Tratado de Proteção de Dados Pessoais. 1ed.Rio de Janeiro: Forense, 2021, p. 639

21 "Àquele a quem se permite o mais, não se deve negar o menos".

de tratamento ilícito ou de dados desnecessários ou excessivos, mas também, dentre outras hipóteses, quando o titular retira o seu consentimento e no término do tratamento de dados – caso não exista outro fundamento jurídico para o referido tratamento. É dizer: há a possibilidade de eliminação dos dados pessoais quando o tratamento tiver por fundamento o consentimento, seja na hipótese de revogação do consentimento ou mesmo no término do prazo de tratamento de dados.

No entanto, o art. 16 da LGPD estabelece exceções ao exercício do direito de eliminação após o término do tratamento, quais sejam: (i) o cumprimento de obrigação legal ou regulatória pelo controlador (art. 16, I); (ii) a transferência a terceiro, desde que respeitados os requisitos de tratamento de dados dispostos na lei (art. 16, III); (iii) o uso exclusivo pelo controlador (art. 16, IV); ou (iv) para estudo por órgão de pesquisa (art. 7º, IV; 11, II, c; 13 e 16, II).

Deveras, a hipótese elencada no inciso IV do art. 16, que autoriza a manutenção dos dados para o uso exclusivo do controlador, é excessivamente ampla, o que pode prejudicar a própria eficácia do direito de eliminação dos dados do titular. Porém, neste caso, deverá ser observada a restrição do acesso aos dados por terceiro, além de garantido o direito do titular à anonimização dos dados, conforme determina o próprio inciso IV do art. 16 da LGPD.

O direito à anonimização, também previsto no art. 18, inciso IV, da LGPD, não se confunde com o bloqueio e nem com a eliminação de dados. A anonimização é definida no art. 5º, XI, da LGPD como a "utilização de meios técnicos razoáveis e disponíveis no momento do tratamento, por meio dos quais um dado perde a possibilidade de associação, direta ou indireta, a um indivíduo".

Na esteira dos direitos de bloqueio e eliminação, a possibilidade de anonimização também se coloca na hipótese de dados desnecessários ou excessivos. Aliás, posto que poderá ser realizado o armazenamento, compartilhamento e tratamento apenas dos dados estritamente necessários para o alcance de suas finalidades, a LGPD determina que, sempre que possível, haja a anonimização dos dados utilizados em pesquisas (arts. 7º, IV, 11, II, "c", 13 e 16, II).

A anonimização abrange todo o ciclo de vida de um dado (desde sua coleta até o seu descarte), de maneira que os dados anonimizados não serão considerados dados pessoais, exceto se a anonimização for revertida ou puder ser revertida, com esforços razoáveis (art. 12 da LGPD), de acordo com os padrões técnicos a serem definidos pela Autoridade Nacional de Proteção de Dados (ANPD).

Com relação a todos os três direitos de eliminação, bloqueio e anonimização, a LGPD determina, quanto ao procedimento, a obrigação de o controlador adotar providências imediatamente, sem demora injustificada, após a solicitação realizada pelo titular dos dados, o que deverá abranger toda a cadeia percorrida - caso se verifique o seu compartilhamento (art. 18, §§4º e 6º) -, para garantir a efetividade do exercício de tais direitos. No entanto, conforme alerta o considerando 66 do RGDP,[22] não se pode exigir a adoção de medidas desarrazoadas do responsável pelo tratamento, levando em conta a tecnologia disponível e os meios ao seu dispor.

Conclusão

A LGPD, alinhada ao regulamento europeu, é um marco jurídico importante em matéria de proteção de dados. Ao incorporar o direito fundamental à autodeterminação informativa e seus corolários - direito de acesso e qualidade de dados; direito de informação (direito de se informar, de ser informado e de informar); direito à portabilidade;

---

22 "(66) Para reforçar o direito a ser esquecido no ambiente por via eletrô nica, o âmbito do direito ao apagamento deverá ser alargado através da imposição ao responsável pelo tratamento que tenha tornado públicos os dados pessoais da adoção de medidas razoáveis, incluindo a aplicação de medidas técnicas, para informar os responsáveis que estejam a tratar esses dados pessoais de que os titulares dos dados solicitaram a supressão de quaisquer ligações para esses dados pessoais ou de cópias ou reproduções dos mesmos. Ao fazê-lo, esse responsável pelo tratamento deverá adotar as medidas que se afigurarem razoáveis, tendo em conta a tecnologia disponível e os meios ao seu dispor, incluindo medidas técnicas, para informar do pedido do titular dos dados pessoais os responsáveis que estejam a tratar os dados".

e direito de bloqueio, eliminação e anonimização -, a LGPD tem por objetivo a garantia da ampla proteção do titular de dados pessoais.

No entanto, não há dúvidas de que o novel diploma legal vem acompanhado de relevantes desafios de implementação, principalmente no que tange aos direitos dos titulares de dados, impondo-se uma mudança de cultura corporativa e organizacional tanto no setor privado quanto no setor público.

Dada a amplitude da LGPD, espera-se que o Estado brasileiro promova os mecanismos necessários para que o titular possa exercer o efetivo controle sobre os seus dados. Neste sentido, a Autoridade Nacional de Proteção de Dados (ANPD) deverá desempenhar suas atribuições, sobretudo no aspecto informativo e educacional, elaborando diretrizes e orientando quanto aos procedimentos para a proteção de dados.

Resta saber se o Estado brasileiro fornecerá o devido aparato aos cidadãos e aos responsáveis pelo tratamento de dados e se haverá uma atuação da Autoridade Nacional de Proteção de Dados (ANPD) de maneira democrática e transparente para que se assegure aos titulares a proteção sobre os seus dados.

Referências bibliográficas

BOBBIO, Norberto. *L'età dei diritti*. Torino: Einaudi, 2014.

CUEVA, Ricardo Villas Bôas. "Proteção de dados pessoais e direito ao esquecimento". *In:* Laura Schertel Mendes; Danilo Doneda; Ingo Wolfgang Sarlet; Otavio Luiz Rodrigues Jr.; Bruno Bioni. (Org.). *Tratado de Proteção de Dados Pessoais*. 1. ed. Rio de Janeiro: Forense, 2021.

DONEDA, Danilo. "Panorama histórico da proteção de dados pessoais". *In:* DONEDA, Danilo et al. (Coord.). *Tratado de proteção de dados pessoais*. Rio de Janeiro: Forense, 2021.

FERRAZ JUNIOR, Tércio Sampaio. Sigilo de dados: o direito à privacidade e os limites à função fiscalizadora do Estado. *Revista da Faculdade de Direito*, v. 88. São Paulo: 1993, pp. 449-454.

PEREZ, Marcos. "Invasão de privacidade chancelada por lei". *In:* UOL folha Piauí. Disponível em: https://piaui.folha.uol.com.br/invasao-de-privacidade-chancelada-por-lei/. Acesso em: 13 jul. 2021.

PRATS, Fermín Morales. *La tutela penal de la intimidad:* privacy e informática. Barcelona: Ediciones Destino, 1984.

SAMPAIO, José Adércio Leite. "Comentário ao art. 5º, inciso X". *In:* CANOTILHO, J. J. Gomes; MENDES, Gilmar F.; SARLET, Ingo W.; Streck, Lenio L. (Coords.). *Comentários à Constituição do Brasil.* São Paulo: Saraiva/Almedina, 2013.

Informação bibliográfica deste texto, conforme a NBR 6023:2002 da Associação Brasileira de Normas Técnicas (ABNT):

CAPÍTULO VI - OS DIREITOS BÁSICOS PARA A PROTEÇÃO DE DADOS - Valdir Moysés Simão; Diana Carolina Biseo Henriques

SIMÃO, Valdir Moysés; HENRIQUES, Diana Carolina Biseo. "Os direitos básicos para a proteção de dados". *In:* MARINHO, Gustavo; VALIM, Rafael; WARDE, Walfrido; SIMÃO, Valdir. *Aspectos relevantes da Lei Geral de Proteção de Dados.* São Paulo: Editora Contracorrente, 2021.

CAPÍTULO VII

OBRIGAÇÕES E RESPONSABILIDADES DOS AGENTES DE TRATAMENTO DE DADOS

Michelle Toshiko Terada

Introdução

Desde a publicação da Lei Geral de Proteção de Dados em 15 de agosto de 2018 (Lei nº 13.709), todos estão se preparando para se adequar às regras, que, finalmente, entraram em vigor no dia 18 de setembro de 2020, com exceção das regras a respeito das sanções administrativas, que somente entrarão em vigor a partir do dia 1º de agosto de 2021.[1]

A Lei Geral de Proteção de Dados (LGPD) dispõe sobre o tratamento de dados pessoais, inclusive nos meios digitais e tem por objetivo proteger os direitos fundamentais de liberdade e privacidade e o

1 Art. 20, da Lei nº 14.010/2020, que alterou a vigência das regras a respeito das sanções administrativas, do dia 1º de janeiro de 2021 para 1º de agosto de 2021.

livre desenvolvimento da personalidade da pessoa natural, como bem esclarece o art. 1º[2] da referida Lei.

Por sua vez, também dispõe a respeito dos instrumentos para o controle de tais dados, ainda que de forma genérica, o que deverá ser regulamentado no futuro e adaptado conforme o surgimento de problemas. Uma das formas de controle são os chamados agentes de tratamento de dados pessoais: o controlador e o operador, responsáveis pela manutenção de registros e gestão do controle de dados e que carregam inúmeras obrigações e responsabilidades.

Embora a Lei tenha definido como agentes de tratamento de dados o controlador e o operador, também não podemos esquecer da figura do encarregado, indicado pelo controlador e operador, e que funciona como um canal de comunicação entre o controlador, os titulares dos dados e a Autoridade Nacional de Proteção de Dados.[3]

Considerando, principalmente, o âmbito de aplicabilidade da LGPD, será fundamental entendermos qual será de fato o papel dos agentes de tratamento de dados pessoais, suas funções e como irão atuar na prática. E, também, como serão responsabilizados civilmente[4] caso haja algum desrespeito à Lei.

---

2 Art. 1º Esta Lei dispõe sobre o tratamento de dados pessoais, inclusive nos meios digitais, por pessoa natural ou por pessoa jurídica de direito público ou privado, com o objetivo de proteger os direitos fundamentais de liberdade e de privacidade e o livre desenvolvimento da personalidade da pessoa natural.

Parágrafo único. As normas gerais contidas nesta Lei são de interesse nacional e devem ser observadas pela União, Estados, Distrito Federal e Municípios.

3 Decreto nº 10.474, de 26 de agosto de 2020, que aprovou a estrutura regimental e o Quadro demonstrativo dos cargos em comissão e das funções de confiança da Autoridade Nacional de Proteção de Dados e remaneja e transforma cargos em comissão e funções de confiança.

4 Isso porque a LGPD prevê sanções administrativas aos agentes de tratamento de dados, em razão das infrações cometidas às normas previstas na lei, conforme previsão contida no art. 52. As sanções podem ser: a) advertência; b) multa simples, de até 2% do faturamento da empresa, limitado a cinquenta milhões de reais, por infração; c) multa diária, observado o limite de cinquenta milhões; d) publicização da infração; e) bloqueio dos dados pessoais a que se refere a infração

É sobre este tema que iremos tratar.

Se pensamos na responsabilidade de tal encargo, é natural que haja consequências em razão de eventual descuido dos agentes de tratamento de dados, principalmente quando a manipulação de dados envolver dados pessoais sensíveis.[5]

É por isso que a Lei Geral de Proteção de Dados define quem são os agentes de tratamento de dados; estabelece as atribuições de cada um, impõe sanções administrativas e, por fim, dispõe sobre a responsabilidade civil e ressarcimento de danos.

Embora não tenha tratado de forma explícita a respeito da responsabilidade civil como sendo subjetiva ou objetiva, como ocorreu com o Código de Defesa do Consumidor, certo é que tratou do tema, conforme veremos ao longo deste artigo.

O que podemos afirmar é que independentemente dos esforços de inúmeros juristas neste momento, muitas dúvidas deverão surgir após o início da vigência e aplicação da lei aos casos concretos, o que demandará muito estudo e reflexão.

Por enquanto, resta-nos aguardar e observar como os agentes de tratamento de dados, que serão os responsáveis pelo cuidado e gestão de um de nossos bens mais preciosos (nossos dados pessoais), irão agir no caso concreto e como serão punidos caso atuem irregularmente na manipulação dos dados pessoais.

---

até sua regularização; e) eliminação dos dados pessoais a que se refere a infração; f) suspensão parcial do funcionamento do banco de dados por até seis meses, prorrogável por igual período até a regularização da atividade pelo controlador; g) suspensão do exercício da atividade de tratamento dos dados pessoais a que se refere a infração por até seis meses, prorrogável por igual período; h) proibição parcial ou total do exercício de atividades relacionadas a tratamento de dados.

5 É considerado dado pessoal sensível pela LGPD (art. 5°, II), o dado pessoal de origem racial ou étnica, convicção religiosa, opinião política, filiação a sindicato ou a organização de caráter religioso, filosófico ou político, dado referente à saúde ou à vida sexual, dado genético ou biométrico, quando vinculado a uma pessoa natural.

1. Breve histórico sobre o tratamento de dados

Com a chegada da Internet, encurtamos as distâncias e, atualmente, estamos conectados a tudo e a todos.[6] Podemos ter acesso às informações de praticamente todas as pessoas com apenas um clique, por meio de sites de busca, assim como em redes sociais. Ou seja, com toda esta conectividade e facilidade de acesso às informações, nossa privacidade foi mitigada, o que torna necessário refletirmos a respeito da forma como nossos dados são manipulados.

Antigamente era muito mais fácil o controle dos nossos dados, eis que restritos a impressos em papel. Bastava termos a certeza de que os papéis seriam inutilizados. Mas, atualmente, no mundo digital em que vivemos, onde é rotina preenchermos formulários eletrônicos em sites para compras, para cadastros de todos os tipos, para responder pesquisas etc., não temos como saber como os dados são armazenados e onde estão armazenados.[7]

Se pararmos para pensar: como estes dados que praticamente entregamos nas mãos de desconhecidos são tratados e arquivados? Como ter a certeza de que estão seguros e como serão utilizados?

Há uns anos, tivemos um escândalo no Reino Unido com a empresa Cambridge Analytica, que afirmou ter utilizado dados de milhões de usuários do Facebook, sem seu consentimento.

Este episódio catastrófico acabou comprovando o temor de todos a respeito da manipulação e mau uso dos dados armazenados,

---

6 "As novas tecnologias da informação estão integrando o mundo em redes globais de instrumentalidade. A comunicação mediada por computadores gera uma gama enorme de comunidades virtuais". CASTELLS, Manuel. *A sociedade em rede*. Trad. Roneide Venancio Majer. 8 ed. São Paulo: Paz e Terra, 1999. p. 57.

7 Atualmente temos o armazenamento em nuvem, uma tecnologia que permite armazenar dados num servidor "on line", ou seja, com o uso da Internet. Por isso, acessíveis em qualquer lugar e a qualquer momento, desde que haja conexão com a Internet.

preocupação existente há tempos,[8] o que foi potencializado com a chegada da Internet.

É por isso que se fez necessário a regulamentação da proteção dos dados pessoais, o que já vem ocorrendo há tempos em todo o Mundo, conforme verificaremos no breve histórico que passaremos a expor.

Historicamente, em se tratando de tratamento de dados privados, podemos considerar o Privacy Act[9] (Lei da Privacidade), promulgada em 1974, nos Estados Unidos da América, como um dos primeiros atos, a regulamentar o tratamento de dados em âmbito nacional, ainda que de forma parcial, por abranger apenas a Administração Pública. Verifica-se que o objetivo era regular a coleta, manutenção, uso e disseminação de informações pessoais por agências federais, com previsão, inclusive, da reponsabilidade civil das agências federais com atuação contrária às disposições legais, causando danos aos indivíduos com dados violados.

A Alemanha também iniciou os estudos em meados de 1970 com a publicação do Ato de proteção de dados de Hesse, que já tratava da necessidade de cuidar as informações armazenadas em meio digital, mas somente em 1977 publicou a Bundesdatenschutzgesetz – BDSG (Lei Federal sobre Proteção de Dados), seguida por diversos países europeus.

---

8 Em julho de 1966 foi publicado pelo Governo dos Estados Unidos da América um texto denominado "The Computer and invasion of privacy", em que já havia a preocupação a respeito do tratamento dos dados pessoais, em especial aqueles armazenados para pesquisas, e em banco de dados do Governo. Interessante leitura, em que podemos observar as discussões de estudiosos e pesquisadores, que embora tenha sido publicado em 1966, retrata esta preocupação existente há tempos, e, principalmente, desde que os computadores foram criados. Disponível em https://books.google.com.br/books?id=LmAnLmmKJesC&pg=PA129&lpg=PA129&dq=tHE+Computer+and+the+invasion+of+privacy+E+ARTIGO+PUBLICADO&source=bl&ots=p8bxzgdK1&sig=ACfU3U3e_OOAcmt0hWTTNTnO23XZN0AQrw&hl=ptBR&sa=X&ved=2ahUKEwjz88znh6zpAhWsGbkGHQToCQYQ6AEwAHoECAYQAQ#v=onepage&q=tHE%20Computer%20and%20the%20invasion%20of%20privacy%20E%20ARTIGO%20PUBLICADO&f=false. Acesso em 13.06.2021.

9 Disponível em: https://www.justice.gov/opcl/overview-privacy-act-1974-2015-edition. Acesso em 13.06.2021.

Portugal, por exemplo, acabou tratando do assunto em sua Constituição da República Portuguesa, em 1976, que em seu artigo 35[10] tratou da utilização da informática, tendo assegurado o direito de acesso de todos os cidadãos aos dados informatizados que lhe digam respeito.

A França, por sua vez, desde janeiro de 1978,[11] por meio da Lei geral francesa de proteção das liberdades e processamento automatizado

---

10 "Artigo 35°

(Utilização da informática)

1. Todos os cidadãos têm o direito de acesso aos dados informatizados que lhes digam respeito, podendo exigir a sua retificação e actualização, e o direito de conhecer a finalidade a que se destinam, nos termos da lei.

2. A lei define o conceito de dados pessoais, bem como as condições aplicáveis ao seu tratamento automatizado, conexão, transmissão e utilização, e garante a sua protecção, designadamente através de entidade administrativa independente.

3. A informática não pode ser utilizada para tratamento de dados referentes a convicções filosóficas ou políticas, filiação partidária ou sindical, fé religiosa, vida privada e origem étnica, salvo mediante consentimento expresso do titular, autorização prevista por lei com garantias de não discriminação ou para processamento de dados estatísticos não individualmente identificáveis.

4. É proibido o acesso a dados pessoais de terceiros, salvo em casos excepcionais previstos na lei.

5. É proibida a atribuição de um número nacional único aos cidadãos.

6. A todos é garantido livre acesso às redes informáticas de uso público, definindo a lei o regime aplicável aos fluxos de dados transfronteiras e as formas adequadas de protecção de dados pessoais e de outros cuja salvaguarda se justifique por razões de interesse nacional.

Os dados pessoais constantes de ficheiros manuais gozam de protecção idêntica à prevista nos números anteriores, nos termos da lei".

11 Confira-se texto do Autor Demócrito Reinaldo Filho, de 31/08/2005, em que noticia que a imagem de um indivíduo é um dado pessoal, conforme decidido pela autoridade nacional de proteção de dados da França, com base nessa lei francesa de 1978, o que demonstra o avanço para a época em que publicada. Frise-se que, conforme nota do Autor, somente foi modificada pela Lei nº 2004-801, de 6 de agosto de 2004 em razão da necessidade de transposição, para o direito interno francês, de disposições da diretiva europeia. Disponível em: https://ambitojuridico.com.br/edicoes/revista-22/a-imagem-de-um-individuo-e-dado-pessoal-a-decisao-da-autoridade-francesa-de-protecao-de-dados-e-suas-consequeencias/. Acesso em: 13 jun. 2021.

de dados (la loi "informatique et libertés"), garantiu os direitos fundamentais das pessoas físicas quanto aos dados pessoais, tanto na esfera pública, quanto na esfera privada.

Na Europa, portanto, diversos países se movimentaram quanto a proteção dos dados pessoais e o seu tratamento, também, em meio digital. A evolução foi gradativa e culminou na publicação da General Data Protection Regulation (GDPR), em vigor desde 25 de maio de 2018 na União Europeia.

Enfim, no Brasil, não com tanto detalhamento, a Constituição federal[12] de 1988 acabou por garantir a inviolabilidade da privacidade e intimidade em seu art. 5º,[13] X, assim como estabeleceu o habeas data no inciso LXIX, que garante a todos o conhecimento de informações constantes de registros ou banco de dados de entidades governamentais ou de caráter público.

Diversas leis esparsas acabaram tratando a respeito dos dados pessoais, ainda que de forma sucinta, tais como:

---

12 É importante ressaltar que há uma proposta de Emenda Constitucional, de no. 17/2019, que inclui a proteção de dados pessoais entre os direitos fundamentais do cidadão. Disponível em: https://www.camara.leg.br/proposicoesWeb/prop_mostrarintegra?codteor=1773684&filename=PEC+17/2019. Acesso em 12.06.2021.

13 Art. 5º Todos são iguais perante a lei, sem distinção de qualquer natureza, garantindo-se aos brasileiros e aos estrangeiros residentes no País a inviolabilidade do direito à vida, à liberdade, à igualdade, à segurança e à propriedade, nos termos seguintes:

(...)

X - são invioláveis a intimidade, a vida privada, a honra e a imagem das pessoas, assegurado o direito a indenização pelo dano material ou moral decorrente de sua violação;

LXIX - conceder-se-á mandado de segurança para proteger direito líquido e certo, não amparado por *habeas corpus* ou *habeas data*, quando o responsável pela ilegalidade ou abuso de poder for autoridade pública ou agente de pessoa jurídica no exercício de atribuições do Poder Público;

a) O Código de Defesa do Consumidor (Lei nº 8.078/1990), que tratou sobre o cadastro e banco de dados nos artigos 42 a 45;

b) Lei Geral de Telecomunicações (Lei nº 9.472/1997), que assegura ao usuário de serviços de telecomunicações o respeito de sua privacidade nos documentos de cobrança e na utilização de seus dados pessoais pela prestadora do serviço (Art. 3º, IX);

c) Lei de acesso à informação (Lei nº 12.527/2011), que regula o acesso a informações previsto no art. 5º, XXXIII, da Constituição Federal: "todos têm direito a receber dos órgãos públicos informações de seu interesse particular, ou de interesse coletivo ou geral, que serão prestadas no prazo da lei, sob pena de responsabilidade, ressalvadas aquelas cujo sigilo seja imprescindível à segurança da sociedade e do Estado".

d) Lei Carolina Dieckmann (Lei nº 12.737/2012), que tipificou delitos informáticos: Invasão de dispositivo informático; Interrupção ou perturbação de serviço telegráfico, telefônico, telemático ou de informação de utilidade pública e equiparou o cartão de crédito como documento particular, sujeito a falsificação.

e) Marco Civil da Internet (Lei nº 12.965/2014 e Decreto nº 8.771/2016), que tratou a proteção da privacidade e dos dados pessoais, na forma da lei, como princípios (Art. 3º, II e III).

Mas, somente com a Lei Geral de Proteção de Dados (Lei nº 13.709/2018, de 14 de agosto de 2018), passamos a ter uma legislação específica a respeito do tratamento e dados pessoais.

Portanto, apesar da demora, o Brasil, finalmente, possui uma lei que trata especificamente do tratamento e proteção dos dados pessoais.

Inspirada na GDPR, a lei brasileira consolida as normas sobre proteção de dados e dispõe sobre o tratamento de dados pessoais, inclusive nos meios digitais, por pessoa natural ou pessoa jurídica de direito público ou privado.

2. Definições legais e atribuições dos agentes de tratamento de dados pessoais

2.1 Definições legais

O art. 5º da Lei Geral de Proteção de Dados lista uma série de definições importantes e estabelece o que considera como agentes de tratamento:[14] o controlador e o operador, além da figura do encarregado e o que vem a ser tratamento de dados.

Vejamos a transcrição dos dispositivos que tratam das referidas definições:

> Art. 5º Para os fins desta Lei, considera-se:
>
> (...)
>
> VI – controlador: pessoa natural ou jurídica, de direito público ou privado, a quem competem as decisões referentes ao tratamento de dados pessoais;
>
> VII – operador: pessoa natural ou jurídica, de direito público ou privado, que realiza o tratamento de dados pessoais em nome do controlador;
>
> VIII - encarregado: pessoa indicada pelo controlador e operador para atuar como canal de comunicação entre o controlador, os titulares dos dados e a Autoridade Nacional de Proteção de Dados (ANPD);
>
> (...)
>
> IX – agentes de tratamento: o controlador e o operador;
>
> X - tratamento: toda operação realizada com dados pessoais, como as que se referem a coleta, produção, recepção, classificação, utilização, acesso, reprodução, transmissão, distribuição,

---

14 A LGPD também trata da figura do encarregado, como pessoa indicada pelo controlador e operador para atuar como canal de comunicação entre o controlador, os titulares dos dados e a Autoridade Nacional de Proteção de Dados.

> processamento, arquivamento, armazenamento, eliminação, avaliação ou controle da informação, modificação, comunicação, transferência, difusão ou extração.

O controlador, portanto, é a pessoa natural ou jurídica, de direito público ou privado, a quem competem as decisões referentes ao tratamento de dados pessoais.

O operador, por sua vez, é a pessoa natural ou jurídica, de direito público ou privado, nomeado pelo controlador, e que realiza o tratamento de dados pessoais em nome do controlador.

Como se percebe, o que os diferencia é o poder de decisão, que está integralmente nas mãos do controlador. O art. 39 da LGDP deixa muito clara esta diferença ao estabelecer que o operador deve realizar o tratamento segundo as instruções fornecidas pelo controlador.

O encarregado por sua vez, embora não tenha sido considerado como agente de tratamento de dados pela LGPD, na definição prevista no art. 5° IX, é citado no Capítulo VI, que trata dos agentes de tratamento de dados Pessoais. Por isso, podemos considerá-lo, sim, como um dos agentes de tratamento de dados, eis que ele deve ser indicado pelo controlador para atuar como canal de comunicação entre o controlador, os titulares dos dados e a Autoridade Nacional de Proteção de Dados (ANPD).

Da leitura dos dispositivos, portanto, podemos perceber que a Lei Geral de Proteção de Dados traz as definições de quem são os agentes de tratamento de dados e o que é tratamento, assim como traz as principais atribuições do controlador, operador e encarregado, o que será tratado abaixo.

2.2 As atribuições e deveres dos Controladores, Operadores e o Encarregado

Definidos os conceitos de controlador, operador e encarregado, necessário esclarecermos suas principais atribuições e deveres.

De acordo com Cíntia Rosa Pereira de Lima,[15] as principais obrigações do controlador são:

> a) elaborar relatório de impacto de proteção de dados pessoais quando determinado pela ANPD (art. 38 LGPD);
>
> b) manter registro das operações de tratamento de dados (art. 37 LGPD);
>
> c) dever de notificação sobre qualquer ocorrência de incidente de segurança que possa acarretar risco ou dano relevante aos titulares dos dados pessoais (art. 48 LGPD);
>
> d) adotar medidas de segurança, técnicas e administrativas para a proteção de dados pessoais (art. 46 LGPD);
>
> e) formular regras de boas práticas e de governança (art. 50 LGPD);
>
> f) dever de informar (transparência) e de respeitar os demais direitos dos titulares estabelecidos no art. 17 e seguintes da LGPD; e
>
> g) dever de sigilo.

Conforme se verifica, as atribuições dos controladores são de extrema relevância, por serem os responsáveis pelo tratamento dos dados pessoais, desde sua coleta até sua eliminação, devendo, inclusive, orientar o operador, que deverá seguir suas ordens.

Assim, as principais obrigações do operador são:

a) cumprir todas as determinações da LGPD e,

b) seguir estritamente as ordens do controlador.

15 DE LIMA, Cíntia Rosa. "Agentes de Tratamento de Dados Pessoais (Controlador, Operador e Encarregado pelo Tratamento de Dados Pessoais): Comentários à lei geral de proteção de dados". *In*: DE LIMA; Cintia Rosa Pereira (Coord.). 1ª ed. São Paulo: Almedina, 2020, p. 290.

Somente não estará obrigado a seguir ordem ilícita do controlador, sob pena de responder solidariamente com este, conforme dispõe o inciso I, do § 1° Do art. 42, da LGPD.

Por fim, as principais atribuições do encarregado estão previstas no § 2°, do art. 41, da LGPD, quais sejam:

a) irá aceitar reclamações e comunicações dos titulares, prestar esclarecimentos e adotar providências;

b) receber comunicações dos titulares, prestar esclarecimentos e adotar providência;

c) orientar funcionários e os contratados da entidade a respeito das práticas a serem tomadas em relação à proteção de dados pessoais; e

d) executar as demais atribuições determinadas pelo controlador ou estabelecidas em normas complementares".

Importante ressaltar com relação ao encarregado, que a autoridade nacional (ANPD) poderá estabelecer normas complementares sobre a definição e atribuições, inclusive hipóteses de dispensa da necessidade de sua indicação, de acordo a natureza e o porte da entidade ou o volume de operações de tratamento de dados (art. 41, § 3°, da LGPD).

Diante do exposto, portanto, certo é que todos devem cumprir o seu papel como agentes de tratamento de dados, observando, sempre, a boa fé e os princípios, previstos no art. 6° da LGPD: finalidade; adequação; necessidade; livre acesso; qualidade dos dados; transparência; segurança; prevenção; não discriminação; responsabilização e prestação de contas.

3. Responsabilidade civil e ressarcimento de danos

3.1 Conceito de Responsabilidade Civil e suas espécies: responsabilidade subjetiva e objetiva

Antes de ingressarmos na responsabilidade civil dos agentes de tratamento de dados, necessário tecermos algumas considerações a respeito deste instituto jurídico.

No Código Civil, a responsabilidade civil é tratada especialmente no Título IX (artigos 927 a 954), em que trata da obrigação de indenizar e da indenização, mas reporta à parte geral, que trata dos atos ilícitos (artigos 186 a 188).[16]

Portanto, basicamente, quando pensamos em responsabilidade civil, já temos em mente o antecedente de alguma ação praticada que acarretou algum dano, o que justifica sua reparação.[17]

---

16 "Art. 186. Aquele que, por ação ou omissão voluntária, negligência, ou imprudência, violar direito e causar dano a outrem, ainda que exclusivamente moral, comete ato ilícito.

Art. 187. Também comete ato ilícito o titular de um direito que, ao exercê-lo, excede manifestamente os limites impostos pelo seu fim econômico ou social, pela boa fé ou pelos bons costumes.

Art. 188. Não constituem atos ilícitos:

I – os praticados em legítima defesa ou no exercício regular de um direito reconhecido.

II – a deterioração ou destruição da coisa alheia, ou a lesão a pessoa, a fim de remover perigo iminente.

Parágrafo único. No caso do inciso II, o ato será legítimo somente quando as circunstâncias o tornarem absolutamente necessário, não excedendo os limites do indispensável para a remoção do perigo.

17 Vide *caput* do art. 927 do Código Civil que preceitua que: "Aquele que, por ato ilícito (art. 186 e 187) causar dano a outrem, fica obrigado a repará-lo.

Maria Helena Diniz,[18] baseada nas ideias de Oswaldo Aranha Bandeira de Mello, conceitua responsabilidade civil como: "a aplicação de medidas que obriguem alguém a reparar dano moral ou patrimonial causado a terceiros em razão de ato do próprio imputado, de pessoa por quem ele responde, ou de fato de coisa ou animal sob sua guarda ou, ainda, de simples imposição legal".

Deste conceito, podemos extrair os seguintes pressupostos da responsabilidade civil: a) existência de uma ação, comissiva ou omissiva; b) dano, e, c) nexo de causalidade entre a ação e o dano.

Sem nos aprofundarmos em cada um dos pressupostos, podemos concluir que dentro da ação (comissiva ou omissiva), existem aquelas fundadas na culpa, o que pressupõe uma ação ilícita, ou fundadas no risco, cuja responsabilidade, não obstante a ação tenha sido lícita, decorre da lei. Feito este esclarecimento, chegamos aos conceitos de responsabilidade subjetiva e objetiva, que é o que nos interessa.

A responsabilidade subjetiva, fundada na teoria subjetiva, depende de demonstração da culpa ou dolo por aquele que sofreu a lesão, conforme dispõe o *caput* do art. 927,[19] do Código Civil.

Por outro lado, a responsabilidade objetiva,[20] fundada na teoria do risco, independe da demonstração da culpa, quer dizer, é irrelevante

---

18 DINIZ, Maria Helena. *Curso de Direito Civil Brasileiro*: Responsabilidade Civil. 33. ed. São Paulo: Saraiva, 2019, p. 50.

19 "Art. 927. Aquele que, por ato ilícito (Arts. 186 e 187), causar dano a outrem, fica obrigado a repará-lo.

Parágrafo único. Haverá obrigação e reparar o dano, independentemente de culpa, nos casos, especificados em lei, ou quando a atividade normalmente desenvolvida pelo autor do dano implicar, por sua natureza, risco para os direitos de outrem".

20 "Duas, portanto, são as hipóteses em que se admite a responsabilidade civil objetiva. A primeira delas depende de expressa previsão legal nesse sentido, situação já consagrada em nosso ordenamento jurídico, mesmo antes da vigência do Código Civil de 2002. A segunda, que retrata significativa inovação trazida pelo novo diploma legal, decorre de valoração do caso concreto a ser feita pelo magistrado. Isto é, independentemente de haver previsão legal, se atividade normalmente desenvolvida pelo autor do dano, dada sua natureza e importância, expõe pessoas a risco de prejuízos, gerando situação de perigo, está o magistrado autorizado a adotar,

se a conduta do agente é dolosa ou culposa, bastando o nexo de causalidade entre o dano sofrido pela vítima e a ação praticada pelo agente, conforme dispõe o parágrafo único do art. 927, do Código Civil.

Portanto, podemos concluir que nosso ordenamento jurídico prevê como regra a responsabilidade subjetiva, que depende da demonstração da culpa ou dolo do agente e, excepcionalmente, a responsabilidade objetiva, que independe da demonstração da culpa, mas apenas nos casos especificados em lei,[21] ou quando a atividade normalmente desenvolvida pelo autor do dano implicar, por sua natureza, risco para os direitos de outrem.

3.2 Responsabilidade civil dos Controladores, Operadores e o Encarregado

Conforme esclarecido, os agentes de tratamento de dados possuem enorme responsabilidade, por lidarem com um bem, cuja proteção é considerada por muitos como direito fundamental do cidadão.[22]

---

na hipótese, a responsabilidade civil independentemente de culpa. Tal novidade representa importante instrumento conferido pelo legislador para a obtenção de soluções justas, em respeito aos novos paradigmas em que se alicerça o Direito Civil Moderno". SAMPAIO, Rogério Marrone de Castro. *Direito Civil*: responsabilidade civil. São Paulo: Atlas, 2003, p. 29.

21 Temos vários casos especificados em lei: Código de Defesa do Consumidor, que prevê expressamente a responsabilidade objetiva dos fabricantes, produtores, construtores, importadores, comerciantes e fornecedores dos serviços, conforme disposto nos artigos 12 a 14.

No próprio Código Civil, também temos a responsabilidade objetiva dos empresários individuais e as empresas pelos danos causados pelos produtos postos em circulação, conforme disposto no art. 931.

A Lei anticorrupção, por sua vez, trata da responsabilidade objetiva da pessoa jurídica.

Portanto, são diversas as situações previstas em lei a respeito da responsabilidade objetiva, o que não ocorreu de forma expressa na LGPD.

22 Aqui no Brasil, há uma Proposta de Emenda Constitucional, de no. 17/2019, que inclui a proteção de dados entre os direitos fundamentais do cidadão.

É por isto que ao controlador cabe observar todas as obrigações contidas na LGPD, devendo, principalmente, orientar corretamente o operador, sob pena de ser responsabilizado por eventuais danos patrimoniais, morais, individuais ou coletivos, inclusive pelos atos praticados pelo operador, se diretamente envolvido no ato que acabar gerando danos, conforme estabelece o art. 42[23] da LGPD.

A responsabilidade e o ressarcimento de danos são tratados nos artigos 42 a 45, da LGPD, seguindo a regra geral prevista no Código Civil.[24]

Da leitura dos referidos dispositivos, nota-se que a responsabilidade no âmbito da LGPD, como regra, é a responsabilidade subjetiva e somente em se tratando de relações de consumo a responsabilidade será objetiva, conforme expressa previsão contida no art. 45,[25] da LGPD.

---

23 Art. 42. O controlador ou o operador que, em razão do exercício de atividade de tratamento de dados pessoais, causar a outrem dano patrimonial, moral, individual ou coletivo, em violação à legislação de proteção de dados pessoais, é obrigado a repará-lo.

§ 1° A fim de assegurar a efetiva indenização ao titular dos dados:

I - o operador responde solidariamente pelos danos causados pelo tratamento quando descumprir as obrigações da legislação de proteção de dados ou quando não tiver seguido as instruções lícitas do controlador, hipótese em que o operador equipara-se ao controlador, salvo nos casos de exclusão previstos no art. 43 desta Lei;

II - os controladores que estiverem diretamente envolvidos no tratamento do qual decorreram danos ao titular dos dados respondem solidariamente, salvo nos casos de exclusão previstos no art. 43 desta Lei.

§ 2° O juiz, no processo civil, poderá inverter o ônus da prova a favor do titular dos dados quando, a seu juízo, for verossímil a alegação, houver hipossuficiência para fins de produção de prova ou quando a produção de prova pelo titular resultar-lhe excessivamente onerosa.

§ 3° As ações de reparação por danos coletivos que tenham por objeto a responsabilização nos termos do *caput* deste artigo podem ser exercidas coletivamente em juízo, observado o disposto na legislação pertinente.

§ 4° Aquele que reparar o dano ao titular tem direito de regresso contra os demais responsáveis, na medida de sua participação no evento danoso.

24 Responsabilidade subjetiva e objetiva.

25 Art. 45. As hipóteses de violação do direito do titular no âmbito das relações de consumo permanecem sujeitas às regras de responsabilidade previstas na legislação pertinente.

Esse entendimento é corroborado por Tarcísio Teixeira e Ruth Maria Guerreiro da Fonseca,[26] conforme se verifica da transcrição abaixo:

> A responsabilidade civil do agente de tratamento de dados prevista na LGPD é tida como responsabilidade sui generis, ou seja, a responsabilização do agente decorre da violação à lei, sendo que em se tratando de relação de consumo essa responsabilidade será objetiva.
>
> Extrai-se da lei de proteção de dados que os critérios para a responsabilização do agente são: a ocorrência de dano e a violação à legislação de proteção de dados pessoais e/ou violação da segurança dos dados, não se tratando aqui em culpa. Em caso de violação da segurança dos dados cumpre destacar que se o agente de tratamento tomou todas as medidas acautelatórias para evitar o incidente isso será levado em conta para a modulação de eventual penalidade administrativa e certamente contará também para o proferimento de decisão judicial.

Conforme se observa, o controlador e o operador, em razão do exercício de atividade de tratamento de dados pessoais serão responsabilizados, na eventualidade de causarem danos ao titular dos dados pessoais, devendo ser comprovada a violação à LGPD, a ocorrência do dano e o nexo de causalidade. Somente em se tratando de relações de consumo, a responsabilidade dos agentes de tratamento de dados será objetiva.

Importante ressaltar que a responsabilidade dos agentes de tratamento de dados será solidária quando o operador descumprir as obrigações legais ou quando não tiver seguido as instruções lícitas do controlador, assim como quando os controladores estiverem diretamente

---

26 DA FONSECA ARMELIM, Ruth Maria Guerreiro. TEIXEIRA, Tarcísio. "Responsabilidade e Ressarcimento de Danos por Violação às Regras Previstas na LGPD: Comentários à lei geral de proteção de dados". *In*: DE LIMA; Cintia Rosa Pereira (Coord.). 1. Ed. São Paulo: Almedina, 2020, p. 306.

envolvidos no tratamento do qual decorreram danos ao titular dos dados, conforme expressa disposição contida nos incisos I e II do §1º. do art. 42, da LGPD.

Por outro lado, o art. 43, da LGPD cuida da exclusão da responsabilidade dos agentes de tratamento de dados, que só não serão responsabilizados quando provarem:

a) que não realizaram o tratamento de dados pessoais que lhe é atribuído;

b) que, embora tenham realizado o tratamento de dados pessoais que lhes é atribuído, não houve violação à legislação de proteção de dados, ou

c) que o dano é decorrente de culpa exclusiva do titular dos dados ou de terceiro.

Portanto, é de rigor que os agentes de tratamento de dados adotem medidas de segurança que possam ser efetivamente comprovadas, caso haja algum incidente de vazamento ou mau uso de dados, considerando, inclusive, a possibilidade da inversão do ônus da prova a favor do titular dos dados, conforme previsão contida no § 2º Do art. 42 da LGPD.

É importante esclarecer que os dispositivos que tratam da responsabilidade e do ressarcimento de dados mencionam os controladores e operadores. Mas como ficaria a responsabilidade do encarregado, nomeado pelo controlador, caso atue em desconformidade com a Lei? Este será um tema que, certamente, deverá ser objeto de regulamentação posterior pela Autoridade Nacional, conforme estabelece o § 3º do art. 41, da LGPD.

Até o momento, o que é possível extrair, embora a Lei não mencione expressamente o encarregado, é a sua responsabilidade seguirá como a dos demais agentes, ou seja, todo aquele que, por ato ilícito, causar dano a outrem fica obrigado a repará-lo, caso em que os encarregados, se diretamente envolvidos no dano causado ao titular de dados, responderão solidariamente.

Conclusão

Diante de todo o exposto, é fato que a Lei Geral de Proteção de Dados já impactou a todos.

A maioria das empresas já se adequaram às regras. Os cidadãos, por outro lado, terão mais segurança e conhecimento sobre a gestão de seus dados pessoais, e poderão usar adequadamente uma arma valiosa: o consentimento.

Muitas dúvidas surgirão, o que será um desafio, cabendo à sociedade, pelos meios apropriados, ao Legislativo, ao Judiciário e aos aplicadores do Direito solucioná-las, adequando às necessidades.

Considerando os dados pessoais como bens que merecem a devida proteção, o que já ocorre há tempos, temos que nos preocupar com aqueles que fazem o tratamento destes dados.

Por isto a necessidade de definirmos quem são os responsáveis pelo tratamento dos dados pessoais, quais suas atribuições, seus deveres e suas responsabilidades, por lidarem com um bem por demais valioso.

Podemos concluir, portanto, que são agentes de tratamento de dados: o controlador, o operador e o encarregado.

As principais atribuições e deveres estão previstos na Lei Geral de Proteção de Dados, mas caberá à Autoridade Nacional regulamentar e tratar a respeito do tema mais detidamente, assim como a respeito das atribuições a responsabilidade civil do encarregado, não tratado de forma explícita pela LGPD.

A princípio a LGPD adotou a responsabilidade subjetiva como regra e somente em se tratando de relações de consumo, mantida a responsabilidade objetiva, tal como previsto pelo Código de Defesa do Consumidor.

O assunto é vasto e somente na prática poderemos verificar como a Legislação será aplicada ao caso concreto.

Referências bibliográficas

CASTELLS, Manuel. *A sociedade em rede*. Trad. Roneide Venancio Majer. 8 ed. São Paulo: Paz e Terra, 1999.

DA FONSECA ARMELIM, Ruth Maria Guerreiro. TEIXEIRA, Tarcísio. "Responsabilidade e Ressarcimento de Danos por Violação às Regras Previstas na LGPD: Comentários à lei geral de proteção de dados". *In:* DE LIMA; Cintia Rosa Pereira (Coord.). 1ª ed. São Paulo: Almedina, 2020.

DE LIMA, Cíntia Rosa. "Agentes de Tratamento de Dados Pessoais (Controlador, Operador e Encarregado pelo Tratamento de Dados Pessoais): Comentários à lei geral de proteção de dados". *In:* DE LIMA; Cintia Rosa Pereira (Coord.). 1ª ed. São Paulo: Almedina, 2020.

DINIZ, Maria Helena. *Curso de Direito Civil Brasileiro*: Responsabilidade Civil. 33ª ed. São Paulo: Saraiva, 2019.

REINALDO FILHO, Demócrito. "A imagem de um indivíduo é dado pessoal – a decisão da autoridade francesa de proteção de dados e suas consequências". Âmbito Jurídico, 31 ago. 2005. Disponível em: https://ambitojuridico.com.br/edicoes/revista-22/a-imagem-de-um-individuo-e-dado-pessoal-a-decisao-da-autoridade-francesa-de-protecao-de-dados-e-suas-consequeencias/. Acesso em: 12 jun. 2021.

SAMPAIO, Rogério Marrone de Castro. *Direito Civil*: responsabilidade civil. São Paulo: Atlas, 2003.

Informação bibliográfica deste texto, conforme a NBR 6023:2002 da Associação Brasileira de Normas Técnicas (ABNT):

CAPÍTULO VII - OBRIGAÇÕES E RESPONSABILIDADES DOS AGENTES DE TRATAMENTO DE DADOS - Michelle Toshiko Terada

TERADA, Michelle Toshiko. "Obrigações e responsabilidades dos agentes de tratamento de dados". *In:* MARINHO, Gustavo; VALIM, Rafael; WARDE, Walfrido; SIMÃO, Valdir. *Aspectos relevantes da Lei Geral de Proteção de Dados*. São Paulo: Editora Contracorrente, 2021.

CAPÍTULO VIII

EVOLUÇÃO E CENÁRIO ATUAL DA PROTEÇÃO DE DADOS PESSOAIS NOS SETORES PRIVADO E PÚBLICO

Renato Afonso Gonçalves

Introdução

Um dos ativos mais valorosos da atualidade é o dos dados pessoais. As transformações que ensejaram a sociedade digital globalizada, iniciada a partir da segunda metade do século XX, fizeram com que dados de caráter pessoal circulassem livremente pelos meios eletrônicos, superando as barreiras do tempo e do espaço.

Nesse novo paradigma comunicacional em que diuturnamente as pessoas fornecem ou expõem dados pessoais sobre o nome, nacionalidade, estado civil, sexo, crédito e condição econômica, religião, educação, saúde, expressão política e hábitos sociais que integram o seu modus vivendi. De posse dessas informações poderosos conglomerados econômicos estabelecidos em todo território global, através de avançadas ferramentas tecnológicas, constituem um provável perfil do indivíduo. Os dados pessoais constituem verdadeiros ativos para as empresas privadas num mercado de economia digital em franca ascensão, e elementos de investigação para as autoridades públicas, sobretudo no combate à criminalidade e ao terrorismo.

O espaço virtual evoluiu rapidamente para o que hoje denomina-se *internet of things* – IoT, onde a exposição pessoal gerada pelas novas tecnologias quase sempre se dá de forma voluntária, sobretudo através das redes sociais. Mas essa exposição também se dá de forma involuntária, na interface do cidadão com o Estado e no estabelecimento de relações comerciais e de consumo que exigem o fornecimento de dados pessoais como condição para a aquisição de produtos e serviços, dos mais essenciais à sobrevivência humana aos mais supérfluos. Os chamados algoritmos permitem o armazenamento gigantesco de informações (*big data*) que são relacionados, agrupados e contextualizados para o controle social e econômico (*data mining*). Com isso, a definição de perfis permite aos detentores das novas tecnologias não só conhecerem melhor a realidade em que estão inseridos, mas, sobretudo, impingirem comportamentos desejados de acordo com os seus interesses econômicos ou políticos.

O Fórum Econômico Mundial, através de detido relatório sobre o assunto, classifica a obtenção massiva de dados de caráter pessoal em três vertentes, quais sejam, aqueles oferecidos voluntariamente através de redes sociais; aqueles observados, como nas hipóteses de geolocalização nos celulares; e aqueles inferidos, fornecidos para o estabelecimento de contratos.[1]

Trata-se, portanto, de uma indústria bilionária e poderosíssima cuja matéria prima preciosa consiste em nossos dados pessoais. Exemplo desse cenário é aquele referente à plataforma do Facebook. Em novembro de 2016 o portal BBC Brasil veiculou matéria apontando que o Facebook detinha 1,79 bilhão de usuários (1/4 da população mundial),

---

1 WORLD ECONOMIC FORUM - WEF. *Personal data*: the emergence of a new asset class. *World Economic Forum*, May 2011. Disponível em http://www3.weforum.org/docs/WEF_ITTC_PersonalDataNewAsset_Report_2011.pdf. Acesso em: 15 jun. 2021.

faturando 7 bilhões de dólares. Cerca de 90% desses rendimentos decorrem de anúncios publicitários, já que o Facebook "possibilita atingir públicos muito específicos, segmentados por idade, sexo, escolaridade, profissão e mesmo por seus passatempos. Ao abrir uma conta na rede de Zuckerberg, o usuário dá permissão para que sua informação pessoal seja utilizada pela rede. Tudo o que é postado permite que a rede social conheça nossos hábitos e gostos. Isso é exatamente o que se oferece aos anunciantes. É por isso que, se você gosta de viajar, certamente vê na página muitas propagandas de companhias aéreas. Se for estudante, talvez veja mais anúncios de fabricantes de computadores".[2]

Pois bem, o avanço tecnológico permitiu inúmeros e inegáveis avanços científicos. O mundo conectado prometia a divisão de experiencias entre as pessoas, o estabelecimento de um espaço contraposto à solidão, o armazenamento de nossas memórias e uma fonte de entretenimento. Tudo isso é verdade. Mas também é verdade que a conectividade livre nos transformou em mercadoria. A difusão de contratos de adesão em velocidade cada vez mais intensa não possibilita a leitura de seus termos e condições, comprometendo de sobremaneira a livre manifestação de vontade essencial ao estabelecimento de negócios jurídicos. A cada dia manifesta-se verdadeira catadupa de casos em que a privacidade exposta é violada.

Assim, vislumbra-se a imprescindível tarefa do Direito: compreender a nova realidade das relações humanas e compatibilizar a necessária harmonia entre avanço tecnológico e proteção dos direitos básicos da pessoa humana, verdadeiro padrão civilizatório conquistado às duras penas por séculos de história.

Nesse contexto se insere a proteção jurídica dos dados de caráter pessoal, objeto deste sintético artigo que abordará alguns de seus aspectos históricos e as linhas gerais de regulação da matéria na Europa e no Brasil.

---

2 QUANTO dinheiro o Facebook ganha com você (e como isso acontece). *BBC News Brasil*, 10 nov. 2016. Disponível em: https://www.bbc.com/portuguese/internacional-37898626. Acesso em: 15 jun. 2021.

1. Enquadramento jurídico e evolução da proteção de dados pessoais

Os aspectos atinentes à manipulação de dados pessoais guardam relação direta com proteção jurídica conferida à individualidade da pessoa humana, mormente a honra, privacidade e intimidade. Essa proteção ganhou status constitucional a partir de 1988, com a promulgação da Carta Magna que marca a ruptura definitiva com o sistema autoritário instalado no país em 1964.

A dignidade da pessoa humana integra os fundamentos da República (Art. 1°, III), consistindo em valor norteador de todo o sistema jurídico. A grande dimensão da dignidade da pessoa humana como princípio norteador do Direito é explicitada pelo jurista Marco Antonio Marques da Silva, ao ensinar que "a dignidade humana está ligada a três premissas essenciais: a primeira refere-se ao homem, individualmente considerado, sua pessoalidade e os direitos a ele inerentes, chamados de direitos da personalidade; a segunda, relacionada a inserção do homem na sociedade, atribuindo-lhe a condição de cidadão e seus desdobramentos; a terceira, ligada à questão econômica, reconhecendo a necessidade de promoção dos meios para a subsistência dos indivíduos".[3]

Nesse diapasão a Constituição Federal, como corolário da dignidade humana, confere proteção aos direitos da personalidade, prescrevendo que a pessoa tem direito a inviolabilidade da intimidade, da vida privada, da honra e da "imagem, assegurado o direito a indenização pelo dano material ou moral decorrente de sua violação" (Art. 5°, X). Consigne-se que esse preceito está em perfeita harmonia com o Art. XII da Declaração Universal dos Direitos do Homem, com os Artigos 16 e 17 do Pacto Internacional dos Direitos Civis e Políticos, e com os Artigos 11 e 18 da Convenção Americana de Direitos Humanos. Em outros dispositivos a Constituição amplia essa proteção ao dispor sobre

3 SILVA, Marco Antonio Marques da. "Cidadania e democracia: instrumentos para a efetivação da dignidade humana". *In*: MIRANDA, Jorge; SILVA, Marco Antonio Marques da (Coords.). *Tratado luso-brasileiro da dignidade humana.* 2. Ed. São Paulo: Quartier Latin, 2009, p. 224.

a proibição da interceptação de comunicações telefônicas, telegráficas e de dados (Art. 5°, XII); sobre a vedação à invasão de domicílio (Art. 5°, XI), a vedação à violação de correspondência (Art.5°, XII), assim como a garantia do Habeas Data para o conhecimento de informações oriundas de registros ou bancos de dados públicos e sua retificação. (Art. 5°, LXXII).

A Lei 10406/2002 - Código Civil, dedica os Artigos 11 ao 21 para a proteção dos direitos da personalidade, tais como os direitos à identidade, ao próprio corpo, ao nome, à imagem, à honra, e à vida privada. No entanto, como adverte Gilberto Haddad Jabur, "os direitos da personalidade são, diante de sua especial natureza, carentes de taxação exauriente e indefectível. São todos indispensáveis ao desenrolar saudável e pleno das virtudes psicofísicas que ornamentam a pessoa".[4]

A grande jurista Maria Helena Diniz, nos ensina que "a personalidade consiste no conjunto de caracteres próprios da pessoa. A personalidade não é um direito, de modo que seria errôneo afirmar que o ser humano tem direito à personalidade. A personalidade é que apoia os direitos e deveres que dela irradiam, é objeto de direito, é o primeiro bem da pessoa, que lhe pertence como primeira utilidade, para que ela possa ser o que é, para sobreviver e se adaptar às condições do ambiente em que se encontra, servindo-lhe de critério para aferir, adquirir e ordenar outros bens". [5] E prossegue a Mestra da PUC/SP, ao asseverar que os direitos da personalidade são "absolutos, intransmissíveis, indisponíveis, irrenunciáveis, ilimitados, imprescritíveis, impenhoráveis, inexpropriáveis e extrapatrimoniais".[6]

Nesse diapasão, a privacidade é a expressão mais ampla do espectro da vida humana e de sua personalidade. Deriva da expressão inglesa

4 JABUR, Gilberto Haddad. Liberdade de pensamento e direito à vida privada. São Paulo: *Revista dos Tribunais*, 2000, p. 28.

5 DINIZ, Maria Helena. *Curso de Direito Civil Brasileiro*. vol. 1. 22. Ed. rev. e atual. São Paulo: Saraiva, 2005, p. 121.

6 DINIZ, Maria Helena. *Curso de Direito Civil Brasileiro*. vol. 1. 22. Ed. rev. e atual. São Paulo: Saraiva, 2005, pp. 122-123.

privacy e do latim privus. Significa, portanto, tudo aquilo que é reservado do público ou exclusivo do particular, conformando-se como um aspecto negativo da liberdade, no sentido de ser um direito de estar só,[7] um direito a uma vida anônima,[8] ou ainda, um refúgio impenetrável para a coletividade.[9] Já a intimidade – intimus, é o núcleo central da privacidade, o espaço mais recôndito da vida humana.

Destes pressupostos, dignidade da pessoa humana e direitos da personalidade, é que surge a imperiosa proteção dos dados de caráter pessoal, ou um direito à proteção de dados pessoais. Trata-se de reconhecer que dados pessoais expressam o espectro de privacidade, intimidade e dignidade da pessoa. Nessa esteira, a doutrina construiu o direito a autodeterminação informativa,[10] um direito derivado da privacidade e intimidade em face dos novos tempos, que nasce da tensão dialética entre norma jurídica e realidade social, a partir da conjugação de fatores sociopolíticos, econômicos e culturais, que fazem surgir o amplo leque de situações jurídicas subjetivas, decorrentes da ampliação das esferas de atuação do indivíduo em sociedade.

A fragilização da privacidade ante as novas tecnologias é que fez surgir essa nova realidade com a produção de disposições constitucionais, legais ou precedentes jurisprudenciais em inúmeros países, inclusive no Brasil, a partir da segunda metade do século passado.

---

7 Expressão cunhada pelo juiz norte-americano Cooley, em 1873, e que é analisada em obra referencial sobre o assunto denominada *The right to privacy*, de Samuel Warren e Louis Brandeis, 1890. Versão espanhola: WARREN, Samuel; BRANDEIS, Louis. *El derecho a la intimidad*. Madrid: Civitas, 1995.

8 Noção de Adriano De Cupis. DE CUPIS, Adriano. *Os direitos da personalidade*. Trad. Adriano Vera Jardim e Antonio MiguelCaeiro. Lisboa: Livraria Morais, 1961.

9 Lição de Gilberto Haddad Jabur, *Liberdade de pensamento e direito à vida privada*. p. 225.

10 Obra central sobre o assunto foi produzida pelo Professor Doutor Pablo Lucas Murilo, ao analisar o Artigo 18 da Constituição espanhola. DE LA CUEVA, Pablo Lucas Murillo. *El derecho a la autodeterminación informativa*. Madrid: Tecnos, 1990.

Relatório produzido pela Organização para a Cooperação e Desenvolvimento Econômico – OCDE,[11] em 2015, identificou similaridade nos padrões básicos de proteção de dados pessoais em diversos países, fruto também da constante cooperação entre profissionais e cientistas de diversas áreas do conhecimento, preocupados com o crescente aumento do poder de Estados e grandes grupos econômicos, detentores de ferramentas aptas ao tratamento de dados de bilhões de pessoas. Essas similitudes também se devem ao fato de que com a globalização, as relações econômicas se intensificaram de tal forma que discrepâncias de normatização poderiam gerar entraves à relações comerciais no cenário internacional.

No campo da regulação constitucional aponta-se a Constituição portuguesa de 1976 (Art. 35), e Espanhola de 1978 (Art. 18), como textos que pioneiramente incorporaram de forma expressa a proteção de dados pessoais.

No campo legislativo, o destaque incide sobre a Alemanha com a edição da Lei Federal de Proteção de Dados (*Bundesdatenschuzgesetz* – BDSG) em 1977, expressando, como explica Gustavo Gil Gasiola, uma reação a "projetos estatais para implementar bancos de dados centralizados sobre a população, em meio à euforia tecnológica que marcou o pós-guerra. O choque entre a recente lembrança (ou presença) dos governos autoritários e a iminência de tais projetos levou ao reconhecimento expresso da proteção de dados perante às pretensões públicas de aumentar seu poder informacional".[12] O doutorando em Direito Público pela Universidade de Passau, Alemanha, esclarece que em 1983,

---

11 ORGANISATION FOR ECONOMIC CO-OPERATION AND DEVELOPMENT – OECD. *Guidelines on the Protection of Privacy and Transborder Flows of Personal Data*. Paris: 2015. Disponível em https://www.oecd.org/internet/ieconomy/oecdguidelinesontheprotectionofprivacyandtransborderflowsofpersonaldata.htm. Acesso em 15 jun. 2021.

12 GASIOLA, Gustavo Gil. Criação e desenvolvimento da proteção de dados na Alemanha: a tensão entre a demanda estatal por informações e os limites jurídicos impostos. *Jota*, 29 maio 2019. Disponível em: https://www.jota.info/opiniao-e-analise/artigos/criacao-e-desenvolvimento-da-protecao-de-dados-na-alemanha-29052019. Acesso em: 15 jun. 2021.

houve o reconhecimento do direito fundamental à autodeterminação informativa (*informationelles Selbstbestimung*) pelo Tribunal Constitucional Alemão (*Bundesverfassungsgericht* – TCA), ao julgar a Lei do Censo (*Volkszählungsurteil* – 1 BvR 209/83, de 15.02.1983). O Tribunal discutiu a constitucionalidade de uma lei federal que permitia a coleta e tratamento de dados para fins estatísticos, bem como a transmissão anonimizada desses dados para a execução de atividades públicas. Esclarece o pesquisador que "a permissão geral dada pela lei de comparação e troca de dados pessoais entre órgãos públicos, bem como a fixação da competência, foi considerada inconstitucional, por violar o princípio da autodeterminação informativa. O reconhecimento desse novo direito fundamental decorreu de uma interpretação do direito de personalidade e da dignidade da pessoa humana".[13]

Destaque-se também como referência a Lei Francesa nº 78-17, de 6 de janeiro de 1978, relativa ao tratamento de dados, arquivos e liberdades.[14] Seguindo esses exemplos, a Grã-Bretanha cria o Data Protection Act em 1984. Em 1992 é a vez da Espanha editar a Lei Orgânica nº 5 de Regulação ao Tratamento Automatizado dos Dados de Caráter Pessoal – LORTAD, destacando-se também a LOPD – Lei Orgânica de Proteção de Dados 15/1999 e a LOPDGDD - Lei Orgânica 3/2018, de Proteção de Dados Pessoais e garantia dos direitos digitais (executora do RGPD). Em Portugal, temos a Lei 67/98, Lei 41/2004 e Lei 33/2008. Nos E.U.A. o assunto foi objeto dos Fair Information Practice Principles, desenvolvido pelo Department of Health, Education and Welfare em 1973, pelo Privacy Act em 1974, e pelo Privacy Protection Act em 1980.

---

13 GASIOLA, Gustavo Gil. Criação e desenvolvimento da proteção de dados na Alemanha: a tensão entre a demanda estatal por informações e os limites jurídicos impostos. *Jota*, 29 maio 2019. Disponível em: https://www.jota.info/opiniao-e-analise/artigos/criacao-e-desenvolvimento-da-protecao-de-dados-na-alemanha-29052019. Acesso em: 15 jun. 2021.

14 Disponível no site da Commission nationale de l'informatique et des libertés. LA LOI "Informatique et Libertés". Loi n° 78-17 du 6 janvier 1978 relative à l'informatique, aux fichiers et aux libertés. Commission Nationale de l'Informatique et des Libertés (CNIL). *CNIL. Protéger les données personnelles, accompagner l'innovation, préserver les libertés individuelles*, 17 juin 2019. Disponível em: https://www.cnil.fr/fr/la-loi-informatique-et-libertes. Acesso em: 15 jun. 2021.

No Brasil, para além do tratamento constitucional já descrito, contamos com a Lei nº 13.709, de 14 de agosto de 2018, Lei Geral de Proteção de Dados – LGPD,[15] que trata da proteção de dados pessoais e que será objeto de nossas reflexões em tópico a seguir. Neste momento, cumpre-nos destacar que até a edição da LGPD o tema era regulado pelos Artigos 43 e 44 da Lei 8078/90, Código de Defesa do Consumidor – CDC;[16] pela Lei 9507, de 12 de novembro de 1997 – Habeas Data; pelo Decreto nº 7.962/2013 - Comércio Eletrônico; e pela Lei nº 12.965, de 23 de abril de 2014 - Marco Civil da Internet.

Mas a grande referência para os atuais modelos de proteção de dados pessoais é produzida pela União Europeia, que há muito tempo se debruça sobre o assunto, como pode-se observar pela Convenção de Estrasburgo de 1981, que tratou do direito à vida privada em face ao tratamento automatizado dos dados de carácter pessoal.[17]

A regulação europeia surge em 1995 com a edição da Diretiva 95/46/CE/1995, objetivando que seus Estados-membros assegurassem "a proteção das liberdades e dos direitos fundamentais das pessoas singulares, notadamente o direito à vida privada, no que diz respeito ao

---

15 A Lei 13.853, de 8 de julho de 2019 fez alterações na Lei 13709/2018. BRASIL. Presidência da República. *Lei nº 13.853, de 8 de julho de 2019*. Altera a Lei nº 13.709, de 14 de agosto de 2018, para dispor sobre a proteção de dados pessoais e para criar a Autoridade Nacional de Proteção de Dados; e dá outras providências. Disponível em: http://www.planalto.gov.br/ccivil_03/_ato2019-2022/2019/lei/L13853.htm. Acesso em: 15 jul. 2021.

16 Em 2002 publicamos a obra *Os Bancos de Dados das Relações de Consumo*. Nela traçamos um panorama da matéria no cenário internacional, cuidamos da análise dos bancos de dados no Brasil e nas relações de consumo, estudando, ainda, a garantia constitucional do *habeas data* e sua lei. Sobre o assunto ver: GONÇALVES, Renato Afonso. *Bancos de dados nas relações de consumo*. São Paulo: Max Limonad, 2002 EFING, Antônio Carlos. Bancos de dados e cadastros de consumidores. São Paulo: *Revista dos Tribunais*, 2002; BESSA, Leonardo Roscoe. O consumidor e os bancos de dados de proteção ao crédito. São Paulo: *Revista dos Tribunais*, 2003.

17 Texto integral em português acessível no *site* da Comissão Nacional de Proteção de Dados portuguesa: PORTUGAL. Comissão Nacional de Protecção de Dados. *Convenção para a Protecção das Pessoas Relativamente ao Tratamento Automatizado de Dados de Carácter Pessoal.*

tratamento de dados pessoais",[18] sendo complementada pela Diretiva 97/66, voltada ao setor das telecomunicações, e pelas Diretiva 2002/58 e 2006/24,[19] voltadas às comunicações eletrônicas.

Outro aspecto relevante é que o Tratado de Lisboa de 2007,[20] conferiu efeito vinculativo à Carta dos Direitos Fundamentais da União Europeia, que em seus Artigos 7º e 8º consagram o respeito à vida privada e familiar e à proteção de dados pessoais.[21]

---

18 PARLAMENTO EUROPEU. CONSELHO DA UNIÃO EUROPEIA. Directiva 95/46/CE do Parlamento Europeu e do Conselho, de 24 de outubro de 1995, relativa à protecção das pessoas singulares no que diz respeito ao tratamento de dados pessoais e à livre circulação desses dados. *Jornal Oficial, L 281 de 23/11/1995*, pp. 0031-0050. Disponível em: https://eur-lex.europa.eu/legal-content/PT/ALL/?uri=CELEX%3A31995L0046. Acesso em: 15 jun. 2021. Directiva 97/66/CE do Parlamento Europeu e do Conselho de 15 de dezembro de 1997 relativa ao tratamento de dados pessoais e à protecção da privacidade no sector das telecomunicações. *Jornal Oficial.* L 24, 30.1.1998, pp. 1-8. Disponível em https://eur-lex.europa.eu/legal-content/PT/TXT/?uri=CELEX%3A31997L0066. Acesso em: 15 jun. 2021.

19 Referida Diretiva surge após os ataques terroristas ocorridos em 2004 na cidade de Madrid, momento a partir do qual o Conselho Europeu passou a priorizar o debate sobre a utilização de dados coletados por provedores de comunicações eletrônicas como ferramenta em investigações criminais e cooperação internacional. PARLAMENTO EUROPEU. CONSELHO DA UNIÃO EUROPEIA. Directiva 2002/58/CE do Parlamento Europeu e do Conselho, de 12 de julho de 2002, relativa ao tratamento de dados pessoais e à proteção da privacidade no sector das comunicações electrónicas (Directiva relativa à privacidade e às comunicações electrónicas). *Jornal Oficial.* L 201, 31.7.2002, pp. 37-47. POR; Directiva 2006/24/CE do Parlamento Europeu e do Conselho, de 15 de março de 2006, relativa à conservação de dados gerados ou tratados no contexto da oferta de serviços de comunicações electrónicas publicamente disponíveis ou de redes públicas de comunicações, e que altera a Directiva 2002/58/CE. *Jornal Oficial.* L 105, 13.4.2006, pp. 54-63. Disponível em: https://eur-lex.europa.eu/legal-content/PT/TXT/?uri=CELEX%3A32006L0024. Acesso em:15 jun. 2021.

20 UNIÃO EUROPEIA. *Tratado de Lisboa.* Versão consolidada. Lisboa: Divisão de Edições da Assembleia da República, 2008. Disponível em https://www.parlamento.pt/europa/Documents/Tratado_Versao_Consolidada.pdf. Acesso em15.06.2021.

21 PARLAMENTO EUROPEU. CONSELHO DA UNIÃO EUROPEIA. Carta dos Direitos Fundamentais da União Europeia. (2000/C 364/01). *Jornal Oficial das Comunidades Europeias*, 18.12.2000. Disponível em: http://www.europarl.europa.eu/charter/pdf/text_pt.pdf. Acesso em: 15 jun. 2021.

Nesse diapasão, reconhecendo a necessidade de uniformidade do tratamento de dados pessoais e o desenvolvimento de um Mercado Único Digital,[22] a União Europeia editou o Regulamento (UE) 2016/679 do Parlamento Europeu e do Conselho de 27 de Abril de 2016, denominado Regulamento Geral de Proteção de Dados - RGPG, revogando a Diretiva 95/46/CE. Atente-se que nesse mesmo dia foram publicadas a Diretiva (UE) 2016/680, para proteger as pessoas singulares quanto ao tratamento de dados pessoais no âmbito de cooperação judiciária em matéria penal e cooperação policial, e a Diretiva (UE) 2016/681, relativa à utilização de dados pessoais para a identificação de passageiros no âmbito de combate ao terrorismo e grave criminalidade.

2. O RGPD europeu

Como visto o RGPD - Regulamento (UE) 2016/679, constitui, talvez, o mais importante diploma de proteção de dados na atualidade, na medida em que busca o necessário equilíbrio entre o desenvolvimento de um enorme mercado digital e a proteção de dados pessoais, gerando reflexos inclusive para aquelas nações que mantém relações comercias com a Europa. Esse diploma é fruto do processo de amadurecimento das experiências no tratamento da matéria no campo legislativo, regulatório e jurisprudencial.[23] Trata-se do reconhecimento de que a matéria adquire enormes proporções relativas à aspectos econômicos, sociais e culturais.

O RGPD, que entrou em vigor em 25 de maio de 2018, é composto por 173 considerandos e 99 Artigos, o que denota não só a

---

22 CONSELHO EUROPEU. CONSELHO DA UNIÃO EUROPEIA. *Mercado único digital na Europa*. Disponível em https://www.consilium.europa.eu/pt/policies/digital-single-market/. Acesso em: 15 jun. 2021.

23. Atente-se para os paradigmáticos acórdãos do Tribunal de Justiça da União Europeia: Digital Rights Ireland, de 2014 – Processos C-293/12 e C-594/12; Google Spain SL e Google Inc, de 2014 (Processo C-131/12); e Maximillian Schrems, de 2015 – Processo C-362/2014. TRIBUNAL DE JUSTIÇA DA UNIÃO EUROPÉIA. Disponível em https://curia.europa.eu/jcms/jcms/j_6/pt/. Acesso em 15.06.2021.

grande extensão do diploma, mas a preocupação do legislador europeu em detalhar o seu conteúdo visando a facilitação de sua aplicação, muito embora esteja prevista uma abertura legislativa e regulamentar para os Estados-Membros aprimorarem a sua aplicação em seus respectivos territórios.[24]

Desta feita, o Regulamento Europeu trata de fixar o âmbito de aplicação material e territorial das regras; fixar definições, princípios e condições para o tratamento das diferentes categorias de dados pessoais; conferir direitos dos titulares de dados pessoais; fixar regras atinentes aos responsáveis pela manipulação e seus subcontratantes; estabelecer regras para a transferência internacional de dados pessoais; fixar mecanismos públicos e administrativos de controle e sanções para a violação de seus preceitos; e normatizar a proteção de dados no âmbito das relações de trabalho.

Em apertadíssima síntese procuraremos apontar os principais aspectos do novel diploma europeu.

Incialmente, como sublinhado anteriormente, atente-se que o objetivo do RGPD é "contribuir para a realização de um espaço de liberdade, segurança e justiça e de uma união económica, para o progresso económico e social, a consolidação e a convergência das economias à nível do mercado interno e para o bem-estar das pessoas singulares".[25] Com isso, não se trata de proibir as atividades econômicas no mundo digital, muito pelo contrário, trata-se de garantir que essas atividades sejam exercidas tendo como pressuposto o respeito ao direito fundamental à proteção de dados, o que, por consequência, também garante uma leal concorrência entre os agentes econômicos. Como expressa o considerando 7 do RGPD, deverá ser "reforçada a segurança jurídica e a segurança prática para as pessoas singulares, os operadores económicos e as autoridades públicas".

---

24. À guisa de exemplificação, em Portugal foi editada a Lei nº 58/2019, de 08 de agosto de 2019, que assegura a execução, na ordem jurídica nacional, do Regulamento (UE) 2016/679, relativo à proteção das pessoas singulares no que diz respeito ao tratamento de dados pessoais e à livre circulação desses dados. Disponível em https://www.cnpd.pt/. Acesso em 15/06/2021.

25 Considerando 2 do RGPD.

O diploma em exame estabelece um conceito amplo aos dados pessoais,[26] que são considerados qualquer informação relativa a uma pessoa singular identificada ou identificável (pessoa singular que possa ser identificada, direta ou indiretamente, em especial por referência a um identificador, como por exemplo um nome, um número de identificação, dados de localização, identificadores por via eletrônica ou a um ou mais elementos específicos da identidade física, fisiológica, genética, mental, económica, cultural ou social dessa pessoa singular). A mesma amplitude foi empregada para a conceituação de "tratamento de dados como uma operação ou um conjunto de operações efetuadas sobre dados pessoais ou sobre conjuntos de dados pessoais, por meios automatizados ou não automatizados, tais como a recolha, o registo, a organização, a estruturação, a conservação, a adaptação ou alteração, a recuperação, a consulta, a utilização, a divulgação por transmissão, difusão ou qualquer outra forma de disponibilização, a comparação ou interconexão, a limitação, o apagamento ou a destruição".[27] Com isso percebe-se que o RGPD ampliou de sobremaneira o seu espectro de incidência, afetando atividades profissionais ou comerciais que tenham como pressuposto ou instrumento de desenvolvimento alguma forma de manipulação de dados pessoais.

Atente-se que o RGPD estabeleceu uma categorização de dados pessoais e espectros de proteção diferenciados, conforme se manifeste a expressão da privacidade ou intimidade do sujeito. São o que doutrina denomina de dados pessoais sensíveis (intimidade), ou não sensíveis (privacidade). Por essa razão o Artigo 9º do RGPD estabelece como regra geral que é "proibido o tratamento de dados pessoais (sensíveis) que revelem a origem racial ou étnica, as opiniões políticas, as convicções religiosas ou filosóficas, ou a filiação sindical, bem como o tratamento de dados genéticos, dados biométricos para identificar uma pessoa de forma inequívoca, dados relativos à saúde ou dados relativos à vida sexual ou orientação sexual de uma pessoa". As exceções previstas no número 2 do Artigo 9º implicam um nível de proteção mais rigoroso, e por conseguinte, de maior responsabilização por suas violações.

---

26 Artigo 4º, 1, do *RGPD*.

27 Artigo 4º do *RGPD*.

Outro aspecto relevante é o que se refere ao tratamento lícito[28] de dados pessoais, que somente se dá se o respectivo titular tiver dado o devido consentimento para uma ou mais finalidades específicas, tais como a fase pré-contratual ou de execução de um contrato; para o cumprimento de uma obrigação jurídica a que o responsável pelo tratamento esteja sujeito; para a defesa de interesses vitais do titular dos dados ou de outra pessoa singular; para o exercício de funções de interesse público ou ao exercício da autoridade pública de que está investido o responsável pelo tratamento; para efeito dos interesses legítimos prosseguidos pelo responsável pelo tratamento ou por terceiros, exceto se prevalecerem os interesses ou direitos e liberdades fundamentais do titular que exijam a proteção dos dados pessoais, em especial se o titular for uma criança,[29] hipótese não aplicável se o tratamento de dados for efetuado por autoridades públicas na prossecução das suas atribuições por via eletrônica.

Assim, o tratamento de dados pessoais só pode se dar de forma lícita, leal e transparente, almejando finalidades determinadas, explícitas e legítimas, não podendo ser tratados posteriormente de uma forma incompatível com essas finalidades. Os dados devem ser adequados, pertinentes e limitados às finalidades pretendidas (minimização de dados) para as quais são tratados, devendo ser mantidos exatos, atualizados, e conservados de uma forma que permita a identificação de seus titulares durante o período necessário para as finalidades para as quais são tratados (limitação de conservação), podendo ser conservados por longos períodos, desde que sejam tratados exclusivamente para fins de arquivo de interesse público, ou para fins de investigação científica, histórica ou para fins estatísticos.

A segurança ganha centralidade no RGPD, visando proteger os dados pessoais de tratamento não autorizado ou ilícito, bem como,

---

28 Artigo 6° do *RGPG*.

29 O Artigo 8° do *RGPD* exige o consentimento dos pais ou responsáveis para a manipulação de dados pessoais de pessoas menores de 16 anos. De outra parte o regulamento permite que as leis dos Estados-membros possam reduzir esse limite, que não pode ser inferior a 13 anos.

de sua perda, destruição ou danificação acidental, com a adoção de medidas técnicas ou organizativas adequadas, razão pela qual prevê-se a responsabilização de todos os corresponsáveis pela manipulação, exigindo-se o registro de todas as atividade de tratamento e gestão de riscos, com a nomeação de um encarregado e a notificação às autoridades competentes sobre eventuais violações.

Para dar efetividade às suas regras, o RGPD estabelece poderosas sanções à sua violação, permitindo que os Estados-membros regulem a matéria sempre para ampliar o espectro de efetividade. É o que dispões o seu Artigo 58, conferindo a cada autoridade de seus Estados-Membros o poder de correção através de advertências, repreensões, determinação para a adoção de procedimentos específicos, retirada de certificações, aplicação de vultuosas multas pecuniárias (Artigo 83),[30] e determinação de suspensão do envio de dados para destinatários em países terceiros ou para organizações internacionais.

Por derradeiro, chama-se a atenção para o aspecto da territorialidade que visa proteger os dados pessoais de residentes europeus em qualquer lugar do mundo. O Artigo 3º do RGPD prescreve que o diploma é aplicado ao tratamento de dados de residentes europeus, independentemente de o tratamento ocorrer dentro ou fora da União Europeia. Prevê ainda a sua aplicação quando o responsável pelo tratamento ou subcontratante, não estabelecidos na União, ofertar bens ou serviços na União, ou pretender o controle do comportamento do titular, desde que esse comportamento tenha lugar na União Europeia. Por essas razões todas as pessoas que estabeleçam algum tipo de relação econômica com União Europeia devem necessariamente observar o RGPD. Em consequência desse cenário, têm-se que o mesmo se dá em relação a transferência de dados de pessoas que residem na Europa. É o que determina o Artigo 44 do RGPD, ao prescrever que "qualquer transferência de dados pessoais que sejam ou venham a ser objeto de tratamento após transferência para um país terceiro ou uma organização

30. Podem variar de 10 milhões de euros ou 2% do faturamento anual global da empresa, a 20 milhões de euros ou 4% do faturamento anual global da empresa.

internacional só é realizada se, sem prejuízo das outras disposições do presente regulamento, as condições estabelecidas no presente capítulo forem respeitadas pelo responsável pelo tratamento e pelo subcontratante, inclusivamente no que diz respeito às transferências ulteriores de dados pessoais do país terceiro ou da organização internacional para outro país terceiro ou outra organização internacional. Todas as disposições do presente capítulo são aplicadas de forma a assegurar que não é comprometido o nível de proteção das pessoas singulares garantido pelo presente regulamento".

Feita uma rápida análise do RGPD, passemos à nova LGPD brasileira.

3. A LGPD brasileira

Como visto, a LGPD veio integrar o arcabouço legislativo existente até 2018 para a proteção de dados pessoais, reforçando, por conseguinte, a proteção brasileira à privacidade, intimidade, honra, imagem e dignidade da pessoa humana.

Há muito tempo a sociedade brasileira ansiava por um diploma específico na matéria, e a edição do RGPD europeu precipitou a sua aprovação, na medida em que se tornou estratégico e vital para a nossa economia o estabelecimento de níveis de proteção semelhantes ao europeu, de forma a contribuir para a competitividade internacional das empresas brasileiras.

Inicialmente note-se que LGPD entrou em vigor apenas em agosto de 2020, justamente para que a sociedade e o mercado brasileiros se adaptassem às novas exigências.

Trata-se de uma lei que institui princípios a serem observados na matéria, estipulados no rol exemplificativo do Artigo 6º, e que contempla a figura da boa-fé, delineada e consolidada no Direito Civil.

Destarte, os princípios expressos na LGPD são: finalidade – o tratamento deve ser realizado para propósitos legítimos, específicos, e sem possibilidade de manipulação incompatível com essas finalidades; adequação - o tratamento deve ser compatível com as finalidades informadas ao titular; necessidade - o tratamento deve ser limitado ao mínimo necessário para a realização das finalidades; livre acesso - deve ser garantida aos titulares a consulta facilitada e gratuita sobre a forma e a duração do tratamento, bem como o acesso à integralidade dos seus dados; qualidade dos dados - deve ser garantida a exatidão, clareza, relevância e atualização dos dados; transparência - deve ser garantida a prestação de informações claras e facilmente acessíveis pelos titulares; segurança - deverão ser adotadas medidas técnicas e administrativas aptas a proteger os dados de acessos não autorizados; prevenção - deverão ser adotadas medidas para prevenir a ocorrência de danos em virtude do tratamento de dados pessoais; não discriminação - impossibilidade de tratamento para fins discriminatórios; responsabilização e prestação de contas - demonstração de medidas eficazes para observar e comprovar o cumprimento das normas de proteção de dados pessoais.

Esses princípios orientam toda atividade manipuladora de dados pessoais e se unem ao dever de *privacy by design* e *privacy by default.* Privacy by design ou privacidade desde a concepção, é um conceito atinente à engenharia de sistemas, e que leva em conta a privacidade durante todo o processo de construção e execução (adotando por exemplo a pseudonimização e cifragem), respeitando os valores humanos em todo o processo. *Privacy by default*, ou por padrão, implica que os manipuladores devem garantir que os dados pessoais sejam tratados com a mais elevada proteção da privacidade (somente dados necessários devem ser tratados por um período de conservação curto e com acessibilidade limitada) para que os dados pessoais não sejam disponibilizados a um número indefinido de pessoas, garantindo-se na colocação do produto ou serviço no mercado um padrão mais elevado de privacidade que só pode ser flexibilizado por ação e vontade direta do titular dos dados. O RGPD, em seu Artigo 25 positivou e delineou bem esses conceitos, o que não ocorreu com a LGPD. No entanto, a conjugação dos Artigos 6° e 46 da LGPD nos permite inferir que esses princípios/ conceitos foram adotados pela nossa lei.

Assim como o RGPD, a nossa lei trata de fixar o âmbito de sua aplicação material e territorial, estabelecendo definições, princípios e condições para o tratamento das diferentes categorias de dados pessoais. Também confere direitos aos titulares de dados pessoais, fixando regras aos responsáveis pela manipulação e seus subcontratantes, e delineando os mecanismos públicos e administrativos de controle e sanções para a violação de seus preceitos.

Ao contrário do RGPD, nossa lei positivou o direito fundamental à autodeterminação informativa (Art. 2º, II), o que em nossa opinião é um aspecto positivo, pois consolida na cultura jurídica pátria esta importante conquista da humanidade frente as novas tecnologias.

A novel lei brasileira de proteção de dados pessoais passa ser a lei geral na matéria, que irradia comandos para todas as áreas do direito e deve ser aplicada e interpretada de forma sistemática a partir dos preceitos constitucionais da matéria. Portanto, a LGPD possui um caráter matricial que impactará múltiplos setores da economia e da atividade estatal.

Desta feita, como regra geral, qualquer manipulação, coleta ou processamento de dados pessoais realizada no território nacional, cujos titulares se encontrem no Brasil, estão submetidas à lei brasileira, independentemente da localização ou nacionalidade de quem as manipula. Excetuam-se de sua aplicação a manipulação feita por pessoa natural para fins particulares; realizada para fins jornalísticos ou artísticos ou acadêmicos; realizada para fins de segurança pública, defesa nacional, segurança do Estado ou atividades de investigação e repressão de infrações penais, hipóteses que serão objeto de normas próprias, observados o devido processo legal, os princípios gerais de proteção e os direitos do titular.

A manipulação de dados pessoais de crianças e adolescentes foi contemplada na LGPD, que trata do assunto no Artigo 14, lembrando que nessas hipóteses a lei deve ser aplicada e interpretada em consonância com o Estatuto da Criança e do Adolescente – ECA, e o Código Civil. Ao contrário do RGPD, a nossa lei não fixou a idade limite para que o titular dos dados promova o consentimento de forma autônoma, fixando apenas que o "tratamento de dados pessoais de crianças deverá ser realizado com o consentimento específico e em destaque dado por pelo menos um dos pais ou pelo responsável legal" (§ 1° do Artigo 14). Assim, entendemos que deve ser aplicado Art. 2° do ECA, que considera criança a pessoa até doze anos de idade incompletos.

Na esteira do RGPG, a lei brasileira não se furtou de enfrentar a questão da anomização de dados, ou seja, a utilização de meios técnicos razoáveis e disponíveis no momento do tratamento, por meio dos quais um dado perde a possibilidade de associação, direta ou indireta, a um indivíduo. Como salientado, esses dados não são considerados como pessoais salvo quando o processo de anonimização puder ser revertido, utilizando exclusivamente meios próprios ou mediante esforços razoáveis, considerando-se fatores objetivos, como custo e tempo para reverter o processo de anonimização (pseudoanomização).

Outro aspecto digno de nota é o que se refere à responsabilização civil pela lesão à dados pessoais, matéria tratada de forma bastante similar à disposta pelo Código de Defesa do Consumidor - CDC. Aliás, o texto do novel diploma fez bem em enfatizar que lesões à dados pessoais nas relações de consumo serão apuradas em integração com o CDC (Artigo 45 da LGPD).

Assim, reconhecendo a possibilidade da ocorrência de danos patrimoniais, morais, individuais ou coletivos pelos agentes de tratamento, o Artigo 40 da LGPD estabelece a regra geral de solidariedade entre o controlador e operador quando este descumprir as obrigações da legislação de proteção de dados ou quando ele não tiver seguido as instruções lícitas do controlador. Os controladores também são solidários quando estiverem diretamente envolvidos no tratamento do qual decorreram danos ao titular dos dados. As exceções à essa regra de solidariedade estão dispostas no Artigo 43 da LGPD. São elas: quando o agente de tratamento (controlador ou operador) provar que não realizou o tratamento de dados pessoais que lhes é atribuído; quando provar que, embora tenha realizado o tratamento de dados pessoais que lhe é atribuído, não houve violação à legislação de proteção de dados; ou provar o dano é decorrente de culpa exclusiva do titular dos dados ou de terceiros. À essa sistemática a lei reserva a possibilidade de ação de regresso, e a tutela coletiva em juízo com a aplicação do CDC e da Lei de Ação Civil Pública.

Outra medida semelhante ao preconizado no CDC, é a que prevê a inversão do ônus da prova em favor do titular dos dados, quando for verossímil a alegação, houver hipossuficiência para fins de produção de prova, ou quando a produção de prova pelo titular resultar-lhe excessivamente onerosa.

Ao contrário do RGPD que prevê prazo de 72 horas, a LGPD apenas prevê o dever de o controlador comunicar, em prazo razoável, à Autoridade Nacional e ao titular sobre a ocorrência de incidente de segurança que possa acarretar risco ou dano relevante. Neste ponto falhou a nossa lei pois não há elementos para a definição de prazo razoável, que possivelmente ficará ao encargo de regulamento da Autoridade Nacional. Nesta hipótese, a Autoridade Nacional poderá adotar medidas semelhantes ao *recall* consumerista, como a ampla divulgação do fato em meios de comunicação (hipótese bastante constrangedora para a imagem do controlador), bem como outras medidas que entender necessárias para reverter ou mitigar os efeitos do incidente.

Quanto à transferência internacional de dados pessoais (Artigos 33 ao 36) a lei brasileira seguiu a esteira do RGPD, possibilitando-a apenas para aqueles países ou organizações internacionais que proporcionarem grau de proteção de dados pessoais adequado ao previsto na LGPD ou quando o controlador oferecer e comprovar a conformidade, através de disposições contratuais, normas corporativas, selos, certificados e códigos de conduta regularmente emitidos, com conteúdo definido ou verificado pela Autoridade Nacional.

Outro requisito indispensável para a transferência internacional de dados pessoais é a necessidade de consentimento específico do titular dos dados, que deve se dar em destaque e de forma distinta de outras finalidades.

No que se refere às sanções administrativas a LGPD caminhou bem ao fixar grandes montas. Assim, de acordo com cada caso concreto a Autoridade Nacional, após conclusão de procedimento administrativo e garantida a ampla defesa, pode fixar a advertência; multa simples, de até 2% do faturamento da pessoa jurídica de direito privado, grupo ou conglomerado no Brasil no seu último exercício, limitada, no total, a R$ 50.000.000,00 por infração; multa diária; publicização da infração e bloqueio dos dados pessoais a que se refere a infração até a sua regularização.

Por derradeiro, não menos importante é a questão da manipulação de dados pessoais pelo poder público. Em outubro de 2019 a União editou o Decreto 10.046/2019, que regulamenta o compartilhamento de dados entre órgãos e entidades da administração pública federal, revogando expressamente Decreto nº 8.789/2016, sem qualquer processo de discussão e debates com a sociedade civil e a comunidade acadêmica. Esse regramento categoriza o compartilhamento de dados em diversos níveis e institui o Cadastro Base do Cidadão e o Comitê Central de Governança de Dados. Denota-se que o novo regulamento flexibiliza o compartilhamento e cruzamento de dados obtidos pela administração federal, e essa característica, ao nosso ver, colide de frente com a LGPD que como lei geral e hierarquicamente superior deve prevalecer.

A dispensa de celebração de acordos e convênios entre órgãos e entidades contida no revogado Decreto 8.789/2016 para o compartilhamento de bases de dados, foi mantida no novel Decreto. Há, portanto uma liberalização para a interconexão entre bancos de dados fragilizando a proteção da privacidade.

A criação do Cadastro Base é por si só polêmica, e não menos diferente é o Comitê Central de Governança de Dados, composto apenas por representantes da administração pública federal, sem participação da sociedade civil, o que aponta só mais um viés autoritário do atual governo instalado em Brasília. Tal Comitê deve deliberar sobre regras, orientações, diretrizes, parâmetros, controvérsias, e decisões relativas à gestão do Cadastro Base e dos níveis de compartilhamento de dados. Essa missão não está amparada regras e salvaguardas da privacidade do titular dos dados. Princípios, definições e regras estabelecidas na LGPD são completamente ignoradas no regulamento federal, que cria suas próprias expressões como atributos biográficos e atributos biométricos. Ao permitir o compartilhamento geral de dados o Decreto Federal viola claramente a LGPD, mormente seus artigos 23 e 26. Tudo indica, como ocorreu na Alemanha, que caberá ao Judiciário dirimir esse conflito.

Conclusões

Como visto, o mundo digital alcançou um grau de desenvolvimento extraordinário. A crescente dependência tecnológica da humanidade só faz crescer a quantidade e o fluxo de dados pessoais disponíveis para as tecnologias disruptivas. Proteger a privacidade, intimidade, imagem e dados pessoais é uma tarefa indispensável para o necessário equilíbrio no mundo da pós-modernidade.

Por isso, à exemplo do que aconteceu na Europa, a sociedade civil e as empresas brasileiras deverão se adaptar à LGPD, como uma necessidade premente do crescente mundo globalizado da economia digital.

Assim, as empresas deverão instituir ou rever a forma como recolhem, manipulam, armazenam e processam dados pessoais. Essa adaptação é muito valiosa em todos os sentidos, desde a consolidação da confiabilidade dessas empresas perante consumidores e clientes, até a possibilidade de condições igualitárias de concorrência internacional. Nesse sentido, proteção de dados e compliance são pressupostos básicos da atividade empresarial no século XXI.

A LGPD em muitos aspectos se aproxima, porque em certa medida foi inspirada, do RGPD europeu. No entanto, no que pese representar um bom começo, pensamos que a novel lei deixou a desejar em muitos aspectos, não regulando ou regulando de maneira insuficiente, matérias como: dados pessoais nas relações de trabalho; no espectro de investigações criminais e infrações administrativas; videovigilância; direito ao esquecimento; biotecnologia; perfirização; subcontratação; aspectos técnicos de segurança, conduta e certificação; cooperação e coerência; liberdade de expressão e informação; documentos públicos; tratamento efetivado por entidades religiosas, entre outras.

É verdade que caberá à doutrina e à jurisprudência superar eventuais lacunas e antinomias decorrentes dessa situação. A própria criação da Autoridade Nacional de Proteção de Dados vinculada à administração direta, junto à Presidência da República, evidencia o mar de dificuldades que surgirão pela frente. Era imperiosa a criação de autarquia especial com mais independência institucional, funcional e financeira, para a adequação de nosso sistema aos padrões internacionais.

Muito possivelmente assistiremos os conflitos de interesses econômicos decorrentes da aplicação da LGPD baterem às portas dos tribunais superiores como ocorreu com o marco civil da internet e as relações em torno do WhatsApp, que discute os limites da intervenção estatal no desenvolvimento e uso da criptografia. A lei do cadastro positivo é o exemplo mais nítido e flagrante de conflito com a LGPD, sobretudo no que diz respeito ao tema do consentimento do titular dos dados pessoais. Questões como aquelas que envolviam a atividade da Cambridge Analytica no processo do Brexit e nas eleições americanas, começam a ser suscitas no Brasil com as denúncias de proliferação de fake news nas eleições presidências de 2018. A influência jurídica americana que trata o tema à luz do direito de propriedade contrasta com a concepção europeia de enquadrar o direito à proteção dos dados pessoais no âmbito dos direitos humanos. A esquizofrenia vivida no mundo jurídico pátrio (civil law x common law) influenciará de sobremaneira o futuro da LGPD.

O Brasil passa por uma profunda crise política, econômica, social e institucional poucas vezes visto em nossa história. Autoritarismos de agentes públicos, desrespeito flagrante à ordem constitucional e aos direitos humanos, ódio e intolerância, brotam, noite e dia, nas ruas e principalmente no mundo digital.

Para o próximo período há muito trabalho pela frente. Por exemplo, tramita no Congresso Nacional a Proposta de Emenda Constitucional 17/2019, que insere a proteção de dados pessoais nos direitos e garantias individuais conferindo à União a competência privativa para legislar sobre a matéria. A matéria em exame requer uma ótica humanista, que insira o direito aos dados pessoais no âmbito dos direitos humanos. A PEC 17/2019, se aprovada, reforça essa tendência justamente no momento em que o governo federal trata a matéria sob viés da segurança pública e do patrimonialismo. Portanto, há aqui mais uma frente de batalha e resistência aos defensores do Estado Democrático de Direito.

É nesse cenário que nasce a LGPD. Um bom começo, que poderia ser melhor. Um futuro a ser construído por linhas tortuosas, que exigirá do mundo jurídico muito trabalho e superação para a efetivação da proteção integral dos dados de caráter pessoal no Brasil.

Referências bibliográficas

BESSA, Leonardo Roscoe. O consumidor e os bancos de dados de proteção ao crédito. São Paulo: *Revista dos Tribunais*, 2003.

BRASIL. Presidência da República. *Lei nº 13.853, de 8 de julho de 2019.* Altera a Lei nº 13.709, de 14 de agosto de 2018, para dispor sobre a proteção de dados pessoais e para criar a Autoridade Nacional de Proteção de Dados; e dá outras providências. Disponível em: http://www.planalto.gov.br/ccivil_03/_ato2019-2022/2019/lei/L13853.htm. Acesso em: 15 jun. 2021.

CONSELHO EUROPEU. CONSELHO DA UNIÃO EUROPEIA. *Mercado único digital na Europa.* Disponível em: https://www.consilium.europa.eu/pt/policies/digital-single-market/. Acesso em: 15 jun. 2021.

DE CUPIS, Adriano. *Os direitos da personalidade.* Trad. Adriano Vera Jardim e Antonio Miguel Caeiro. Lisboa: Livraria Morais, 1961.

DINIZ, Maria Helena. *Curso de Direito Civil Brasileiro.* 22. Ed, vol. 1. rev. e atual. São Paulo: Saraiva, 2005.

EFING, Antônio Carlos. Bancos de dados e cadastros de consumidores. São Paulo: *Revista dos Tribunais*, 2002.

GASIOLA, Gustavo Gil. "Criação e desenvolvimento da proteção de dados na Alemanha: a tensão entre a demanda estatal por informações e os limites jurídicos impostos". *Jota*, 29 maio 2019. Disponível em: https://www.jota.info/opiniao-e-analise/artigos/criacao-e-desenvolvimento-da-protecao-de-dados-na-alemanha-29052019. Acesso em: 15 jun. 2021.

GONÇALVES, Renato Afonso. *Bancos de dados nas relações de consumo.* São Paulo: Max Limonad, 2002.

JABUR, Gilberto Haddad. Liberdade de pensamento e direito à vida privada. São Paulo: *Revista dos Tribunais*, 2000.

LA LOI "Informatique et Libertés'. Loi n° 78-17 du 6 janvier 1978 relative à l'informatique, aux fichiers et aux libertés. Commission Nationale de l'Informatique et des Libertés (CNIL)". *CNIL. Protéger les données personnelles, accompagner l'innovation, préserver les libertés individuelles*, 17 juin 2019. Disponível em: https://www.cnil.fr/fr/la-loi-informatique-et-libertes. Acesso em: 15 jun. 2021.

DE LA CUEVA, Pablo Lucas Murillo. *El derecho a la autodeterminación informativa*. Madrid: Tecnos, 1990.

ORGANISATION FOR ECONOMIC CO-OPERATION AND DEVELOPMENT – OECD. *Guidelines on the Protection of Privacy and Transborder Flows of Personal Data*. Paris: 2015.

PARLAMENTO EUROPEU. CONSELHO DA UNIÃO EUROPEIA. Carta dos Direitos Fundamentais da União Europeia. (2000/C 364/01). *Jornal Oficial das Comunidades Europeias*, 18.12.2000, Disponível em: http://www.europarl.europa.eu/charter/pdf/text_pt.pdf. Acesso em: 15 jun. 2021.

Directiva 2002/58/CE do Parlamento Europeu e do Conselho, de 12 de julho de 2002, relativa ao tratamento de dados pessoais e à protecção da privacidade no sector das comunicações electrónicas (Directiva relativa à privacidade e às comunicações electrónicas). *Jornal Oficial*. L 201, 31.7.2002, pp. 37-47. Disponível em https://eur-lex.europa.eu/legal-content/PT/TXT/?uri=uriserv:OJ.L_.2002.201.01.0037.01.POR. Acesso em 15 jun. 2021.

Directiva 2006/24/CE do Parlamento Europeu e do Conselho, de 15 de março de 2006, relativa à conservação de dados gerados ou tratados no contexto da oferta de serviços de comunicações electrónicas publicamente disponíveis ou de redes públicas de comunicações, e que altera a Directiva 2002/58/CE. *Jornal Oficial*. L 105, 13.4.2006, pp. 54-63. Disponível em: https://eur-lex.europa.eu/legal-content/PT/TXT/?uri=CELEX%3A32006L0024. Acesso em: 15 jun. 2021.

Directiva 95/46/CE do Parlamento Europeu e do Conselho, de 24 de outubro de 1995, relativa à protecção das pessoas singulares no que diz respeito ao tratamento de dados pessoais e à livre circulação desses dados. *Jornal Oficial*. L 281 de 23/11/1995. pp. 0031–0050. Disponível em: https://eur-lex.europa.eu/legal-content/PT/ALL/?uri=CELEX%3A31995L0046. Acesso em: 15 jun. 2021.

______. ______. Directiva 97/66/CE do Parlamento Europeu e do Conselho de 15 de dezembro de 1997 relativa ao tratamento de dados pessoais e à proteção da privacidade no sector das telecomunicações. *Jornal Oficial*. L 24, 30.1.1998, pp. 1-8. Disponível em: https://eur-lex.europa.eu/legal-content/PT/TXT/?uri=CELEX%3A31997L0066. Acesso em: 15 jun. 2021.

PORTUGAL. Comissão Nacional de Protecção de Dados. *Convenção para a Protecção das Pessoas Relativamente ao Tratamento Automatizado de Dados de Carácter Pessoal.*

______. *Comissão Nacional de Protecção de Dados. Regulamento Geral sobre a Proteção de Dados (RGPD).* 25 de maio de 2018. Disponível em: https://www.cnpd.pt/. Acesso em: 15 jun. 2021.

QUANTO dinheiro o Facebook ganha com você (e como isso acontece). *BBC News Brasil*, 10 nov. 2016. Disponível em: https://www.bbc.com/portuguese/internacional-37898626. Acesso em: 15 jun. 2021.

SILVA, Marco Antonio Marques da. "Cidadania e democracia: instrumentos para a efetivação da dignidade humana". *In:* MIRANDA, Jorge; SILVA, Marco Antonio Marques da (Coords.). *Tratado luso-brasileiro da dignidade humana.* 2. Ed. São Paulo: Quartier Latin, 2009.

TRIBUNAL DE JUSTIÇA DA UNIÃO EUROPÉIA. Disponível em: https://curia.europa.eu/jcms/jcms/j_6/pt/. Acesso em: 15 jun. 2021.

UNIÃO EUROPEIA. *Tratado de Lisboa.* Versão consolidada. Lisboa: Divisão de Edições da Assembleia da República, 2008.

WARREN, Samuel; BRANDEIS, Louis. *El derecho a la intimidad.* Madrid: Civitas, 1995.

WORLD ECONOMIC FORUM - WEF. *Personal data:* the emergence of a new asset class. *World Economic Forum*, May 2011. Disponível em: http://www3.weforum.org/docs/WEF_ITTC_PersonalDataNewAsset_Report_2011.pdf. Acesso em: 15 jun. 2021.

Informação bibliográfica deste texto, conforme a NBR 6023:2002 da Associação Brasileira de Normas Técnicas (ABNT):

CAPÍTULO VIII - EVOLUÇÃO E CENÁRIO ATUAL DA PROTEÇÃO DE DADOS PESSOAIS NOS SETORES PRIVADO E PÚBLICO - Renato Afonso Gonçalves

GONÇALVES, Renato Afonso. "Evolução e cenário atual da proteção de dados pessoais nos setores privado e público". *In:* MARINHO, Gustavo; VALIM, Rafael; WARDE, Walfrido; SIMÃO, Valdir. *Aspectos relevantes da Lei Geral de Proteção de Dados*. São Paulo: Editora Contracorrente, 2021.

CAPÍTULO IX

A AUTORIDADE NACIONAL DE PROTEÇÃO DE DADOS: UM ORGANISMO AINDA A SER DESENVOLVIDO

Percival José Bariani Junior
Victor Silveira Martins

Introdução

Promulgada em 2018, a Lei Geral de Proteção de Dados Pessoais (LGPD) constitui importante marco legislativo na regulação de informações geridas por entidades públicas e privadas no Brasil. A LGPD é primeira lei nacional que se preocupou efetivamente em estatuir um regramento específico acerca do tratamento de dados pessoais, que, sobretudo nos últimos anos, revelou-se um dos temas mais importantes em escala global (especialmente em um período da história moderna no qual com frequência se noticia o manejo inadequado de dados pessoais, seja por pessoas públicas, como nos casos envolvendo programas de espionagem, seja por pessoas privadas, como aconteceu em relação a redes sociais que atuam em todo o mundo). Em grande medida, a novel legislação teve como fonte de inspiração o novo Regulamento Geral sobre a Proteção de Dados da União Europeia (Diretiva UE

2016/679), o qual revogou a antiga diretiva do bloco sobre a matéria (Diretiva 95/46/CE).

Com efeito, desde a entrada em vigor da LGPD, muitos têm sido os debates, nos mais diversos campos da ciência (e notadamente no campo do Direito, pois os dispositivos possuem como finalidade primordial justamente a proteção da esfera de direitos dos indivíduos em face das entidades que manejam dados a eles concernentes),[1] com o objetivo de tentar compreender os reais impactos da introdução de uma lei que visa a proteger toda espécie de dados pessoais. Trata-se de um momento, portanto, que parece existir mais dúvidas do que respostas à aplicabilidade da lei.

De toda sorte, um dos temas da lei que pareceu suscitar maiores polêmicas disse respeito à criação da Autoridade Nacional de Proteção de Dados (ANPD). Inicialmente, a criação da entidade (como autarquia federal) com suas respectivas funções foi vetada pelo Presidente da República, que alegou, para tanto, a existência de inconstitucionalidades formais do projeto (vício de iniciativa) apresentado.[2] Na sequência, após a pressão de diversos grupos sobre a necessidade de preencher a lacuna que ficou com a ausência da ANPD no texto final sancionado, a matéria foi regulamentada pela Medida Provisória 869/2018, a qual foi convertida, em 2019, na Lei nº 13.853.

Sem embargo, a natureza jurídica e o plexo de competências conferido à Autoridade Nacional de Proteção de Dados instigam reflexões relevantes, a justificar algumas ponderações que devem ser consideradas no debate atual.

Sendo assim, o presente artigo pretende abordar alguns pontos a respeito da Autoridade Nacional de Proteção de Dados, destacando-se,

---

1 Nesse sentido, FRAZÃO, Ana. "Fundamentos da proteção dos dados pessoais". *In*: TEPEDINO, Gustavo; FRAZÃO, Ana; OLIVA, Milena Donato (Coord.). *Lei Geral de Proteção de Dados Pessoais*: e suas repercussões no Direito Brasileiro. 3ª tiragem. São Paulo: Revista dos Tribunais, 2019, pp. 24/25.

2 O capítulo inteiro referente à Autoridade Nacional de Proteção de Dados Pessoais (ANPD) foi vetado pelo então Presidente Michel Temer, conforme se observa da Mensagem nº 451, de 14 de agosto de 2018, encaminhada ao Presidente do Senado Federal da República.

fundamentalmente, as eventuais incongruências de seu modelo organizacional no contexto da Administração pública.

1. Autoridade Nacional de Proteção de Dados (ANPD): o problema da natureza jurídica

Durante todo o processo de discussão sobre a criação da Lei de Proteção de Dados Pessoais (LNPD), existia um consenso acerca da necessidade de se atribuir a um ente tecnicamente especializado um conjunto de competências que lhe permitisse promover e organizar toda a disciplina regulatória da proteção de dados no Brasil. A dúvida fundamental girava em torno da definição da natureza jurídica da Autoridade Nacional de Proteção de Dados (ANPD).

Inicialmente, como era de se esperar, até por acomodação ao modelo criado no Brasil a partir dos anos 1990,[3] cogitou-se conferir à autoridade em questão o regime das agências reguladoras independentes. É bem verdade que o enunciado apresentado pelo projeto oriundo do Legislativo já apresentava naquela oportunidade alguma incongruência ao salientar que a autoridade nacional seria definida como "órgão da administração pública indireta responsável por zelar, implementar e fiscalizar o cumprimento desta lei". Isso, pois, na tradição jurídica-administrativa brasileira, não é dispendioso dizer, sempre se entendeu por bem estabelecer uma diferenciação entre órgão e entidade da administração indireta no plano da organização administrativa: o primeiro é uma unidade que integra a intimidade de uma pessoa administrativa (não possui personalidade jurídica), que é oriundo de um processo de

3 Sobre o tema, vide, entre outros, MARQUES NETO, Floriano Peixoto de Azevedo. *Agências reguladoras independentes*: fundamentos e seu regime jurídico. Belo Horizonte: Fórum, 2005. p. 46; JUSTEN FILHO, Marçal. *O Direito das agências reguladoras independentes*. São Paulo: Dialética, 2012. p. 328 e ss.; SUNDFELD, Carlos Ari. "Introdução às Agências Reguladoras". *In*: SUNDFELD, Carlos Ari (Coord.). *Direito Administrativo Econômico*. São Paulo: Malheiros, 2006. p. 17; GUERRA, Sérgio. *Agências reguladoras*: da organização administrativa piramidal à governança em rede. Belo Horizonte: Fórum, 2012, pp. 100-118.

desconcentração e que se dispõe a partir de vínculos hierárquicos;[4] ao passo que as entidades da administração indireta unidades com personalidade jurídica próprias, e que, destarte, possuem autonomia em relação ao ente da Administração direta. Como destaca a Lei nº 9.784/99 (Lei de Processo Administrativo) em seu art. 1°, § 2° órgão é "a unidade de atuação integrante da estrutura da Administração direta e da estrutura da Administração indireta"; por outro lado, a mesma lei entende por entidade "a unidade de atuação dotada de personalidade jurídica".

Sendo assim, de plano surgiu a dúvida se a ANPD, pretendendo ser instituída como agência reguladora, poderia se constituir como um órgão de uma entidade da administração indireta. É dizer: se a autoridade fosse uma agência independente, não teria como ela ser, precisamente, um órgão.

Embora esta tenha sido uma questão ultrapassada pelo veto presidencial ao texto legislativo à época,[5] a redação atual do dispositivo que efetivamente criou a Autoridade Nacional de Proteção de Dados Pessoais (Lei nº 13.853/2019) não resolveu o problema. Pelo contrário: gerou um debate sobre a insegurança do arranjo institucional e da viabilidade de ações da ANPD ainda maior. Aliás, curioso observar que a própria lei, como que fazendo uma mea-culpa, admite, desde logo, a possibilidade de transformação da natureza jurídica da ANPD.

Nesse sentido, segundo o artigo 55-A, com a redação dada pela precitada Lei 13.853/2019, cria-se a Autoridade Nacional de Proteção de Dados, conferindo-se a ela natureza jurídica de órgão da administração pública federal, integrada à estrutura organizacional da Presidência da República.

---

4 DI PIETRO, Maria Sylvia Zanella. *Direito Administrativo*. 27. ed. São Paulo: Atlas, 2014, p. 590.

5 Sobre os aspectos e motivos que envolveram o veto presidencial ao dispositivo que criava a Autoridade Nacional de Proteção de Dados Pessoais, vide, entre outros, COTS, Márcio; OLIVEIRA, Ricardo. *Lei Geral de Proteção de Dados Pessoais Comentada*. 3. ed. São Paulo: Revista dos Tribunais, 2019, pp. 219/220; PINHEIRO, Patrícia Peck. *Proteção de Dados Pessoais*: Comentários à Lei n. 13.709/2018 (LGPD). São Paulo: Saraiva, 2018, pp. 112/113.

O § 1º do dispositivo, com efeito, indica que a natureza jurídica da ANPD é transitória e que poderá ser transformada pelo Poder Executivo em entidade da administração pública federal indireta, submetida a regime autárquico especial (ou seja, de agência reguladora independente) e vinculada à Presidência da República. Ademais, o § 2º dispõe que essa possível transformação de natureza jurídica da ANPD deve se dar em até dois anos da data da entrada em vigor da estrutura regimental da ANPD.

Ainda no que diz respeito à natureza jurídica dessa nova figura a ser estruturada no âmbito da administração pública federal, o artigo 55-B da LGPD prescreve ser assegurada a autonomia técnica e decisória à ANPD.

Em síntese, a leitura dos dispositivos citados faz crer que a lei cria, ainda que não de maneira deliberada, uma figura de elevada complexidade, que parece não se encaixar nas tradicionais concepções de órgão e de entidade autônoma. Sem embargo, a ideia de um órgão com algum grau de autonomia – mesmo que incomum na teoria convencional do Direito Administrativo[6] – não é exatamente novidade no Direito brasileiro. Lembre-se que art. 37, § 8º da Constituição federal, incluído pela Emenda Constitucional nº 19/1998 previu a possibilidade de se confiar maior autonomia a órgãos administrativos pela via contratual. Portanto, esse não é exatamente o problema da figura criada pela LGPD.

O problema, no ponto, é que ao se constituir a ANPD com características tanto de órgão como de autarquia sob regime especial (agência reguladora), a lei esvazia sensivelmente a relevância do papel da autoridade. Veja-se que o próprio texto do § 6º do art. 55-A, antevendo a dificuldade de um órgão autônomo realizar com eficiência todas as suas competências de natureza técnica no interior de uma estrutura hierárquica como a da Presidência da República, prevê desde logo a possibilidade de transformação do órgão em agência, consoante a ideia original previa.

---

6 BANDEIRA DE MELLO, Celso Antônio. *Curso de Direito Administrativo*. 34. Ed. São Paulo: Malheiros, 2019.

1.1. Um órgão autônomo, mas não tão autônomo assim

A Lei nº 13.853/2019, ao definir o modelo institucional da ANPD, anotou-se acima, seguiu um caminho diferente do que inicialmente era pensado. Há uma dificuldade em entender por que razões o legislador, tendo a oportunidade de controlar a medida provisória que enunciou o novo modelo – sem o inconveniente da inconstitucionalidade anteriormente afirmada para o veto inicial dos dispositivos relacionados à autoridade nacional –, não retomou a ideia inicial de instituir a ANPD como uma agência reguladora, conformando-a a um modelo já conhecido e mais bem preparado à fiscalização de determinadas atividades de interesse geral.

Em uma fórmula básica, entende-se que a organização básica de uma autoridade com independência técnica suficiente para bem empreender suas atividades deve conter uma pessoa administrativa própria (que, no Direito brasileiro, acaba sendo as autarquias), com capacidade administrativa, financeira e orçamentária, supervisão de um órgão da administração direta (Ministério, no âmbito federal) com competência institucional relativa à matéria, controles sociais como forma a legitimar suas atuações em um ambiente democrático, servidores específicos da instituição, previsão legal de seus procedimentos, etc.[7]

Ao optar por instituir a ANPD como um órgão vinculado à estrutura orgânica da Presidência da República, ainda que com algum grau de autonomia, a lei criou alguns problemas que, essencialmente, relacionam-se à capacidade da autoridade, de modo relativamente independente e técnico (blindado, em tese, de querelas políticas), conseguir executar melhor suas competências em matéria que envolve diretamente direitos fundamentais (dados pessoais).

Em síntese, malgrado a maior autonomia que a lei defere ao órgão, o simples fato de ele ser um órgão, que se coloca debaixo da

7 JUSTEN FILHO, Marçal. "Agências reguladoras e democracia: existe um déficit democrático na 'regulação independente'"?. *Revista de Direito Público da Economia - RDPE*, ano 17, n. 2, 2003, pp. 273-301. Disponível em: https://www.forumconhecimento.com.br/periodico/140/20776/32270. Acesso em: 30 maio 2021.

Presidência da República (órgão superior da União Federal), já permite a conclusão segundo a qual a ANPD tem sua capacidade operacional e sua autonomia gerencial e administrativa comprometida, pois a organização fica mais sujeita aos comandos diretos de um órgão superior com funções substancialmente políticas. Não é a simples menção da lei à autonomia técnica à ANPD que mudará radicalmente a natureza jurídica dessa figura. Ela nunca será tão autônoma quanto uma entidade integrante da Administração indireta, o que pode vir a comprometer as suas funções.

A crítica a esse ponto da legislação é bem formulada por Beto Vasconcelos e Felipe de Paula. Segundo os autores:[8]

> Em primeiro lugar, o modelo proposto à evidência não garante suficiente autonomia e independência funcional, administrativa e financeira defendida a partir da década de 90. O disposto no novo art. 55-B – "é assegurada autonomia técnica à ANPD" – não é, por si só, suficiente para assegurar a independência e a autonomia esperadas. Mero enunciado normativo de autonomia técnica não afasta as exigências fáticas que caracterizam uma entidade autônoma.

Questiona-se, afinal, se a organização institucional dada à ANPD permite a ela desempenhar suas competências com independência e autonomia necessárias, que, aliás, a própria lei reconhece, mas que ao mesmo tempo, na prática, limita.

O debate em torno da autonomia da ANPD para regular adequadamente o mercado do tratamento de dados no Brasil – inclusive no

8 VASCONCELOS, Beto; PAULA, Felipe. "A autoridade nacional de proteção de dados: origem, avanços e pontos críticos". *In*: TEPEDINO, Gustavo; FRAZÃO, Ana; OLIVA, Milena Donato (Coord.). *Lei Geral de Proteção de Dados Pessoais*: e suas repercussões no Direito Brasileiro. 3ª tiragem. São Paulo: Revista dos Tribunais, 2019, p. 727.

trabalho de lidar com autoridades internacionais de proteção de dados[9] – se segue pelos demais dispositivos da lei. Ademais, a natureza jurídica sui generis da ANPD continua a ser revelada.

Veja-se que a Lei nº 13.853/2019 prescreve que o Conselho Diretor da ANPD, órgão máximo de direção, será composto por cinco membros, cujo processo de nomeação segue o modelo inaugurado para a nomeação dos diretores das agências reguladoras no Brasil, isto é, os membros – que serão brasileiros de reputação ilibada, nível superior de educação e elevado conceito no campo de especialidade dos cargos para os quais serão nomeados (art. 55-D, § 2º) – são escolhidos pelo Presidente da República e nomeados após aprovação pelo Senado Federal para ocupar cargo em comissão por um mandato de quatro anos, do qual só pode ser destituído por condenação judicial transitada em julgado ou por demissão decorrente de processo administrativo disciplinar.

Por outro lado, a Lei confia ao Presidente da República determinar o afastamento preventivo de membro do Conselho Diretor em caso de recomendação de comissão especial designada para apurar a responsabilidade do conselheiro-diretor, e, ademais, realizar o seu julgamento.

Nesse sentido, ainda, destaque-se que a lei não estabelece uma estrutura de cargos para carreiras próprias às funções a serem desempenhadas no âmbito da ANPD – o que implica no desmerecimento de sua autonomia. Nos termos da lei, os cargos dos níveis abaixo da alta cúpula da ANPD deverão ser preenchidos apenas por pessoas que já ocupam cargos na estrutura da administração pública federal (entende-se que pode ser tanto da administração direta como da indireta, e somente pessoas que ocupam cargos efetivos). Portanto, todos esses cargos serão preenchidos através um vínculo de confiança (cargos em comissão). Trata-se de previsão que parece não vislumbrar o tamanho da complexidade da atuação da ANPD, que mereceria, em tese, contar

---

9 VASCONCELOS, Beto; PAULA, Felipe. "A autoridade nacional de proteção de dados: origem, avanços e pontos críticos". *In*: TEPEDINO, Gustavo; FRAZÃO, Ana; OLIVA, Milena Donato (Coord.). *Lei Geral de Proteção de Dados Pessoais*: e suas repercussões no Direito Brasileiro. 3ª tiragem. São Paulo: Revista dos Tribunais, 2019, p. 72.

com um corpo técnico preparado para lidar especificamente com a matéria de proteção dos dados.

Ainda no tocante aos problemas institucionais da ANPD, note-se que a lei não faz qualquer menção à eventual recurso em face das decisões emanadas da Autoridade (como, por exemplo, as sanções aplicadas pelo órgão). É de se perguntar, com isso, se haveria a possibilidade de, em face das decisões do órgão, interpor-se recurso hierárquico perante a Presidência da República, e, nesse caso, se a Presidência teria condições para decidir sobre a matéria controvertida.

No ponto, cabe esperar o que disporá o ato do Presidente da República a que se refere o artigo 55-G da lei (ou seja, ato da autoridade máxima do Poder Executivo sobre o regimento da ANPD).

2. As competências da ANPD

A Lei 13.853/2019 incumbiu à ANPD a missão de exercer toda a atividade regulatória do tratamento de dados pessoais. Destaque-se, entre outras, as competências atribuídas à ANPD para i) elaborar diretrizes para a Política Nacional de Proteção de Dados Pessoais e da Privacidade; ii) fiscalizar e aplicar sanções em caso de tratamento de dados realizado em descumprimento à legislação, mediante processo administrativo que assegure o contraditório, a ampla defesa e o direito de recurso; iii) promover ações de cooperação com autoridades de proteção de dados pessoais de outros países, de natureza internacional ou transnacional; iv) editar regulamentos e procedimentos sobre proteção de dados pessoais e privacidade, bem como sobre relatórios de impacto à proteção de dados pessoais para os casos em que o tratamento representar alto risco à garantia dos princípios gerais de proteção de dados pessoais previstos; v) celebrar, a qualquer momento, compromisso com agentes de tratamento para eliminar irregularidade, incerteza jurídica ou situação contenciosa no âmbito de processos administrativos.

Note-se, pois, que a lei delegou à Autoridade Nacional funções, conforme ponderam Rafael Souza Paiva de Barros e Gianne Glória

Lima Ferreira, que envolvem aspectos de natureza "normativo-interpretativa, fiscalizatória e integrativa".[10]

São atribuições bastante amplas, que revelam a importância do papel a ser desempenhado pela ANPD. Basicamente, confia-se ao órgão instrumentos poderosos para orientar e controlar, dentro dos limites da razoabilidade, todas as ações relativas tratamento de dados. Em um ambiente no qual cada vez mais os dados de indivíduos e empresas circulam com grande facilidade e celeridade, certamente não é tarefa fácil emitir comandos capazes de serem seguidos pelos mais diversos agentes de forma a permitir que os dados pessoais de agentes não sejam usados de maneira desconectados dos princípios enunciados tanto na Constituição (como o princípio da privacidade) como na legislação de regência da matéria.

Incumbe-se ao órgão, em suma, um encargo regulatório de todo o setor de tratamento de dados, desde aqueles colhidos em bancos de dados públicos como os provenientes da atuação de grandes empresas de mídia.

Com efeito, considerando as funções regulatórias concedidas ao órgão, a aprovação da Lei 13.853/2019 proporcionou uma inclusão importante do texto do § 2º do art. 55-J tal como proposto pela MP 860/2018. Consta da redação atual a necessidade de na edição de regulamentos e normas pela ANPD serem realizadas consultas públicas e audiências públicas, bem como análises de impactos regulatórios. Note-se uma redação simples e precisa das obrigações imputadas à ANPD para o exercício de suas funções normativas, já que no texto da MP não mencionava a necessidade de o órgão promover análises de impactos regulatórios.

Ora, a análise de impactos regulatórios (AIA), é sabido, constitui-se, hodiernamente, no melhor instrumento para o exercício de uma atividade regulatória processualizada, sendo indispensável para a melhor tomada de decisões em situações de variáveis complexas. A definição do instituto é dada por Patrícia Pessôa Valente:

---

10 BARROS, Rafael Souza Paiva de; FERREIRA, Gianne Glória Lima. "Autoridade Nacional de Proteção de Dados". *In*: FEIGELSON, Bruno; SIQUEIRA, Antonio Henrique (Coord.). *Comentários à Lei Geral de Proteção de Dados*. São Paulo: Revista dos Tribunais, 2019, p. 207.

> (...) um procedimento ordenado de tomada de decisão no âmbito da atividade regulatória estatal, baseado no uso sistemático de análises sobre os possíveis efeitos de uma dada decisão. Apresenta como principais etapas a delimitação de objetivos e meios pretendidos pela decisão regulatória a ser tomada, o mapeamento dos prováveis impactos, a análise dos custos e benefícios da medida e o monitoramento dos efeitos após sua implementação.[11]

Floriano de Azevedo Marques Neto ainda pontifica que "as análises regulatórias terminam por conferir os parâmetros de avaliação de efetividade da regulação visando a futuros ajustes da medida ou à revogação caso não mais impactem como originariamente previsto no caso dos normativos".[12]

Sendo assim, a lembrança acerca de as ações regulatórias da ANPD serem orientadas segundo uma avaliação de impacto que dê maior previsibilidade e segurança aos agentes fiscalizados (notadamente os agentes cujos dados sigilosos sejam relevantes às suas atividades) promove uma proposta já presente em vários diplomas atuais.

Por fim, cabe destacar, ainda no sentido da importância reservada à ANPD pela Lei Geral de Proteção de Dados, que a competência da ANPD para aplicação de sanções por infrações prevalece sobre aquelas eventualmente exercidas por outros órgãos e entidades da administração pública direta e indireta (art. 55-K, *caput*).

Nesse sentido, de forma a evitar a superposição de competências sancionatórias e normativas, o parágrafo único do precitado art. 55-K atribui à ANPD a tarefa de articular com esses órgãos e entidades formas para a melhor atuação na proteção de dados pessoais.

---

11 VALENTE, Patrícia Rodrigues Pessôa. *Avaliação de Impacto Regulatório: Uma ferramenta à disposição do Estado*. Dissertação (Mestrado em Direito) – Faculdade de Direito da USP. 218 f. São Paulo: Universidade de São Paulo, 2010, p. 29.

12 MARQUES NETO, Floriano de Azevedo. "Funções Administrativas do Estado". *In*: DI PIETRO, Maria Sylvia Zanella (Coord.). *Tratado de Direito Administrativo*. 1. ed. São Paulo: Revista dos Tribunais, 2015, p. 624.

Portanto, conquanto a lei faça sempre questão de reservar à ANPD uma posição primordial como órgão central na disposição de normas acerca do tratamento de dados pessoais, não se desconhece a possibilidade de atuação de outros órgãos e entidades públicas na tarefa de regular as atividades relacionadas à proteção de dados pessoais, sendo necessária a criação de mecanismos de articulação entre os diversos controladores públicos da matéria.

Enfim, ainda há questões a serem enfrentadas para melhor compreender de que modo a ANPD dará conta de executar todas as competências que a lei lhe defere.

3. As receitas da ANPD

A Lei 13.853/2019 prevê que a ANPD pode receber diversas fontes de financiamento, desde aquelas provenientes da dotação orçamentária da União, passando por valores derivados de aplicações no mercado financeiro e recursos obtidos de acordos, convênios ou contratos celebrados com entidades, organismos e empresas, público ou privadas, nacionais ou internacionais.

O desafio, aqui, está relacionado, novamente, à natureza jurídica atribuída à ANPD. A não composição do órgão como uma entidade autárquica especial revela que o órgão dispõe de menor autonomia financeira e operacional, dependendo, destarte, em grande medida, dos recursos e disposição da Presidência da República na distribuição do orçamento da máquina pública federal.

Nesse diapasão, cabe transcrever a crítica formulada pelos precitados Rafael Souza Paiva de Barros e Gianne Glória Lima Ferreira:[13]

---

13 BARROS, Rafael Souza Paiva de; FERREIRA, Gianne Glória Lima. "Autoridade Nacional de Proteção de Dados". *In*: FEIGELSON, Bruno; SIQUEIRA, Antonio Henrique (Coord.). *Comentários à Lei Geral de Proteção de Dados*. São Paulo: Revista dos Tribunais, 2019, p. 210.

> A ausência de autonomia financeira dos órgãos da Administração Pública Direita é frequentemente entendida como um elemento enfraquecedor. Uma vez que a subordinação a repasses, a impossibilidade de auferir receita e de gerar dificultam a atuação eficiente do órgão, é razoável afirmar que a ANDPD corre sério risco de sofrer capture por agentes do mercado ou, ainda, se tornar refém de contingenciamentos ou restrição de recursos.

De fato, a crítica é pertinente. Se é verdade que a estruturação da ANPD como entidade autárquica independente não poderia impedir com certeza a sua captura, por outro lado, não há como negar que esse é um risco menor do que o do atual cenário.

4. O Conselho Nacional de Proteção de Dados pessoais e da privacidade

O Conselho Nacional de Proteção de Dados é o órgão composto por vinte e três representantes de instituições nacionais, o qual tem funções eminentemente consultivas e de apoio à atuação da ANPD no tratamento de dados pessoais. Nos termos da lei (art. 58-B), compete ao Conselho Nacional: i) propor diretrizes estratégicas e fornecer subsídios para a elaboração da Política Nacional de Proteção de Dados Pessoais e da Privacidade e para a atuação da ANPD; elaborar relatórios anuais de avaliação da execução das ações da Política Nacional de Proteção de Dados Pessoais e da Privacidade; sugerir ações a serem realizadas pela ANPD; elaborar estudos e realizar debates e audiências públicas sobre a proteção de dados pessoais e da privacidade; disseminar o conhecimento sobre a proteção de dados pessoais e da privacidade à população.

A composição heterogênea do Conselho Nacional (desde pessoas do Poder Executivo, Legislativo, do Judiciário e do Ministério Público, passado por agentes de instituições que atuam empresarialmente com dados pessoais) tem a importância de servir como um órgão atuante na composição dos mais variados interesses existentes na disciplina da proteção dados pessoais, os quais devem ser compatibilizados com os interesses públicos que levam à regulação da matéria. Cabe, portanto, ao Conselho Nacional, no exercício de suas competências afirmadas pela lei, evitar uma eventual regulação autoritária da ANPD (que, lembre-se, está diretamente subordinada à Presidência da República).

Conclusão

A Autoridade Nacional de Proteção de Dados Pessoais é peça chave no desenho institucional formulado pela legislação brasileira para definir e executar a política de proteção de dados pessoais. É a ANPD a concentrar grande parte dos poderes de atuação do poder público na disciplina do tratamento de dados pessoais no Brasil. Sua missão, portanto, é da mais alta complexidade.

Ocorre que, mesmo sabendo da importância em se estruturar uma figura central capaz de enfrentar os dilemas que a matéria exige, desde o início, ainda na fase de discussões sobre uma lei geral de proteção de dados pessoais no Direito brasileiro, houve problemas nesse trabalho. Ao fim e ao cabo, optou-se por um modelo institucional um tanto confuso – que confere autonomia à ANPD ao mesmo tempo que retira – e questionável, centralizado no domínio da Presidência da República, e que, destarte, não transmite a segurança jurídica requerida para a atuação de uma autoridade que irá lidar persistentemente com direitos fundamentais e com direitos relativos à soberania, à segurança nacional e aos interesses públicos.

Ainda há muitas dúvidas sobre os rumos da ANPD. Eventualmente, logo ela poderá, nos termos da lei, transformar-se em uma agência reguladora, consoante inicialmente se vislumbrou, dotando-a de capacidade técnica específica e operacional própria de uma entidade da administração indireta, sob a autoridade de algum Ministério (muito provavelmente o Ministério da Justiça). A medida pode ser um primeiro passo para a melhor compreender o papel da ANPD no trabalho de proteção de dados pessoais.

Referências bibliográficas

BANDEIRA DE MELLO, Celso Antônio. *Curso de Direito Administrativo*. 34. ed. São Paulo: Malheiros, 2019.

COTS, Márcio; OLIVEIRA, Ricardo. *Lei Geral de Proteção de Dados Pessoais Comentada*. 3. ed. São Paulo: Revista dos Tribunais, 2019.

DI PIETRO, Maria Sylvia Zanella. *Direito Administrativo*. 27. Ed. São Paulo: Atlas, 2014.

FRAZÃO, Ana. "Fundamentos da proteção dos dados pessoais". *In:* TEPEDINO, Gustavo; FRAZÃO, Ana; OLIVA, Milena Donato (Coord.). *Lei Geral de Proteção de Dados Pessoais*: e suas repercussões no Direito Brasileiro. 3ª tiragem. São Paulo: Revista dos Tribunais, 2019.

GUERRA, Sérgio. *Agências reguladoras*: da organização administrativa piramidal à governança em rede. Belo Horizonte: Fórum, 2012.

JUSTEN FILHO, Marçal. *O Direito das agências reguladoras independentes*. São Paulo: Dialética, 2012.

JUSTEN FILHO, Marçal. "Agências reguladoras e democracia: existe um déficit democrático na 'regulação independente'"?. *Revista de Direito Público da Economia - RDPE*, ano 17, n. 2, 2003, pp. 273-301. Disponível em: https://www.forumconhecimento.com.br/periodico/140/20776/32270. Acesso em 30.08.2021.

MARQUES NETO, Floriano Peixoto de Azevedo. *Agências reguladoras independentes*: fundamentos e seu regime jurídico. Belo Horizonte: Fórum, 2005.

MARQUES NETO, Floriano de Azevedo. "Funções Administrativas do Estado". *In:* DI PIETRO, Maria Sylvia Zanella (Coord.). *Tratado de Direito Administrativo*. 1. Ed. São Paulo: Revista dos Tribunais, 2015.

PINHEIRO, Patrícia Peck. *Proteção de Dados Pessoais*: Comentários à Lei n. 13.709/2018 (LGPD). São Paulo: Saraiva, 2018.

SUNDFELD, Carlos Ari. "Introdução às Agências Reguladoras". *In:* SUNDFELD, Carlos Ari (Coord.). *Direito Administrativo Econômico*. São Paulo: Malheiros, 2006.

VALENTE, Patrícia Rodrigues Pessôa. *Avaliação de Impacto Regulatório:* Uma ferramenta à disposição do Estado. Dissertação (Mestrado em Direito) – Faculdade de Direito da USP. São Paulo: Universidade de São Paulo, 2010.

VASCONCELOS, Beto; PAULA, Felipe. "A autoridade nacional de proteção de dados: origem, avanços e pontos críticos". *In:* TEPEDINO, Gustavo; FRAZÃO, Ana; OLIVA, Milena Donato (Coord.). *Lei Geral de Proteção de Dados Pessoais*: e suas repercussões no Direito Brasileiro. 3ª tiragem. São Paulo: Revista dos Tribunais, 2019.

Informação bibliográfica deste texto, conforme a NBR 6023:2002 da Associação Brasileira de Normas Técnicas (ABNT):

CAPÍTULO IX – A AUTORIDADE NACIONAL DE PROTEÇÃO DE DADOS: UM ORGANISMO AINDA A SER DESENVOLVIDO – Percival José Bariani Junior; Victor Silveira Martins

BARIANI JR., Percival José; MARTINS, Victor Silveira. "A autoridade nacional de proteção de dados: um organismo ainda a ser desenvolvido". *In:* MARINHO, Gustavo; VALIM, Rafael; WARDE, Walfrido; SIMÃO, Valdir. *Aspectos relevantes da Lei Geral de Proteção de Dados*. São Paulo: Editora Contracorrente, 2021.

CAPÍTULO X

SISTEMA DE GOVERNANÇA E BOAS PRÁTICAS EM PROTEÇÃO DE DADOS PESSOAIS

Christian Fernandes Gomes da Rosa

Introdução

As condições da sociedade contemporânea trazem consigo o incremento da complexidade e contingência no contexto das relações sociais.[1] São duas características próprias da sociedade moderna, conforme o registro da sociologia fundada na Teoria dos Sistemas, que entende a sociedade como um sistema que se distingue por se constituir de

1 "Cada experiência concreta apresenta um conteúdo evidente que remete a outras possibilidades que são ao mesmo tempo complexas e contingentes. Com *complexidade* queremos dizer que sempre existem mais possibilidades do que se possa realizar. Por *contingência* entendemos o fato de que as possibilidades apontadas para as demais experiências poderiam ser diferentes das esperadas. [...]" LUHMANN, Niklas. *Sociologia do Direito I.* Rio de Janeiro: Edições Tempo Brasileiro, 1983, p.45.

comunicação[2] (e não de indivíduos),[3] abordagem essa que parece especialmente apropriada diante do tema sob análise. Diante dessa conjuntura social, em busca de uma sociologia capaz de descrever essa "assim nomeada complexidade organizada",[4] constitui-se uma visão da função e fundamento da norma jurídica. Na sociedade moderna, o Direito tem a função de preservar expectativas (normativas), relacionadas à conduta do outro, ao longo do tempo; bem como dar tratamento à frustração decorrente do desvio do comportamento esperado.[5]

É nesse contexto em que pode ser compreendida a instituição da Lei Geral de Proteção de Dados Pessoais (LGPD), a Lei nº 13.709, de 14 de agosto de 2018, norma de âmbito nacional a dispor sobre "sobre o tratamento de dados pessoais [...] com o objetivo de proteger os direitos fundamentais de liberdade e de privacidade e o livre desenvolvimento da personalidade da pessoa natural".

A LGPD se coloca, dessa maneira, como um desdobramento entendido pela sociedade, ou pela comunidade jurídica, como necessário à tutela dos direitos humanos relacionados à privacidade e identidade neste dado momento histórico. A LGPD se trataria, sob essa perspectiva, da positivação de uma expectativa (normativa), crescente e agora generalizada na sociedade contemporânea de que condutas relacionadas ao tratamento de dados pessoais devam seguir parâmetros específicos, condicionadas ao respeito dos direitos do titular desses dados.

---

2 LUHMANN, Niklas. GIORGI, Raffaele de. *Teoria della Società*. Milano: Franco-Angeli, 2003. pp. 16 e seguintes.

3 "Kelsen desengata o conceito do direito do da moral, e inclusive da pessoa natural, porque um sistema jurídico que se tomou inteiramente autônomo tem que sobreviver com suas ficções autoproduzidas; ele introduz as pessoas naturais no seu próprio ambiente ou "mundo circundante", nos termos da nova guinada naturalista de Luhmann". HABERMAS, Jürgen. *Direito e democracia*: entre facticidade e validade. vol 1. Rio de Janeiro: Tempo Brasileiro, 1997, p. 118.

4 LUHMANN, Niklas. GIORGI, Raffaele de. *Teoria della Società*. Milano: Franco-Angeli, 2003, p. 13.

5 LUHMANN, Niklas. *Sociologia do Direito I*. Rio de Janeiro: Edições Tempo Brasileiro, 1983, p. 48.

Segundo seus próprios critérios de reconhecimento,[6] o Direito evolui, modica-se em razão das mudanças ambientais que o tocam. Quanto ao conteúdo das normas, é possível entender que o sistema jurídico se alterou de maneira a contemplar uma nova expectativa generalizada. Sob outras narrativas, é possível entender esse movimento como a cristalização momentânea de um novo entendimento comum entre os membros da sociedade,[7] ou o reconhecimento como direito o interesse de uma dada categoria de indivíduos,[8] em geral em detrimento de outra categoria, anteriormente tutelada.

Esse movimento pode ser igualmente descrito na promulgação da LGPD, que em termos práticos reconhece ao usuário os direitos (decorrentes da titularidade) sobre seus dados pessoais, ainda quando recolhidos ou em guarda de terceiros, os agentes de tratamento de dados pessoais, na expressão empregada pelo legislador brasileiro. Nesse sentido, a norma veio a restringir a atividade econômica e o domínio de

---

6 No caso, a Lei Geral de Proteção de Dados Pessoais é ato que observou o procedimento previsto no direito posto, especificamente nos artigos 61 a 69 da Constituição da República. Reproduziu, ademais, a comunicação típica do Direito, a manifestar o que é lícito e ilícito. LUHMANN, Niklas. GIORGI, Raffaele de. *Teoria della Società*. Milano: FrancoAngeli, 2003, p. 416.

7 "Quanto mais concreto for o caráter do direito e mais concreta a matéria a ser regulada, tanto mais a aceitabilidade das normas fundamentadas exprime a autocompreensão de uma forma de vida histórica, a compensação entre interesses de grupos concorrentes e uma escolha empiricamente informada entre fins alternativos". HABERMAS, Jürgen. *Direito e democracia*: entre facticidade e validade. Vol 1. Rio de Janeiro: Tempo Brasileiro, 1997, p. 192.

8 "O elenco dos direitos do homem se modificou, e continuar se modificar, com mudança das condições históricas, ou seja, dos carecimentos e dos interesses, das classes no poder, dos meios disponíveis para realização dos mesmos, das transformações técnicas, etc. Direitos que foram declarados absolutos no final do século XVIII, uma a propriedade *sacre et inviolable*, foram submetidos a radicais limitações nas declarações contemporâneas; direitos que as declarações do século XVIII nem sequer mencionavam, como os direitos sociais, são agora proclamados com grande ostentação nas recentes declarações. Não é difícil prever que, no futuro, poderão emergir novas pretensões que no momento nem sequer podemos imaginar, como direito não portar armas contra a própria vontade, o direito de respeitar a vida também dure mais e não só dos homens". BOBBIO, Norberto. *O positivismo jurídico*: lições de filosofia do Direito. São Paulo: Ícone, 1995, pp. 18/19.

controladores e operadores sobre o conteúdo que recolhem e armazenam, por exemplo.[9] Assim é que se colocam claros os desafios ao cumprimento da norma, pessoas físicas e jurídicas, sujeitas à sua incidência, passam a ter o dever jurídico de observar seus parâmetros no exercício de suas atividades, notadamente aquelas de caráter econômico.[10]

A inovação normativa importa na alteração de conduta, em especial de pessoas jurídicas, empreendimentos que tenham nos dados um importante elemento a viabilizar sua atividade econômica ou, ao menos, como elemento essencial à eficiência de suas operações. Essa exigência ganha especial relevância diante das consequências, previstas na LGPD, para o descumprimento de suas disposições.

Dada a contingência de sistemas sociais, é efetivamente possível que a conduta do destinatário da Lei deixe de seguir o comando normativo – o sistema prevê a conduta desconforme e deve conviver com essa possibilidade. Diante dessa circunstância fática, é inerente ao próprio Direito moderno tratar das consequências de sua inobservância. A previsão de consequência jurídica reforça a expectativa recíproca de que a norma traça, em seu conteúdo, um entendimento congruente, um padrão de conduta que se espera seja observado tanto pelo usuário como pelo agente de tratamento de dados pessoais.[11]

---

9 "Não se pode afirmar um novo direito em favor de uma categoria de pessoas sem suprimir ao governo direito, do qual se beneficiava outras categorias de pessoas: o reconhecimento do direito de não ser escravizado implica eliminação do direito de possuir escravos; o reconhecimento do direito de não ser torturado implica supressão do direito de torturar". BOBBIO, Norberto. *O positivismo jurídico*: lições de filosofia do Direito. São Paulo: Ícone, 1995, p. 20.

10 A norma não incide a pessoas naturais que mantenham dados pessoais com fins não econômicos, como estabelece o artigo 4º da LGPD, dentre outras exclusões ali previstas.

11 "Em sociedades mais desenvolvidas a correção de uma norma só pode ser documentada através da normatização também das formas de processamento das frustrações, através de sanções ou de garantias para imposição de expectativas, pois é apenas por meio da intenção e da tentativa de impor-se a expectativa que o consenso subentendido pode ser convincentemente demonstrado a terceiros. Dessa forma a simples vigência da norma é suficiente para provocar sanções". LUHMANN, Niklas. *Sociologia do Direito I*. Rio de Janeiro: Edições Tempo Brasileiro, 1983, p. 116.

Eis que o artigo 52 da LGPD prevê, como resposta jurídica de infrações à norma, a aplicação administrativa de sanções que variam desde a mera advertência até a suspensão – e mesmo a proibição – do exercício de atividades relacionadas ao tratamento de dados pessoais, passando pela possibilidade de aplicação de sanções pecuniárias que podem alcançar R$ 50.000.000,00 (cinquenta milhões de reais) por infração.

Assim é que, ao passo que o sistema jurídico reconhece o direito do usuário sobre os dados de sua titularidade, coloca-se o desafio aos agentes de tratamento de dados, destinatários da norma, cujas condutas devem observar seus preceitos quando do exercício de suas atividades. De maneira geral, prevalece ao destinatário da norma a liberdade de decidir, amplamente, como pretende dar execução ao comando normativo. Mas é possível identificar nos modelos de governança, como as práticas de gestão de riscos usualmente adotadas para o cumprimento (compliance) de outros microssistemas normativos, uma metodologia que leve a cabo um esforço de adequação à LGPD, em especial a considerar o especial regime jurídico dos direitos tutelados.

1. Sistema de governança e gestão de riscos no cumprimento da LGPD

No âmbito do cumprimento (compliance) da LGDP, particularmente, o legislador deixou claro o direcionamento para um sistema de gestão baseado em "regras de boas práticas e de governança", conforme a redação do seu artigo 50, *caput*. E a legislação brasileira, nesse aspecto, é tributária da norma europeia quanto ao meio que se espera os agentes gerenciem o cumprimento das exigências legais. É o que se depreende, por exemplo, pela análise do Recital 78 da General Data Protection Regulation (GDPR).[12]

---

12 Recital 78 - 1 The protection of the rights and freedoms of natural persons with regard to the processing of personal data require that appropriate technical and organisational measures be taken to ensure that the requirements of this Regulation

O sistema de gestão que se extrai do *caput* do artigo 50 da LGDP deve contemplar ao menos as políticas do agente no que se refere às (a.) condições de organização e funcionamento de suas atividades de tratamento de dados pessoais; (b.) os procedimentos adotados pelo agente, incluindo aqueles voltados ao relacionamento com o usuário, que poderá apresentar reclamações ou pedidos; (c.) as normas de segurança e padrões técnicos que entende sejam necessárias e suficientes para proteger os dados pessoais de acessos não autorizados e de situações acidentais ou ilícitas de destruição, perda, alteração, comunicação ou difusão; (d.) matriz de obrigações atribuíveis aos diversos atores, relacionadas às atividades e interações desenvolvidas no tratamento dos dados; (e.) ações educativas endereçadas a todas as partes relacionadas ao desenvolvimento de suas atividades de tratamento; (f.) os mecanismos internos de supervisão e de mitigação de riscos; além de (g.) outros aspectos relacionados ao tratamento de dados pessoais. À sua maneira, a LGPD demandou dos agentes de tratamento de dados pessoais todo um sistema de gestão de riscos (governança de riscos),[13] um programa para organizar sua conduta diante da nova norma, e assim dar tratamento às contingências decorrentes do manuseio de dados pessoais de terceiros.

Note-se que não é a primeira vez que o Direito brasileiro avança para além do campo da observância substantiva da norma e demanda do destinatário do comando normativo não somente o cumprimento material das diretrizes de conduta que traça, mas também determina

are met. 2 In order to be able to demonstrate compliance with this Regulation, the controller should adopt internal policies and implement measures which meet in particular the principles of data protection by design and data protection by default. [...]

13 "Risk governance [...] is a broad rubric referring to a complex of coordinating, steering, and regulatory processes conducted for collective decision making involving uncertainty. Risk sets this collection of processes in motion whenever the risk affects multiples of people, collectivities, or institutions. Governance comprises both the institutional structure (formal and informal) and the policy process that guide and restrain collective activities of a group, society, or international community. Its aim is to regulate, reduce, or control risk problems". ROSA, Eugene *et al. The Risk Society Revisited*: Social Theory and Risk Governance. Philadelphia: Temple University Press, 2014, pp. 150/169.

a necessidade de um dado sistema de gestão para o cumprimento da norma. Duas experiências em que se pode identificar opção normativa semelhante são a Lei brasileira Anticorrupção, a Lei nº 12.846/2013 e respectivo regulamento, o Decreto nº 8.420/2015; e o Decreto nº 9.571/2018, que "estabelece as Diretrizes Nacionais sobre Empresas e Direitos Humanos". Em ambos os casos, há a demanda por um Programa de Integridade de empresas, na medida em que se sujeitem ao campo de incidência da norma. E, pelo menos no primeiro caso, a adoção de um programa de gestão para o cumprimento da norma é hipótese explícita de redução de eventuais sanções em face de infração aos comandos substanciais estabelecidos naquela Lei (artigo 7º, inciso VIII, da Lei nº 12.846/2013).

A exigência, manifestada ao longo dos artigos da LGDP, de que aqueles sujeitos a sua observância devem fazê-lo segundo um dado sistema de governança de suas atividades, observando requisitos explicitados, não é uma inovação absoluta. Aos moldes do Programa de Integridade previsto nos artigos 41[14] e seguintes do Decreto nº 8.420/2015, também o programa de cumprimento da LGDP deve ser fundado em uma análise dos riscos a que o agente de tratamento de dados pessoais sujeita o direito de titularidade do usuário. Recobre-se a redação do §1º. do artigo 50 da Lei Geral de Proteção de dados:

> Art. 50. [...] § 1º Ao estabelecer regras de boas práticas, o controlador e o operador levarão em consideração, em relação ao tratamento e aos dados, a natureza, o escopo, a finalidade e a

14 Art. 41. Para fins do disposto neste Decreto, programa de integridade consiste, no âmbito de uma pessoa jurídica, no conjunto de mecanismos e procedimentos internos de integridade, auditoria e incentivo à denúncia de irregularidades e na aplicação efetiva de códigos de ética e de conduta, políticas e diretrizes com objetivo de detectar e sanar desvios, fraudes, irregularidades e atos ilícitos praticados contra a administração pública, nacional ou estrangeira. Parágrafo Único. O programa de integridade deve ser estruturado, aplicado e atualizado de acordo com as características e riscos atuais das atividades de cada pessoa jurídica, a qual por sua vez deve garantir o constante aprimoramento e adaptação do referido programa, visando garantir sua efetividade.

probabilidade e a gravidade dos riscos e dos benefícios decorrentes de tratamento de dados do titular.

A exigência de uma abordagem sistematizada dos riscos provenientes da atividade de tratamento de dados pode ser interpretada como uma tentativa de oferecer solução a um incremento das expectativas relacionadas ao comportamento das empresas,[15] neste caso controladores e operadores de dados do usuário. O legislador brasileiro assim determinou, portanto, que o agente de tratamento de dados pessoais adote procedimentos e mecanismos que possam tratar os riscos decorrentes de sua atividade, de maneira racional,[16] em claro diálogo com a regra geral do parágrafo único do artigo 927 de Código Civil.[17] Essa gestão de riscos deve ser adequada, considerando o contexto interno e externo e peculiaridades de sua operação.

Por isso é que o programa de cumprimento da LGPD deve ter lastro, como estabelece o artigo 38,[18] em um relatório de impacto à

---

15 "Isso é necessário porque, com a complexidade e a referência mútua das expectativas, também aumentam a complexidade e o risco de erros". LUHMANN, Niklas. *Sociologia do Direito I*. Rio de Janeiro: Edições Tempo Brasileiro, 1983, p. 50.

16 Em uma sociedade complexa e contingente, como tratada ao início deste artigo, o tratamento racional de riscos não pode ser realizado sem considerar a impossibilidade prática de efetivamente colocar sob controle da decisão humana a incerteza. A racionalidade permanece, como esforço para o atendimento de expectativas (ou a suposta expectativa do outro), que se sabem contingentes. Importa, como menciona Luhmann, que se observe a estrutura e função própria da sociedade e seu ambiente, de seus subsistemas sociais e de seus respectivos ambientes. Em suas palavras: "Um modo racional para enfrentar os problemas pode ser perseguido somente na sociedade e apenas segundo as condições de manutenção de sua autopoiese, e isso implica sempre: preservação da diferença". LUHMANN, Niklas. GIORGI, Raffaele de. *Teoria della Società*. Milano: FrancoAngeli, 2003, p. 60.

17 Art. 927. Aquele que, por ato ilícito (arts. 186 e 187), causar dano a outrem, fica obrigado a repará-lo. Parágrafo único. Haverá obrigação de reparar o dano, independentemente de culpa, nos casos especificados em lei, ou quando a atividade normalmente desenvolvida pelo autor do dano implicar, por sua natureza, risco para os direitos de outrem.

18 Art. 38. A autoridade nacional poderá determinar ao controlador que elabore relatório de impacto à proteção de dados pessoais, inclusive de dados sensíveis,

proteção de dados pessoais. E no glossário do artigo 5º, inciso XVII,[19] da LGPD o legislador entendeu por bem deixar claro o que entende por relatório de impacto, com explícita referência a uma gestão voltada à mitigação de riscos.

Exige-se, assim, um conjunto de documentos que contenham a descrição dos riscos inerentes aos processos de tratamentos de dados pessoais, bem como seus mecanismos adotados com vistas a sua mitigação. É nesse passo que ganham relevância metodologias organizadas para a identificação, análise, avaliação e, muito especialmente, o tratamento dos riscos[20] de uma dada atividade operacional. Dentre outras, reconhecidas para tanto, destacam-se normas técnicas, não jurídicas, emitidas por entidades nacionais ou internacionais.

A própria LGPD, ao prescrever a necessidade de um programa sistematizado para o cumprimento da norma, menciona que os agentes de tratamento "individualmente ou por meio de associações, poderão formular regras de boas práticas e de governança", nos termos do *caput* de seu artigo 50. E, com lastro nesse dispositivo, é uma questão de tempo para que, dentro do amplo espectro de aplicação da LGPD, entidades setoriais e de classe específicas venham a definir um conjunto de regras e procedimentos que entendam pertinentes em razão dos riscos típicos da atividade econômica de cada setor, bem como estabelecer o encaminhamento considerado razoável para cada categoria de risco avaliado. Esse caminho, entretanto, não pode ser confundido com a suficiência da autorregulação.

---

referente a suas operações de tratamento de dados, nos termos de regulamento, observados os segredos comercial e industrial. Parágrafo único. Observado o disposto no *caput* deste artigo, o relatório deverá conter, no mínimo, a descrição dos tipos de dados coletados, a metodologia utilizada para a coleta e para a garantia da segurança das informações e a análise do controlador com relação a medidas, salvaguardas e mecanismos de mitigação de risco adotados.

19 "XVII - relatório de impacto à proteção de dados pessoais: documentação do controlador que contém a descrição dos processos de tratamento de dados pessoais que podem gerar riscos às liberdades civis e aos direitos fundamentais, bem como medidas, salvaguardas e mecanismos *de mitigação de risco*;"

20 São expressões empregadas, com conteúdo semântico próprio, pela ISO 31000, cujo escopo autodeclarado é "prover princípios e diretrizes sobre gestão de riscos".

Normas setoriais, emitidas por associações de controladores e operadores, a servirem de parâmetro para a estruturação de um programa próprio de cumprimento da LGPD, poderão ser reconhecidas e divulgadas pela autoridade nacional.[21] Podem ser bastante úteis, desde que sejam o ponto de partida para uma apuração própria, individualizada, a avaliar o impacto de um dado agente de tratamento específico à proteção de dados pessoais, como exige a Lei.

Nesse sentido, sistemas de gestão pautados em regras como aquelas emitidas pela International Organization for Standardization (ISO)[22] podem servir de base comum para o desenvolvimento de programas próprios pelas empresas, considerando os riscos específicos dos processos que desenvolvem no tratamento de dados pessoais – requisito esse indispensável para o cumprimento da legislação brasileira, já que o relatório de impacto à proteção de dados pessoais pode ser demandado pela autoridade nacional em algumas hipóteses, como aquela prevista no artigo 10, §3°, da Lei.[23]

É certo, pois, que um sistema de governança de riscos relacionados às atividades de tratamento de dados pessoais é indispensável para satisfazer as demandas da norma brasileira. Como estabelece o artigo 50, §2°., inciso I, deve ser um programa que observe "a estrutura, a escala e o volume de suas operações, bem como a sensibilidade dos dados tratados e a probabilidade e a gravidade dos danos para os titulares dos dados" e ainda:

> a) demonstre o comprometimento do controlador em adotar processos e políticas internas que assegurem o cumprimento,

---

21 Consoante previsão do artigo 50, §3°., da LGPD.

22 A entidade é representada no Brasil pela Associação Brasileira de Normas Técnicas (ABNT). Para o cumprimento da LGPD, normas como a ISO 27701, além da própria ISO 31000 e ISO 19600 têm sido indicadas como conjuntos de princípios e diretrizes pertinentes.

23 Art. 10. [...] § 3° A autoridade nacional poderá solicitar ao controlador relatório de impacto à proteção de dados pessoais, quando o tratamento tiver como fundamento seu interesse legítimo, observados os segredos comercial e industrial.

> de forma abrangente, de normas e boas práticas relativas à proteção de dados pessoais; b) seja aplicável a todo o conjunto de dados pessoais que estejam sob seu controle, independentemente do modo como se realizou sua coleta; c) seja adaptado à estrutura, à escala e ao volume de suas operações, bem como à sensibilidade dos dados tratados; d) estabeleça políticas e salvaguardas adequadas com base em processo de avaliação sistemática de impactos e riscos à privacidade; e) tenha o objetivo de estabelecer relação de confiança com o titular, por meio de atuação transparente e que assegure mecanismos de participação do titular; f) esteja integrado a sua estrutura geral de governança e estabeleça e aplique mecanismos de supervisão internos e externos; g) conte com planos de resposta a incidentes e remediação; e h) seja atualizado constantemente com base em informações obtidas a partir de monitoramento contínuo e avaliações periódicas; [...]

Em que pese ser relativamente novo no sistema jurídico brasileiro, com poucas manifestações assemelhadas anteriores, os requisitos do programa previstos na norma em muito se aproximam de diretrizes bastante conhecidas de gestão de riscos. Apenas para citar um exemplo óbvio, o que a alínea "a" do inciso I do §2º do artigo 50 da LGPD denomina comprometimento do controlador é albergado em diretrizes internacionais como a ISO 19600 como o compromisso e liderança da alta direção com o sistema de gestão de compliance da organização.[24] A adoção de uma diretriz setorial ou internacional facilita tanto o planejamento e implantação de um sistema adequado de tratamento de riscos, ao mesmo passo em que facilita a apuração de sua operação por autoridades de controle, na medida em que há padrões bem entabulados quanto ao monitoramento e auditoria de sua aplicação no contexto da atividade da empresa.

Assim, registrada a conveniência e utilidade da adoção pelos controladores e operadores de metodologias reconhecidas para a implantação

24 É o que se depreende de passagens como da cláusula 5.1 da ISO 19600.

de um sistema de gestão de riscos das atividades de tratamento de dados pessoais, uma questão fundamental não pode escapar à sua implantação. E ela decorre da natureza dos direitos tutelados pela LGPD. É o que se passa a tratar.

2. Boas práticas e a insuficiência de uma governança baseada no mero consentimento

A própria LGPD dá indicações claras da relevância atribuída ao consenso como meio de validação da atividade dos agentes de tratamento de dados, in verbis: "Art. 7º O tratamento de dados pessoais somente poderá ser realizado nas seguintes hipóteses: I - mediante o fornecimento de consentimento pelo titular; [...]". Com efeito, o consentimento do titular é elemento de validade da atividade de tratamento de dados: sem a coleta e devido registro do consentimento, nos termos exigidos pela LGPD, a atividade de tratamento de dados é, ressalvadas exceções, ato ilícito, sujeito às sanções previstas na norma.

Para o cumprimento da LGPD, em especial seu artigo 8º, o agente de tratamento de dados pessoais deve colher o consentimento por escrito, ou por qualquer outro meio de registro da manifestação do titular, devendo manter prova[25] dessa coleta.[26]

---

25 Nesse tema, importa ter como referência o artigo 369 do Código de Processo Civil, que dá ampla liberdade quanto aos meios de prova admitidos em processos civis: "Art. 369. As partes têm o direito de empregar todos os meios legais, bem como os moralmente legítimos, ainda que não especificados neste Código, para provar a verdade dos fatos em que se funda o pedido ou a defesa e influir eficazmente na convicção do juiz".

26 Art. 8º O consentimento previsto no inciso I do art. 7º desta Lei deverá ser fornecido por escrito ou por outro meio que demonstre a manifestação de vontade do titular. § 1º Caso o consentimento seja fornecido por escrito, esse deverá constar de cláusula destacada das demais cláusulas contratuais. § 2º Cabe ao controlador o ônus da prova de que o consentimento foi obtido em conformidade com o disposto nesta Lei. § 3º É vedado o tratamento de dados pessoais mediante vício de consentimento. § 4º O consentimento deverá referir-se a finalidades determinadas, e as autorizações genéricas para o tratamento de dados pessoais serão nulas. [...]

Entretanto, essa atenção aos direitos do usuário, que precisa ser chamado a manifestar sua vontade quanto ao uso de seus dados, tem levado a uma equivocada abordagem contratualista no tema da interpretação e aplicação da LGPD: partindo do pressuposto que é dado ao titular dispor, segundo sua vontade manifestada, sobre os dados de sua titularidade, conclui-se prematuramente que é plenamente possível a transferência de parcela desses direitos a controladores e operadores, que passam a tratar os dados (quase como se titulares fossem) até superveniente revogação[27] da vontade explicitada pelo titular. Toma-se a questão quase como se fosse possível ceder os direitos tutelados pela norma, por meio do consentimento.

O primeiro ponto de atenção, previsto também no artigo 8°, §3°., da LGPD, é a necessária obtenção de consentimento livre de vícios, como o erro, o dolo, coação, estado de perigo e lesão, consoante artigos 138 a 157 do Código Civil. Nesse aspecto, tanto no Brasil quando em diretrizes internacionais,[28] é fundamental uma abordagem consistente com a coleta de consentimento devidamente informado, pelo emprego de linguagem clara nos instrumentos jurídicos que se relacionem com as atividades de tratamento de dados pessoais.

Importante nesse detalhe ter ainda como referência o parâmetro mais rigoroso da GDPR quanto ao livre consentimento, em especial às

---

27 Art. 8° O consentimento previsto no inciso I do art. 7° desta Lei deverá ser fornecido por escrito ou por outro meio que demonstre a manifestação de vontade do titular.[...] § 5° O consentimento pode ser revogado a qualquer momento mediante manifestação expressa do titular, por procedimento gratuito e facilitado, ratificados os tratamentos realizados sob amparo do consentimento anteriormente manifestado enquanto não houver requerimento de eliminação, nos termos do inciso VI do *caput* do art. 18 desta Lei.

28 "Contracts must include certain specific terms as a minimum, such as requiring the processor to take appropriate measures to ensure the security of processing and obliging it to assist the controller in allowing individuals to exercise their rights under the GDPR. Using clear and comprehensive contracts with your processors helps to ensure that everyone understands their data protection obligations and is a good way to demonstrate this formally". UNITED KINGDOM INFORMATION COMMISSIONER'S OFFICE (ICO). *Guide to the General Data Protection Regulation (GDPR).*

considerações indicadas no Recital 43[29] no sentido de que não é válido o consentimento quando (a.) obtido mediante desequilíbrio entre o titular dos dados e o controlador, em especial quanto este é uma autoridade pública; (b.) não for dado ao titular a possibilidade de anuir, separadamente, para diferentes atividades de tratamento de dados pessoais quando isso for cabível no caso concreto; e (c.) a prestação do serviço ao titular for condicionada à anuência quando a execução do serviço não demandar, efetivamente, o tratamento do respectivo dado pessoal.

Assim, o que se pode concluir a partir das diretrizes da norma europeia,[30] bem como de uma avaliação um pouco mais aprofundada da natureza dos direitos tutelados pela LGPD,[31] é de que uma abordagem

29 Recital 43 - Freely Given Consent -1 In order to ensure that consent is freely given, consent should not provide a valid legal ground for the processing of personal data in a specific case where there is a clear imbalance between the data subject and the controller, in particular where the controller is a public authority and it is therefore unlikely that consent was freely given in all the circumstances of that specific situation. 2 Consent is presumed not to be freely given if it does not allow separate consent to be given to different personal data processing operations despite it being appropriate in the individual case, or if the performance of a contract, including the provision of a service, is dependent on the consent despite such consent not being necessary for such performance.

30 "The duties imposed by the GDPR on data controllers stem in part from an acknowledgement that individual data subjects are rarely in a position to bargain. Yet aside from the need to address gross power imbalances, those curbs on contractual freedom proceed from an awareness of the fact that a strictly contractual approach to data governance is likely to compromise aspirations that underlie the very *raison-d'être* of liberal democracies". DELACROIX, Sylvie. LAWRENCE, Neil D. Bottom-up data Trusts: disturbing the 'one size fits all' approach to data governance. International Data Privacy Law, Vol 9, Issue 4, November 2019, pp. 236–252, pp. 9/10.

31 "Ownership is not only unlikely to provide the level of control wished for: it is also a poor answer to the type of problems (and vulnerabilities) at stake. While some of the early voices that were instrumental to the emergence of data privacy law advocated extensive reliance on property law, today the 'law and doctrine on human rights' are 'generally regarded as providing the principal normative basis' for data privacy law. This turn to human rights reflects the fundamental nature of the harms that can ensue from the abusive exploitation of personal data. Not only are such harms ill-addressed through material compensation; they are also difficult, if not impossible, to prevent through individual vigilance alone". DELACROIX, Sylvie. LAWRENCE, Neil D. Bottom-up data Trusts: disturbing the 'one size fits all' approach to data governance. International Data Privacy Law, vol. 9, Issue 4,

meramente contratualista na aplicação da norma é absolutamente insuficiente e inadequada como modelo de governança de dados pessoais.

Essa concepção, fundada na ideia de que os direitos do usuário são como sua propriedade[32] disponível, passível de livre negociação contratual, ignora que os direitos de privacidade são direitos humanos, conformam-se como um direito fundamental[33] e, portanto, a rigor indisponíveis. É o que se depreende do artigo 12 da Declaração Universal dos Direitos Humanos[34] e reforçado no artigo 17 do Tratado Internacional sobre Direitos Civis e Políticos, das Nações Unidas (ONU),[35] ratificado pelo Brasil.[36]

November 2019, pp. 236–252, pp. 8/9. Disponível em: https://doi.org/10.1093/idpl/ipz014. Acesso em: 15 jun. 2021.

32 "One of the mechanisms through which we have traditionally sought to assert control over our surroundings is ownership. As an instrument of control, the concept of ownership has facilitated past aberrations such as the ability to own other people (slavery) or to restrict the extent to which people may enjoy the fruits of their labour (serfdom). Ownership has also been taken as a proxy for other forms of power, as instantiated in the restriction of voting rights to land-owners. Today data ownership is sometimes hailed as a precondition in order to return 'control' to the individual (particularly so in the American literature)". DELACROIX, Sylvie. LAWRENCE, Neil D. Bottom-up data Trusts: disturbing the 'one size fits all' approach to data governance. International Data Privacy Law, vol. 9, Issue 4, November 2019, p. 7.

33 É a posição, inclusive, manifestada pela GPDR em seu primeiro considerando: Recital 1 - Data Protection as a Fundamental Right – 1 The protection of natural persons in relation to the processing of personal data is a fundamental right. 2 Article 8(1) of the Charter of Fundamental Rights of the European Union (the 'Charter') and Article 16(1) of the Treaty on the Functioning of the European Union (TFEU) provide that everyone has the right to the protection of personal data concerning him or her.

34 "No one shall be subjected to arbitrary interference with his privacy, family, home or correspondence, nor to attacks upon his honour and reputation. Everyone has the right to the protection of the law against such interference or attacks". ORGANIZAÇÃO DAS NAÇÕES UNIDAS. *International Covenant on Civil and Political Rights*.

35 "1. No one shall be subjected to arbitrary or unlawful interference with his privacy, family, home or correspondence, nor to unlawful attacks on his honour and reputation. 2. Everyone has the right to the protection of the law against such interference or attacks".

36 Internalizado pelo Decreto n. 592, de 6 de julho de 1992.

Assim é que o entendimento da livre disponibilidade dos dados pessoais e uma abordagem dos controladores fundada no simples consenso não são compatíveis como a tutela efetiva de um direito considerado fundamental. Também não são posturas aptas a dar tratamento adequado a situações em que há claro desequilíbrio entre o titular e o agente de tratamento de dados, sem mencionar a casos – que passarão a ser comuns – como o tratamento de dados pessoais de pessoas falecidas.[37] O tema tem uma complexidade própria, portanto, a reconhecer-se a natureza especial dos direitos tutelados pelo novo microssistema jurídico.

Está claro na LGPD que o legislador brasileiro exigiu uma conduta ativa dos controladores e operadores na tutela dos direitos do titular. Isso se manifesta explicitamente, por exemplo, nos incisos VIII e X do artigo 6º da Lei,[38] que determinam respectivamente uma governança preventiva e com responsabilidade e prestação de contas (*accountability*) no desenvolvimento de atividades de tratamento de dados. São sinais claros de que o regime jurídico dos direitos humanos, tutelados pela LGPD, não passou totalmente desapercebido nesta inovação do Direito positivo brasileiro.

Da interpretação sistematizada da norma e diante da constatação de que os direitos do titular, envolvidos com o tratamento de dados pessoais, são direitos fundamentais, decorre a necessidade de que a governança estabelecida por controladores e operadores seja mais do que meramente responsiva ou lastreada no consentimento formal.

---

37 Nesse tema, vide MALGIERI, Gianclaudio, R.I.P.: Rest in Privacy or Rest in (Quasi-)Property? Personal Data Protection of Deceased Data Subjects between Theoretical Scenarios and National Solutions (March 30, 2018). Data Protection and Privacy: The Internet of Bodies, edited by Ronald Leenes, Rosamunde van Brackel, Serge Gutwirth & Paul De Hert (Brussels, Hart, 2018).

38 Art. 6º As atividades de tratamento de dados pessoais deverão observar a boa-fé e os seguintes princípios: [...] VIII - prevenção: adoção de medidas para prevenir a ocorrência de danos em virtude do tratamento de dados pessoais; [...] X - responsabilização e prestação de contas: demonstração, pelo agente, da adoção de medidas eficazes e capazes de comprovar a observância e o cumprimento das normas de proteção de dados pessoais e, inclusive, da eficácia dessas medidas.

A governança para o efetivo cumprimento da LGPD no sistema jurídico brasileiro deve ser preventiva, executada com responsabilidade e cautela, engajada ativamente com a proteção e defesa dos interesses dos titulares dos dados. Deve ser transparente e estimular a participação do titular dos dados. Esse é o desafio que se impõe aos agentes de tratamento de dados pessoais: a partir de um sistema qualificado de gestão de riscos de suas atividades, avançar para o domínio da tutela – naquilo que lhe compete – do direito fundamental sob sua gestão.

Referências bibliográficas

BRASIL. ASSOCIAÇÃO BRASILEIRA DE NORMAS TÉCNICAS. NBR ISO 31000: Gestão de riscos — Princípios e diretrizes. Publicada em 12.2009.

BRASIL. ASSOCIAÇÃO BRASILEIRA DE NORMAS TÉCNICAS. NBR ISO 37001: Sistemas de gestão antissuborno — Requisitos com orientações para uso. Publicada em 03.2017.

BARBIERI, Carlos. *Governança de Dados - Práticas, Conceitos e Novos Caminhos*. Rio de Janeiro: Alta Books, 2019, p. 288.

BOBBIO, Norberto. *O positivismo jurídico:* lições de filosofia do Direito. São Paulo: Ícone, 1999, p. 240.

BRASIL. Lei nº 13.709, de 14 de agosto de 2018. Lei Geral de Proteção de Dados (LGPD).

DELACROIX, Sylvie. LAWRENCE, Neil D. Bottom-up data Trusts: disturbing the 'one size fits all' approach to data governance. *International Data Privacy Law*, vol. 9, Issue 4, November 2019.

HABERMAS, Jürgen. *Direito e democracia:* entre facticidade e validade, vol 1. Rio de Janeiro: Tempo Brasileiro, 1997, p. 354.

INTERNATIONAL ORGANIZATION FOR STANDARDIZATION. ISO 19600: Sistema de Gestão de Compliance. 06.2016.

LUHMANN, Niklas. *Sociologia do Direito I.* Rio de Janeiro: Edições Tempo Brasileiro, 1983, p. 200.

LUHMANN, Niklas. GIORGI, Raffaele de. *Teoria della Società*. Milão: FrancoAngeli, 2003, p. 416.

MALDONADO, Viviane Nóbrega. BLUM, Renato Opice. Comentários ao GDPR – *Regulamento Geral de Proteção de Dados da União Europeia*. São Paulo: Thomson Reuters Brasil, 2018, p. 256.

MALGIERI, Gianclaudio, R.I.P.: Rest in Privacy or Rest in (Quasi-)Property? Personal Data Protection of Deceased Data Subjects between Theoretical Scenarios and National Solutions (March 30, 2018). Data Protection and Privacy: The Internet of Bodies, edited by Ronald Leenes, Rosamunde van Brackel, Serge Gutwirth & Paul De Hert (Brussels, Hart, 2018). Disponível em: SSRN: https://ssrn.com/abstract=3185249. Acesso em: 14 jul. 2021.

ORGANIZAÇÃO DAS NAÇÕES UNIDAS. *International Covenant on Civil and Political Rights*. Disponível em: https://www.ohchr.org/en/professionalinterest/pages/ccpr.aspx.

UNIÃO EUROPEIA. *General Data Protection Regulation (EU) 2016/679*. Acesso em: 27 abr. 2016.

UNITED KINGDOM INFORMATION COMMISSIONER'S OFFICE (ICO). *Guide to the General Data Protection Regulation (GDPR)*. Publicado em 25.05.2018. Disponível em: https://www.gov.uk/government/publications/guide-to-the-general-data-protection-regulation. Acesso em: 15 jun. 2021.

Informação bibliográfica deste texto, conforme a NBR 6023:2002 da Associação Brasileira de Normas Técnicas (ABNT):

CAPÍTULO X - LGPD - SISTEMA DE GOVERNANÇA E BOAS PRÁTICAS EM PROTEÇÃO DE DADOS PESSOAIS - Christian Fernandes Gomes Da Rosa

ROSA, Christian Fernandes Gomes da. "Sistema de governança e boas práticas em proteção de dados pessoais". *In:* MARINHO, Gustavo; VALIM, Rafael; WARDE, Walfrido; SIMÃO, Valdir. *Aspectos relevantes da Lei Geral de Proteção de Dados*. São Paulo: Editora Contracorrente, 2021.

CAPÍTULO XI

LEI GERAL DE PROTEÇÃO DE DADOS E A COMPETÊNCIA DO TRIBUNAL DE CONTAS DO MUNICÍPIO DE SÃO PAULO

João Antonio da Silva Filho

Introdução

Na sociedade contemporânea ganha cada vez mais destaque a discussão sobre a proteção de dados pessoais e sensíveis. Recentemente inserida na agenda pública, a Lei Geral de Proteção de Dados Pessoais (Lei nº 13.709, de 14 de agosto de 2018) – que colocou o Brasil no rol dos países que possuem legislação para proteção de dados pessoais -, objetiva regulamentar o tratamento desse tipo de dados, inclusive nos meios digitais, por pessoa natural ou por pessoa jurídica de direito público ou privado, tendo por norte a proteção dos direitos fundamentais de liberdade, privacidade e intimidade.

Sob a perspectiva da relação entre o Poder Público e os cidadãos, a maneira como se dá a utilização e o tratamento de dados pessoais dos administrados pode servir como meio de qualificação da eficiência dos bens e dos serviços públicos prestados à sociedade, porém, em certa medida pode significar também uma ilegal intromissão na esfera privada e íntima dos cidadãos.

É importante ter claro que o Poder Público é tido como o maior detentor de dados pessoais e informações dos cidadãos. Dados obtidos por meio de suas atividades intrínsecas como controles de acesso aos órgãos e departamentos públicos, câmeras em rodovias e vias de circulação, uso da biometria e de reconhecimento facial para identificação, bases de dados cadastrais como do Sistema Único de Saúde (SUS), dos Censos Demográficos e Educacionais, de Programas de Assistência Social, como o Bolsa Família, dentre outras informações e dados. O que, invariavelmente, se associa a uma efetiva possibilidade de vigilância desmedida e até mesmo ao controle excessivo sobre a vida dos cidadãos.

Na relação entre cidadão e Governo (na qualidade de coletor e gerenciador de dados), indubitavelmente o cidadão é a parte mais fragilizada. O Governo deve se ater a um modelo de proteção de dados pessoais e sensíveis que, ao mesmo tempo, compatibilize os interesses da sociedade em otimizar as políticas públicas e resguarde a privacidade e a intimidade dos cidadãos.

Por essa razão a Lei Geral de Proteção de Dados, além de especificar que as normas nela veiculadas são de interesse nacional, devendo ser observadas pela União, Estados, Distrito Federal e Municípios, dedica um capítulo específico (Capítulo IV) para regulamentar o "Tratamento de Dados Pessoais pelo Poder Público", estabelecendo que a utilização de dados pelas pessoas jurídicas de direito público deve ser realizado "para o atendimento de sua finalidade pública, na persecução do interesse público, com o objetivo de executar as competências legais ou cumprir as atribuições legais do serviço público..." (art. 23).

A atividade de Controle Externo, a cargo principalmente dos Tribunais de Contas, exige o acesso a informações detidas pelos órgãos da Administração Pública, que muitas vezes envolverão dados pessoais dos administrados. A questão que se coloca é se há alguma limitação aos Tribunais de Contas para acesso a dados pessoais dos cidadãos e em qual medida as restrições previstas na LGPD interferem na atividade de controle da Administração Pública.

A fim de responder os questionamentos acima, o presente artigo procura analisar de forma breve a introdução da LGPD no ordenamento jurídico e seus reflexos na atividade desenvolvida pelos Tribunais de Contas, examinando para tanto as competências da Corte de Contas do Município de São Paulo no contexto do tratamento de dados pessoais, concluindo-se, ao final, que a Constituição Federal cuidou de garantir ao Controle Externo pleno acesso às informações detidas pela Administração Pública, mesmo que protegidas pela Lei Geral de Proteção de Dados.

1. A Lei Geral de Proteção de Dados

As informações essenciais relacionadas à pessoa natural, bem como os dados referentes à origem racial ou étnica, à saúde, à vida sexual, genéticos ou biométricos, bem como informações afetas à convicção religiosa, opinião política, filiação a sindicato ou a organização de caráter religioso, filosófico ou político, merecem especial tratamento por parte da legislação, uma vez que sua má-utilização ostenta a potencialidade de violar de maneira grave a dignidade humana, devendo existir mecanismos que resguardem a intimidade, a privacidade, a imagem e a honra das pessoas, no contexto do uso indevido de dados pessoais e sensíveis dos cidadãos.

Ao se inventariar a legislação brasileira, até meados de 2018 o tema da proteção de dados foi tratado por meio de normas esparsas, de maneira superficial ou por meio de aspectos específicos da complexa temática. Podemos destacar: a Lei n° 8.078, de 11 de setembro de 1990 (Código de Defesa do Consumidor), a Lei n° 12.414, de 09 de junho de 2011 (Lei do Cadastro Positivo), a Lei n° 12.527, de 18 de novembro de 2011 (Lei de Acesso à Informação – LAI), a Lei n° 12.965, de 23 de abril de 2014 (Marco Civil da Internet – MCI) e o Decreto n° 8.777, de 11 de maio de 2016 (Política de Dados Abertos – PDA). Entretanto, a carência de uma perspectiva global e harmônica do problema, assim como o silêncio e a incompletude da legislação sobre temas específicos e recorrentes para o Poder Público têm trazido vários problemas para a Administração Pública em seu cotidiano.[1]

Segundo Tânia Carolina Nunes Machado, a questão seria ponderar entre uma regulamentação muito restritiva, que poderia afetar as políticas públicas, ou uma legislação muito genérica, negligenciando a tutela dos direitos de intimidade e privacidade do particular:

> Não havia discordância, entretanto, acerca da necessidade de uma regulamentação específica acerca da proteção de dados pessoais e sensíveis. O que ocorria era a discussão sobre como harmonizar os diferentes interesses envolvidos. No caso do setor público, uma regulamentação muito restritiva poderia engessar a inovação, o desenvolvimento e a melhoria de políticas públicas. Por outro lado, uma legislação muito aberta e principiológica poderia ser inefetiva do ponto de vista prático, deixando indefeso o particular que sentir sua privacidade e intimidade ameaçadas, tornando inócua uma fiscalização mais pontual e especializada e mantendo a necessidade de judicializar a maioria das controvérsias.[2]

Para sanar as questões acima levantadas, em 14 de agosto de 2018, após muitos debates, foi sancionada com vetos a Lei Geral de Proteção de Dados Pessoais (LGPD), Lei n° 13.709.

A LGPD acompanha o modelo europeu, introduzido na legislação pela "General Data Protection Regulation" (GDPR), que entrou

---

1 GONÇALVES, Tânia Carolina Nunes Machado. *Gestão de dados pessoais e sensíveis pela Administração Pública Federal*: desafios, modelos e principais impactos com a nova lei. 147 f. Dissertação (Mestrado em Direito). Centro Universitário de Brasília (UniCEUB), Brasília, 2019, pp. 11/12.

2 GONÇALVES, Tânia Carolina Nunes Machado. *Gestão de dados pessoais e sensíveis pela Administração Pública Federal*: desafios, modelos e principais impactos com a nova lei. 147 f. Dissertação (Mestrado em Direito). Centro Universitário de Brasília (UniCEUB), Brasília, 2019, pp. 11/12.

em vigor em maio de 2018, pouco depois da divulgação do escândalo envolvendo a empresa Cambridge Analytica, no qual se revelou a manipulação de dados pessoais de mais de 87 milhões de usuários da rede social Facebook, cuja ação teria favorecido a eleição de Donald Trump no pleito norte-americano de 2016 e também o Brexit no Reino Unido.[3]

Angela Maria Rosso registra que a Lei Geral de Proteção de dados assemelha-se em diversos aspectos ao regulamento europeu, destacando-se como aspecto semelhante "sua aplicação multisetorial e transversal, ou seja, a lei aplica-se às pessoas naturais e as pessoas de direito público e privado, respeitadas algumas peculiaridades de cada setor para qualquer operação de tratamento de dados pessoais".[4]

Outro aspecto fundamental quanto às semelhanças entre o Regulamento Geral de Proteção de Dados da União Europeia (RGPD) e a LGPD tem relação com o princípio da dignidade humana, já que em ambos os diplomas normativos os direitos da personalidade são considerados como uma "projeção da dignidade humana e a proteção de dados como espécie daquele", consequentemente albergam o princípio da finalidade, o consentimento informado e legítimo interesse, constituindo verdadeiros parâmetros para conservar o controle dos cidadãos e a autonomia da vontade no que tange aos usos de informações a seu respeito.[5]

Originalmente a vacatio legis da LGPD era de 18 meses. Entretanto, a Medida Provisória n° 868, de 27 de dezembro de 2018, estipulou o período para 24 meses. Registra-se também que o PL n°

---

3 GRANVILLE, Kevin. "Facebook and Cambridge Analytica: What You Need to Know as Fallout Widens". *The New York Times,* Nova Iorque, 19 mar. 2018. Disponível em: https://www.nytimes.com/2018/03/19/technology/facebook-cambridge-analytica-explained.html. Acesso em: 10 jun. 2021.

4 ROSSO, Angela Maria. "LGPD e setor público: aspectos gerais e desafios". *Migalhas,* Ribeirão Preto, 18 abr. 2019. Disponível em: https://www.migalhas.com.br/depeso/300585/lgpd-e-setor-publico-aspectos-gerais-e-desafios. Acesso em: 10 jun. 2021.

5 GONÇALVES, Tânia Carolina Nunes Machado. *Gestão de dados pessoais e sensíveis pela Administração Pública Federal*: desafios, modelos e principais impactos com a nova lei. 147 f. Dissertação (Mestrado em Direito). Centro Universitário de Brasília (UniCEUB), Brasília, 2019, p. 94.

5.762/2019 que objetiva alterar a Lei nº 13.709, de 2018, prorrogando a data da entrada em vigor de dispositivos da Lei Geral de Proteção de Dados Pessoais - LGPD - para 15 de agosto de 2022. O que mostra incertezas por parte do Poder Público, de empresas privadas e da sociedade em geral quanto à adaptação de seus órgãos e agentes para o cumprimento da referida lei.

No setor privado a lei traz grandes impactos, conforme adverte Guilherme Braguim, advogado militante na área de proteção de dados, direito digital e propriedade intelectual:

> A LGPD é uma lei com abrangência extremamente ampla e que busca regular todas as atividades que são realizadas com nossos dados pessoais. No Brasil, a lei será aplicável a toda e qualquer empresa que realize o tratamento de dados pessoais,[6] ou seja, nome, CPF, endereço, e-mail, entre outros dados de seus clientes, parceiros, fornecedores e funcionários. E, por

---

6 Uma questão levantada por André Roque, Professor Adjunto de Direito Processual Civil da UERJ e da UFRJ é a tutela coletiva dos dados pessoais na LGPD, pela previsível não adequação de controladores e operadores de dados pessoais que não lograrem se adaptar às diretrizes da nova legislação: "A LGPD trará profundas transformações em matéria de proteção dos dados pessoais no Brasil, acarretando impactos para inúmeras empresas – de pequeno ou grande porte – e também para outras instituições, inclusive para a Administração Pública. Apesar da ampla vacância estabelecida – originalmente, de dezoito meses, ampliada para vinte e quatro meses por força da MP nº 869/2018 (art. 65, LGPD) – muitos controladores e operadores de dados pessoais ainda não se adequaram às determinações da lei.

Não é difícil imaginar, nessas circunstâncias, que diversas ações coletivas venham a ser ajuizadas com amparo na LGPD, até porque referida lei alude explicitamente à tutela coletiva (arts. 22 e 42, *caput* e § 3º), incidindo subsidiariamente a legislação específica (notadamente, a Lei nº 7.347/1985 e os arts. 81 a 104 do CDC, sem prejuízo de outros diplomas eventualmente aplicáveis, como a Lei nº 4.717/1965, sobre a ação popular, e os arts. 21 e 22 da Lei nº 12.016/2009, sobre o mandado de segurança coletivo)". ROQUE, André Vasconcelos. "A tutela coletiva dos dados pessoais na Lei Geral de Proteção de Dados Pessoais (LGPD)". *Revista Eletrônica de Direito Processual*, Rio de Janeiro, vol. 20, 2019, p. 16. Disponível em: https://sistemas.rj.def.br/publico/sarova.ashx/Portal/sarova/imagem-dpge/public/arquivos/Roque_-_Tutela_coletiva_dos_dados_pessoas_na_LGPD.pdf. Acesso em: 10 jun. 2021.

> tratamento, a lei não deixa dúvidas de que são dezenas de possibilidades: coleta, classificação, utilização, acesso, reprodução, transmissão, arquivamento, processamento etc.
>
> Qualquer uso irregular, ilícito ou falha na proteção desses dados pessoais pode ensejar penalidades gravíssimas, tais como a aplicação de multas pecuniárias de até 2% do faturamento anual de uma empresa (limitada a R$ 50 milhões), a proibição parcial ou temporária de tratar dados pessoais ou até a obrigação de excluir todo e qualquer dado pessoal armazenado, o que, na prática, inviabilizaria a continuidade no mercado de uma série de empresas.[7]

Quanto aos impactos na área pública, a utilização e o tratamento de dados pessoais é uma questão crucial para os governos contemporâneos, sob pena de perderem credibilidade. Garantir a segurança e proteção dos dados pessoais e sensíveis dos cidadãos, bem como estar atento quanto às possíveis consequências que podem acarretar o cruzamento de dados armazenados pelo Poder Público são preocupações que ensejaram a extensão da aplicação da LGPD também à Administração Pública.

2. A Lei Geral de Proteção de Dados e os Tribunais de Contas

A marca da democracia, na célebre expressão de Norberto Bobbio, é "o poder público em público". A democracia é o regime do poder visível, ou seja, a publicidade dos atos do poder.[8] Em termos mais

---

7 BRAGUIM, Guilherme. "A LGPD vai impulsionar o mercado de cyber seguros". *TeleSíntese*, São Paulo, 10 jan. 2020. Disponível em: http://www.telesintese.com.br/braguim-a-lgpd-vai-impulsionar-o-mercado-de-cyber-seguros/. Acesso em: 11 jun. 2021.

8 SILVA FILHO, João Antonio da. *Tribunais de Contas no Estado Democrático e os desafios do controle externo*. São Paulo: Editora Contracorrente, 2019.

claros, vale a citação textual do jusfilósofo italiano: "Pode-se definir a democracia das maneiras as mais diversas, mas não existe definição que possa deixar de incluir em seus conotativos a visibilidade ou transparência do poder".[9]

Em nossa contemporaneidade, os nortes de governança para se obter um governo que atenda às mais legítimas aspirações da sociedade no que tange à transparência e abertura para um controle da sociedade da Coisa Pública, apresentam dificuldades em sua aplicabilidade, uma vez que:

> No caso da disponibilização de dados, a transparência e o grau de publicidade estão relacionados ao nível de agregação e à verificação da sensibilidade de determinadas informações no caso concreto. Esse fato também tem relação com o orçamento disponibilizado para a área de Tecnologia da Informação e Comunicação (TIC) quanto às questões de segurança da informação, aquisição de softwares para criptografia e anonimização, estruturação dos bancos de dados, equipe própria destinada a realizar essas ações, entre outros.[10]

Ponto controverso é o questionamento por alguns órgãos da requisição de bancos de dados da Administração Pública pelo Tribunal de Contas da União e demais Cortes de Contas, cuja competência é a de justamente julgar as contas públicas, exigindo-se muitas vezes a análise de dados e informações de caráter pessoal dos administrados.

Wesley Vaz Silva, Secretário de Gestão de Informações para o Controle Externo do TCU, defende a consolidação de uma base única para a análise de dados da Administração Pública Federal. Segundo o

---

9 BOBBIO, Norberto. *O futuro da democracia*. São Paulo: Paz e Terra, 2011, p. 20.

10 GONÇALVES, Tânia Carolina Nunes Machado. Gestão de dados pessoais e sensíveis pela Administração Pública Federal: desafios, modelos e principais impactos com a nova lei. 147 f. Dissertação (Mestrado em Direito). Centro Universitário de Brasília (UniCEUB), Brasília, 2019, p. 30.

Secretário é recorrente "uma visão equivocada de que a informação é poder", sendo que em verdade, "é o uso que se dá a informação que confere poder". Outro ponto destacado seria o fato de que a Administração Pública deve ser considerada uma mera "custodiante" e não a "dona" dos dados e informações, de modo que não seria possível a alegação de recusa pela Administração Pública do fornecimento de dados para os órgãos de controle, valorizando-se assim a informação como um verdadeiro patrimônio público.[11]

Com a finalidade de aperfeiçoar o controle externo, o TCU criou o LabContas (Laboratório de Informações e Controle), um repositório de bases de dados da Administração Pública Federal e de outros entes federados, constituindo uma plataforma digital colaborativa, cujas bases de dados são utilizadas para fins de fiscalização, contando com mais de 90 bases e conectando cerca de 55 órgãos de controle do Brasil com desenvolvedores desses órgãos. Por meio de tal plataforma, "é possível ter acesso a mais de 1 milhão de Cadastros Nacionais de Pessoas Jurídicas (CNPJ) e 2,5 milhões de Cadastros Nacionais de Pessoas Físicas (CPFs) e cruzar informações para, por exemplo, detectar diversos tipos de fraudes e assim auxiliar no combate à corrupção".[12]

Importante destacar a discussão quanto à medida do acesso às informações de natureza pessoal e eventuais limites impostos aos Tribunais de Contas, de forma a balizar a interpretação da norma de proteção de dados tal como prevista no ordenamento jurídico brasileiro. A fim de delimitar o tema, restringiremos nossa análise às competências do Tribunal de Contas do Município de São Paulo e sua relação com dados pessoais e sensíveis detidos pela Administração Pública.

11 GONÇALVES, Tânia Carolina Nunes Machado. *Gestão de dados pessoais e sensíveis pela Administração Pública Federal*: desafios, modelos e principais impactos com a nova lei. 147 f. Dissertação (Mestrado em Direito). Centro Universitário de Brasília (UniCEUB), Brasília, 2019, pp. 122/123.

12 GONÇALVES, Tânia Carolina Nunes Machado. *Gestão de dados pessoais e sensíveis pela Administração Pública Federal*: desafios, modelos e principais impactos com a nova lei. 147 f. Dissertação (Mestrado em Direito). Centro Universitário de Brasília (UniCEUB), Brasília, 2019, pp. 122/123.

3. LGPD e as competências do Tribunal de Contas do Município de São Paulo

A obtenção de informações e dados sobre a Administração Pública é condição sine qua non para o exercício do Controle Externo.

Nesse sentido, a Lei Municipal nº 9.167/80, em seu artigo 39, estabelece que o Tribunal de Contas do Município de São Paulo poderá requisitar documentos ou informações necessárias à instrução de processos, bem como proceder a auditórias, vistorias ou exames em processos ou documentos. Esse regramento encontra amparo no artigo 71, IV da CF e também na Lei Orgânica do Município.

A questão que se coloca é quando essas informações estão carregadas de dados pessoais de administrados.

Imaginemos que a necessidade da Corte de Contas seja ter acesso a informações de pessoas atendidas pela rede municipal de saúde, com a finalidade de apurar os gastos públicos nesse segmento. Como proceder diante de eventual restrição aos dados pessoais dos pacientes e a consequente análise do gasto público em seu atendimento?

A Lei nº 13.709/18, com suas alterações realizadas pela Lei nº 13.853/19, indica como as pessoas jurídicas de direito público e privado devem se relacionar com dados captados de pessoas físicas (no caso, dos administrados). O Capítulo IV da LGPD descreve o tratamento de dados pessoais pelo Poder Público, cuja premissa parte da necessária e sempre presente vértice do princípio do interesse público.

A ponderação sobre a proteção à intimidade e o poder de acesso aos dados sob guarda da Administração Pública pelos órgãos de Controle Externo deve levar em consideração o princípio da supremacia do interesse público, observadas as limitações estabelecidas no ordenamento jurídico, coibindo-se sempre eventuais desvios e abusos.

Cabe registrar que dentre as técnicas desenvolvidas pelos Tribunais de Contas para o exercício do Controle Externo, destacam-se as denominadas auditorias, cuja imprescindibilidade de acesso a todos os dados que contemplam o objeto auditado é uma das principais características, conforme exposto na International Standards of Supreme Audit Institutions (ISSAI) nº 100:

> O objeto [das auditorias] refere-se à informação, condição ou atividade que é mensurada ou avaliada de acordo com certos critérios. Pode assumir várias formas e ter diferentes características, dependendo do objeto da auditoria. Um objeto de auditoria apropriado é identificável e passível de avaliação ou mensuração consistente baseada em critérios, de modo que possa ser submetido a procedimentos para obtenção de evidências de auditoria suficiente e apropriada para fundamentar a opinião ou conclusão de auditoria.[13]

Como poderíamos definir a natureza jurídica desse poder conferido ao Tribunal de Contas do Município de acessar os dados protegidos pela LGPD?

Em passo inaugural pode-se destacar os poderes oriundos da relação de Direito Administrativo, como o hierárquico, o normativo ou o regulamentar, pois não existe subordinação entre o Tribunal de Contas e o Poder Executivo.

Podemos indicá-lo como verdadeiro Poder de Estado, na extensão do vernáculo consagrado pelo artigo 2º da Constituição da República e segundo a concepção do Direito Constitucional de que a soberania, por ser una e indivisível, se verifica por meio de Poderes harmônicos e independentes entre si.

A importância da relação traçada entre a análise de dados e a solicitação de informações realizadas pelo Tribunal de Contas está calcada

---

13 INTERNATIONAL ORGANIZATION OF SUPREME AUDIT INSTITUTIONS (INTOSAI). "ISSAI 100: Fundamental Principles of Public Sector Auditing". Beijing, 2013. Disponível em: https://www.issai.org/wp-content/uploads/2019/08/ISSAI-100-Fundamental-Principles-of-Public-Sector-Auditing.pdf. Acesso em: 11 jun. 2021.

na obrigação de manutenção das regras de sigilo somadas à disposição apenas do essencial para que a finalidade pública pretendida com o exame de dados de natureza pessoal seja alcançada.

Nesse passo é importante ter claro que a restrição do acesso a informações não é uma novidade apresentada pela LGPD, mas que já encontrava respaldo constitucional e legal na figura do sigilo.

O sigilo é o instrumento que permite o bloqueio de ações de sujeitos que detém informações (de cunho pessoal ou de interesse público) sobre requisições de revelação deste conteúdo.

Um bom exemplo constitucional é o sigilo de fonte (art. 5°, XIV, da CF), que garante ao jornalista não revelar quem lhe forneceu as informações. O sigilo fiscal e o sigilo médico também são exemplos de meios de bloqueio à parte ou integralidade de informações.

Denota-se que o sigilo fiscal em muitas situações restringe e até inviabiliza que os Tribunais de Contas realizem auditorias em face de determinadas receitas. Os lançamentos, a isenção, as fiscalizações fazendárias – ou seja, os processos administrativos tributários em geral – possuem informações pessoais de contribuintes. Os órgãos fazendários se fundamentam nos artigos 198 e 199 do Código Tributário Nacional para impedir que o Controle Externo tenha acesso a essas informações.

O exemplo acima destaca como o sigilo fiscal impede o pleno exercício do Controle Externo, em que pese a razoável interpretação de que o mesmo sigilo seria observado pelos Tribunais de Contas.

O Estatuto dos Funcionários Públicos do Município de São Paulo também estabelece como deveres dos servidores municipais guardarem sigilo sobre os assuntos da Administração (art. 178), isso imposto a pedidos *externa corporis*.

Quando a pedidos *interna corporis* qualquer tipo de restrição além de não encontrar amparo normativo poderia indicar uma interpretação desarrazoada e impeditiva para o pleno exercício do ente controlador.

Para justificar empiricamente como o acesso às informações sigilosas dos demais entes públicos não prejudica a relação com o Controle

Externo, cite-se a natureza jurídica das informações constantes de uma fase interna de licitação, como o orçamento estimado realizado numa contratação por meio do Regime Diferenciado de Contratação Pública. O TCMSP pode ter acesso amplo às informações, que sob nossa ótica estão resguardadas pelo mesmo manto jurídico do sigilo de dados na relação entre controlador e controlado.

As informações indicadas pela Administração Pública, enquanto portadora de dados sigilosos atinentes a uma contratação pública, possuem a mesma natureza jurídica dos dados angariados dos administrados, de forma que ao justificar a necessidade de acesso para o pleno exercício do controle externo, inexiste amparo legal para impedir a sua transmissão integral ou parcial, isso de acordo com o objeto de análise.

Conforme informamos alhures, a efetiva fiscalização desempenhada pelas Cortes de Contas também encontra respaldo em por normas esparsas, como dispõe o artigo 6º, X, do Código de Defesa do Consumidor ao determinar a realização de adequada e eficaz prestação dos serviços públicos em geral.

Nesse caso, a realização pela Corte de Contas de auditoria operacional buscando avaliar os resultados de serviços públicos seria severamente prejudicada se as informações cadastrais dos administrados, por exemplo, fossem negadas aos entes de controle, quando em verdade a exigência de avaliação desses tipos de serviços é imposta pela Lei Federal nº 13.460/17:

> Art. 23. Os órgãos e entidades públicos abrangidos por esta Lei deverão avaliar os serviços prestados, nos seguintes aspectos:
>
> I – satisfação do usuário do serviço prestado;
>
> II – qualidade do atendimento prestado ao usuário;
>
> III – cumprimento dos compromissos e prazos definidos para a prestação dos serviços;
>
> IV – quantidade de manifestações de usuários; e

> V – medidas adotadas pela administração pública para melhoria e aperfeiçoamento da prestação do serviço.
>
> §1º A avaliação será realizada por pesquisa de satisfação feita, no mínimo, a cada um ano, ou por qualquer outro meio que garanta significância estatística aos resultados.
>
> §2º O resultado da avaliação deverá ser integralmente publicado no sítio do órgão ou entidade, incluindo o ranking das entidades com maior incidência de reclamação dos usuários na periodicidade a que se refere o §1º, e servirá de subsídio para reorientar e ajudar os serviços prestados, em especial quanto ao cumprimento dos compromissos e dos padrões de qualidade de atendimento divulgados na Carta de Serviços ao Usuário.

Desta maneira, entendemos que não existe vedação legal de acesso às informações relacionadas na Lei Geral de Proteção de Dados, quando solicitadas pelo Tribunal de Contas, sob a máxima de manutenção do sigilo e estritamente para atender ao interesse público de fiscalização.

A negativa por parte da Administração Pública pode ensejar aos agentes responsáveis sanções disciplinares, imposição de multa e, ainda, comunicação ao Ministério Público para apuração de possível crime de desobediência (art. 330 do Código Penal), crime de prevaricação (art. 319 do Código Penal) ou ato de improbidade administrativa (art. 11 da Lei Federal nº 8.429/92).

Conclusão

A questão envolvendo a proteção de dados pessoais tem sido objeto de intensos debates em diversos países. Ferramentas de big data e novas tecnologias, conforme demonstraram escândalos recentes, permitem a utilização de informações pessoais com diversas finalidades, que vão desde o direcionamento de campanhas de publicidade até a manipulação de dados com a finalidade de influenciar a vontade dos cidadãos em relação ao exercício do voto e de outros temas político-eleitorais.

A tutela dos dados pessoais tem relação direta com o princípio da dignidade humana, já que os direitos da personalidade são considerados como uma projeção do princípio da dignidade, sendo a proteção de dados uma das espécies deste, albergando, em consequência, o princípio da finalidade, o consentimento informado e o legítimo interesse, constituindo verdadeiros parâmetros para conservar o controle dos cidadãos e a autonomia da vontade no que tange ao uso de informações a seu respeito.

A atividade de Controle Externo de competência dos Tribunais de Contas exige o acesso a informações detidas pelos órgãos da Administração Pública, que muitas vezes envolverão dados pessoais dos administrados. Eventuais restrições à disponibilização desses dados, ainda que de caráter pessoal, pode inviabilizar o exercício de auditorias e de outros procedimentos para avaliação da atividade administrativa, caracterizando uma indevida restrição ao exercício do Controle Externo.

Na verificação dos regramentos que conferem os poderes indispensáveis aos Tribunais de Contas, podemos afirmar que o ordenamento jurídico, no desenho do Estado Democrático de Direito brasileiro, cuidou de garantir ao Controle Externo pleno acesso às informações, mesmo que protegidas pela Lei Geral de Proteção de Dados Pessoais.

Referências bibliográficas

ARAUJO, Luiz Alberto David; NUNES JÚNIOR, Vidal Serrano. *Curso de Direito Constitucional*. São Paulo: Verbatim, 2017.

BOBBIO, Norberto. *O futuro da democracia*. São Paulo: Paz e Terra, 2011.

BRAGUIM, Guilherme. "A LGPD vai impulsionar o mercado de cyber seguros". *TeleSíntese*, São Paulo, 10 jan. 2020. Disponível em: http://www.telesintese.com.br/braguim-a-lgpd-vai-impulsionar-o-mercado--de-cyber-seguros/. Acesso em: 11 jun. 2021.

GONÇALVES, Tânia Carolina Nunes Machado. *Gestão de dados pessoais e sensíveis pela Administração Pública Federal*: desafios, modelos e principais impactos com a nova lei. 147 f. Dissertação (Mestrado em Direito). Centro Universitário de Brasília (UniCEUB), Brasília, 2019.

INTERNATIONAL ORGANIZATION OF SUPREME AUDIT INSTITUTIONS (INTOSAI). "ISSAI 100: Fundamental Principles of Public Sector Auditing". Beijing, 2013. Disponível em: https://www.issai.org/wp-content/uploads/2019/08/ISSAI-100-Fundamental-Principles-of-Public-Sector-Auditing.pdf. Acesso em: 11 jun. 2021.

MELO, Augusto Carlos Cavalcante. "A nova interpretação constitucional e o direito fundamental ao sigilo de dados: considerações face o avanço da tecnologia da informação". *In:* COELHO NETO, Ubirajara. *Temas de Direito Constitucional*: estudos em homenagem ao Prof. Osório de Araújo Ramos Filho. Aracaju: Ubirajara Coelho Neto Editor, 2012, pp. 72-96.

ROQUE, André Vasconcelos. "A tutela coletiva dos dados pessoais na Lei Geral de Proteção de Dados Pessoais (LGPD)". *Revista Eletrônica de Direito Processual*, Rio de Janeiro, vol. 20, 2019, p. 16. Disponível em: https://sistemas.rj.def.br/publico/sarova.ashx/Portal/sarova/imagem-dpge/public/arquivos/Roque_-_Tutela_coletiva_dos_dados_pessoas_na_LGPD.pdf. Acesso em: 10 jun. 2021.

ROSSO, Angela Maria. "LGPD e setor público: aspectos gerais e desafios". *Migalhas*, Ribeirão Preto, 18 abr. 2019. Disponível em: https://www.migalhas.com.br/depeso/300585/lgpd-e-setor-publico-aspectos-gerais-e-desafios. Acesso em: 10 jun. 2021

SILVA FILHO, João Antonio da. *Tribunais de Contas no Estado Democrático e os desafios do controle externo*. São Paulo: Editora Contracorrente, 2019.

Informação bibliográfica deste texto, conforme a NBR 6023:2002 da Associação Brasileira de Normas Técnicas (ABNT):

CAPÍTULO XI - LEI GERAL DE PROTEÇÃO DE DADOS E A COMPETÊNCIA DO TRIBUNAL DE CONTAS DO MUNICÍPIO DE SÃO PAULO - João Antonio da Silva Filho

SILVA FILHO, João Antonio da. "Lei geral de proteção de dados e a competência do tribunal de contas do município de São Paulo". *In:* MARINHO, Gustavo; VALIM, Rafael; WARDE, Walfrido; SIMÃO, Valdir. *Aspectos relevantes da Lei Geral de Proteção de Dados*. São Paulo: Editora Contracorrente, 2021.

CAPÍTULO XII

A RELAÇÃO ENTRE A LGPD E O DIREITO DO CONSUMIDOR: UM OLHAR SOBRE A LEI GERAL DE PROTEÇÃO DE DADOS E OS ARQUIVOS DE CONSUMO

Silvio Luís Ferreira da Rocha

Introdução

Até o advento do Código de Defesa do Consumidor o Brasil não disciplinava o uso dos arquivos de consumo, o que facilitava a prática de abusos na coleta, organização e divulgação de informações financeiras e pessoais. Essa situação pode ser atribuída ao uso tardio no Brasil da prática comercial de realizar vendas parceladas ou financiadas. Tais modalidades de vendas exigiram, inicialmente, de cada empresa, e depois de terceiros, a organização de minuciosos cadastros que continham, além dos dados pessoais, outras informações relacionadas a compras pregressas que demandava a coleta, organização e armazenamento dando origem ao que conhecemos como arquivos de consumo.

O Código de Defesa do Consumidor preocupou-se em disciplinar os chamados arquivos de consumo, dividindo-os em duas espécies:

Banco de Dados e Cadastro de Consumo. O primeiro voltado a sistematizar dados coletados aleatoriamente por terceiros, sem autorização dos titulares, com o objetivo precípuo de partilhar as informações obtidas com o tratamento, enquanto o segundo voltado a sistematizar dados coletados de clientes, colhidos com o prévio consentimento.

O Código de Defesa do Consumidor cuidou de garantir ao consumidor o acesso às informações presentes nos arquivos de consumo (art.43), a possibilidade de corrigi-los (art. 43, § 3º) e a estipulação de um prazo máximo de permanência das informações negativas (art. 43, § 5º). A promulgação de um diploma normativo que cuidava do tema foi importante. Ele permitiu o desenvolvimento da jurisprudência. Hoje temos diversas orientações do Superior Tribunal de Justiça acerca dos arquivos de consumo, em especial aqueles classificados como cadastro de inadimplentes exatamente pelos efeitos prejudiciais que podem causar ao consumidor. Listemos as principais orientações firmadas a partir dos acórdãos do Superior Tribunal de Justiça:

1. A inscrição indevida em cadastro de inadimplentes configura dano moral in re ipsa.
2. Incumbe ao credor a exclusão do registro da dívida em nome do devedor no cadastro de inadimplentes no prazo de cinco dias úteis, a partir do integral e efetivo pagamento do débito. (Súmula n. 548/STJ) (Tese julgada sob o rito do art. 543-C do CPC/73 - Tema 735)
3. Cabe ao órgão mantenedor do Cadastro de Proteção ao Crédito a notificação do devedor antes de proceder à inscrição. (Sumula n. 359/STJ)
4. Os órgãos mantenedores de cadastros possuem legitimidade passiva para as ações que buscam a reparação dos danos morais e materiais decorrentes da inscrição, sem prévia notificação, do nome de devedor em seus cadastros restritivos, inclusive quando os dados utilizados para a negativação são oriundos do CCF do Banco Central ou de outros cadastros mantidos por entidades diversas. (Tese julgada sob o rito do art. 543-C do CPC/73 - Temas 37 e 38)

5. Da anotação irregular em cadastro de proteção ao crédito, não cabe indenização por dano moral, quando preexistente legítima inscrição, ressalvado o direito ao cancelamento. (Súmula n. 385/STJ) (Tese julgada sob o rito do art. 543-C do CPC/73 - Tema 41)
6. É dispensável o aviso de recebimento (AR) na carta de comunicação ao consumidor sobre a negativação de seu nome em bancos de dados e cadastros. (Súmula n. 404/STJ) (Tese julgada sob o rito do art. 543-C do CPC/73 - Tema 59)
7. É cabível a aplicação de multa diária como meio coercitivo para o cumprimento de decisão judicial que determina a exclusão ou impede a inscrição do nome do devedor em cadastro de restrição de crédito.
8. Diante da presunção legal de veracidade e publicidade inerente aos registros do cartório de distribuição judicial e cartório de protesto, a reprodução objetiva, fiel, atualizada e clara desses dados na base de órgão de proteção ao crédito - ainda que sem a ciência do consumidor-, não tem o condão de ensejar obrigação de reparação de danos. (Tese julgada sob o rito do art. 543-C do CPC/73 - Temas 793 e 806)
9. A abstenção da inscrição/manutenção em cadastro de inadimplentes, requerida em antecipação de tutela e/ou medida cautelar, somente será deferida se, cumulativamente: a) a ação for fundada em questionamento integral ou parcial do débito; b) houver demonstração de que a cobrança indevida se funda na aparência do bom direito e em jurisprudência consolidada do STF ou STJ; c) houver depósito da parcela incontroversa ou for prestada a caução fixada conforme o prudente arbítrio do juiz. (Tese julgada sob o rito do art. 543-C do CPC/73 - Temas 31 a 34)
10. A inscrição do nome do devedor pode ser mantida nos serviços de proteção ao crédito até o prazo máximo de cinco anos, independentemente da prescrição da execução. (Súmula n. 323/STJ)

11. A inscrição do nome do devedor nos cadastros de inadimplência é ilícita quando descaracterizada a mora em razão de abusividades na cobrança dos encargos contratuais no período de normalidade. (Tese julgada sob o rito do art. 543-C do CPC/73 - Temas 31 e 32)

12. O Sistema de Informações de Crédito do Banco Central - Sisbacen possui natureza semelhante aos cadastros de inadimplentes, tendo suas informações potencialidade de restringir a concessão de crédito ao consumidor.

13. A data em que o consumidor tem ciência do registro indevido de seu nome nos cadastros de inadimplentes é o termo inicial da prescrição para o ajuizamento da demanda indenizatória.

14. O Banco do Brasil, na condição de gestor do Cadastro de Emitentes de Cheques sem Fundos (CCF), não tem a responsabilidade de notificar previamente o devedor acerca de sua inscrição no aludido cadastro, tampouco legitimidade passiva para as ações de reparação de danos fundadas na ausência de prévia comunicação. (Súmula n. 572/STJ) (Tese julgada sob o rito do art. 543-C do CPC/73 - Tema 874).

Não obstante a contribuição dada pelo Código de Defesa do Consumidor e, posteriormente, pela jurisprudência do Superior Tribunal de Justiça alterações tecnológicas supervenientes promoveram mudanças qualitativas e quantitativas no tratamento de dados, que, de certa forma, tornaram obsoleta a disciplina dada pelo Código de Defesa do Consumidor aos arquivos de consumo.

O surgimento da internet e, posteriormente, das redes sociais possibilitaram o acesso de milhões de usuários a distintos sítios (sites) e provedores, que se organizaram em rede e atuaram em cooperação para, com apoio em distintas ferramentas tecnológicas, monitorar a navegação dos usuários e acumular a maior quantidade de dados possíveis, dando origem a novos atores, como os data brokers, que coletam e arquivam dados de milhões de pessoas para análise a partir da reunião de fragmentos de informações de inúmeras fontes públicas e privadas.[1] Tais informações, inicialmente, destinavam-se a atividade de marketing na medida em que possibilitavam obter perfis refinados dos usuários, suas preferências e a remessa de mensagens publicitárias personalizadas.

A tecnologia permitiu que a gestão dos bancos de dados deixasse de ser manual e passasse a ser automatizada. Essa mesma tecnologia, denominada Big Data, em mais um salto tecnológico, possibilitou que um volume descomunal de dados fosse estruturado e analisado para uma variedade indeterminada de finalidades.[2] Essa nova tecnologia acrescentou volume, velocidade, variedade e valor a gestão dos bancos de dados na medida em que dispensou a prévia estruturação dos dados antes do tratamento. Assim, mensagens, fotos, vídeos e sons puderam ser analisados.[3]

---

1 A coleta e o armazenamento de dados têm como finalidade a extração de informações que possam gerar vantagens competitivas para as organizações, bem como auxiliar nas tomadas das decisões. Os diversos dispositivos conectados à internet produzem dados das mais variadas formas. Porém, dados, mesmo que em grande volume, não passam de dados. É necessário gerar informação e conhecimento para explorar os benefícios desses dados brutos. Os dados necessitam ser analisados. A inteligência nos negócios converge para a análise detalhada dos dados, a procura de padrões, modelos ou repetições, conforme *Big Data e Internet das Coisas IOT*. p.15.

A ciência mercadológica percebeu que a Internet poderia propiciar uma abordagem publicitária mais efetiva. Por meio de diversas ferramentas tecnológicas, dentre as quais se destacam os *cookies*, tornou-se possível rastrear a navegação do usuário e, por conseguinte, inferir seus interesses para correlacioná-los aos anúncios publicitários, conforme BIONI, Bruno Ricardo. Proteção de dados pessoais: a função e os limites do consentimento, p. 12.

2 *Big Data* seriam conjuntos de dados extremamente amplos e que, por esse motivo, necessitam de ferramentas preparadas para lidar com grandes volumes de dados, de forma que toda e qualquer informação nesses meios possa ser encontrada, analisada e aproveitada em tempo hábil. O termo refere-se ao conjunto de dados cujo crescimento é exponencial e cuja dimensão está além da habilidade das ferramentas típicas de capturar, gerencial e analisar dados, conforme *Big Data e Internet das Coisas IOT*, pp. 14 e 24.

3 O principal objetivo do desenvolvimento de soluções de *Big Data* é oferecer uma abordagem consistente no tratamento de dados, cada vem mais complexos. Para isso é preciso considerar o volume, a velocidade, a variedade, a veracidade e o valor. Volume: trata-se do volume diário de troca de *e-mails*, transações bancárias, interações em redes sociais, registro de chamadas e tráfego de dados em linhas telefônicas. Velocidade: As empresas necessitam de dados atuais sobre seus negócios e por isso

As tecnologias aplicáveis ao *Big Data* destinam-se a analisar (*analytics*) (tecnologias de análise), processar e armazenar os grandes volumes de dados (tecnologias de infraestrutura). O *Big Data* não se constitui apenas de um grande volume dos dados não estruturados, mas, também, de tecnologias que permitem o processamento e a análise deles, tais como *Hadoop* (plataforma de software em Java de computação distribuída voltada para clusters e processamento de grandes volumes de dados, com suporte a tolerância a falhas); *Map Reduce* (um framework desenvolvido pela Google para suportar computações paralelas em grandes coleções de dados em clusters de computadores); Linguagens de script (linguagens de programação adequadas a *Big Data*, como Python); *Visual Analytics* (método de análises em grandes volumes de dados com saída em formato visual ou gráfico); Processamento de Linguagem Natural (PLN) (conceito de inteligência artificial que permite a análise de textos); *In-memory analytics* (processamento de *Big Data* realizado na memória do computador com o objetivo de aumentar a velocidade das análises). [4]

Como dito, esta nova tecnologia permitiu o tratamento de um volume descomunal de dados que passou a ser utilizado para estabelecer relações e desvendar padrões de comportamento e possíveis acontecimentos futuros. Esta nova tecnologia permite identificar uma série de padrões de comportamento e inferir a sua recorrência no futuro. Numa imagem a tecnologia *Big Data* corresponde a uma verdadeira bola de cristal capaz de antever certos comportamentos.[5]

---

deve haver uma ferramenta capaz de analisar os dados em tempo real. Variedade: os dados não são estruturados e armazenados em tabelas relacionais. Há ao lado dos dados estruturados os dados não estruturados, como mensagens, fotos, vídeos e sons. Veracidade: é necessário obter dados verídicos de acordo com a realidade. Valor: É importante saber e realizar as perguntas certas no início de todo o processo de análise, conforme *Big Data e Internet das Coisas (IOT)*, p. 16.

4 *Big Data e Internet das Coisas (IOT)*, p. 17.

5. A etapa de análise dos dados no passado ocorria apenas de forma descritiva com o propósito de revelar ações executadas pela empresa. Hoje as análises não ocorrem apenas com olhares para o passado, mas também com perspectivas futuras, que são chamadas de análises preditivas e diagnósticas.

Assim, surge ao lado da sociedade de informação uma economia designada de vigilância que se apoia em ferramentas tecnológicas para coletar dados que, devidamente tratados, convertem-se em informações sobre gostos, locais, preferências, emoções que adquirem valor econômico e acabam por financiar a coleta e tratamento de dados.[6] Para se ter uma ideia do que é possível realizar com esses dados o site UOL no canal dedicado a tecnologia chamado TILT, em 21.01.20, publicou reportagem no qual relata que uma empresa possuidora de dados genéticos de aproximadamente 10 milhões de pessoas, após utilizar parte desses dados, conseguiu iniciar o desenvolvimento de um medicamento que atuará em inúmeras doenças inflamatórias.

A nova lei geral de proteção de dados (LGPD) procura ordenar essa nova realidade e por isso terá impacto nas relações dos arquivos de consumo disciplinas até então pelo Código de Defesa do Consumidor.[7]

Para se ter uma noção basta a leitura acerca dos serviços oferecidos por empresas especializadas na tecnologia Big Data: o PromoPower é uma plataforma *Big Data* inovadora que mede, em tempo real, o retorno sobre o investimento (ROI) de ações promocionais nos pontos de vendas e entrega inteligência para indústria e varejo. Monitora a jornada dos compradores, em tempo real, a fim de identificar padrões de comportamento que irão direcionar os insights. Os resultados permitem que os investimentos de comércio sejam melhor direcionados, aumentando os resultados para fabricantes e varejistas.

6 Conforme BIONI, Bruno Ricardo. Proteção de dados pessoais: a função e os limites do consentimento, p.35, dados e informação não se equivalem. O dado é o estado primitivo da informação. São fatos brutos que processados e organizados possibilitam a extração de uma informação. A dinâmica de um banco de dados envolve a entrada (*input)* e o processamento de dados e a saída (*output*) de uma informação.

7 A Lei n° 13.709 de 2018 foi dividida em 10 (dez) capítulos com 65 (sessenta e cinco) artigos.

1. Âmbito de incidência da proteção de dados pessoais

A discussão sobre o tema da proteção de dados surgiu na União Europeia e se consolidou com a promulgação do Regulamento Geral de Proteção de Dados Pessoais Europeu nº 679, em 27 de abril de 2016, com o propósito de proteger as pessoas físicas no tratamento de dados pessoais e livre circulação. A partir dele, demais países ampliaram seus níveis de proteção para evitar barreiras ou sanções econômicas. A proteção de dados das pessoas físicas constitui um direito fundamental assegurado por distintas legislações, embora, às vezes, a proteção era tratada sem objetividade e de forma difusa.

Considera-se dados pessoais qualquer informação relacionada a uma pessoa identificada ou identificável, como o nome, o endereço, o número de telefone, o endereço, rendimentos, informações bancárias, procedimentos médicos, preferencias culturais. Tais dados são relevantes para o âmbito de incidência da referida lei quando possam ser usados para identificar uma pessoa.

A lei procura disciplinar qualquer operação de tratamento de dados realizada no território nacional, o que inclui a coleta desses dados, ou, ainda, a atividade de tratamento que tenha por objetivo a oferta ou o fornecimento de bens ou serviços no território nacional (Art. 3º).

A nacionalidade da pessoa natural é irrelevante. O que importa é que os dados pessoais, objeto do tratamento, tenham sido coletados no território nacional. A LGPD produz efeitos extraterritoriais quando a coleta ocorreu em território nacional ou quando há oferta de produtos ou serviços a indivíduos no Brasil. Desta forma, empresas que armazenam dados coletados no Brasil em recursos localizados fora do país (cloud computing) estão sujeitas a LGPD.[8]

Pouco importa, também, a tecnologia usada e a forma como os dados são armazenados. A LGPD é neutra do ponto de vista tecnológico e

---

8 PINHEIRO, Patrici Peck. Proteção de Dados Pessoais, Comentários à Lei nº 13.709/2018, p. 30.

protege os dados pessoais independentemente da tecnologia empregada, tanto para organizá-los, como para armazená-los.

Há exceções relacionadas a aplicabilidade da referida lei. Elas estão previstas no artigo 4º A LGPD não seria aplicável ao tratamento de dados pessoais realizado por pessoa natural para fins exclusivamente particulares e não econômicos (Art. 4º, inciso I) ou realizado para fins exclusivamente jornalístico e artístico ou acadêmicos (Art. 4º, incisos II, alíneas "a" e "b") ou ainda realizado para fins exclusivos de a) segurança pública; b) defesa nacional; c) segurança do Estado; atividades de investigação e repressão de infrações penais.

2. Objeto

São considerados dados qualquer informação relacionada a pessoa natural identificada ou identificável. São também reconhecidos como dados pessoais os dados de localização, os perfis e históricos de compras; o número do Internet Protocol (IP); os dados acadêmicos.[9]

Algumas informações, pela sua natureza, são consideradas sensíveis porque relacionadas a origem racial, etnia, convicção religiosa, opinião política, filiação, saúde, vida sexual, genético e, com isso, classificamos os dados em sensíveis e não sensíveis. Os dados pessoais sensíveis são aqueles relacionados a características biológicas da pessoa e opções valorativas importantes relacionadas a sua autodeterminação, que podem dar origem a situações de discriminação e desigualdade. A LGPD classifica alguns dados pessoais como sensíveis. São dados sobre a origem racial ou étnica da pessoa; sua convicção religiosa ou opinião política. Se ela é filiada a sindicato ou organização de caráter religioso, filosófico ou político; referente à saúde ou à vida social; recaia sobre aspectos genéticos ou biométricos.

9 PINHEIRO, Patrici Peck. Proteção de Dados Pessoais, Comentários à Lei nº 13.709/2018, p. 26.

A Lei considera tratamento de dados qualquer operação que resulte na coleta, produção, recepção, classificação, utilização, reprodução, transmissão, distribuição, arquivamento, armazenamento, eliminação, avaliação, controle, modificação, comunicação, transferência e extração de dados pessoais.

A LGPD disciplina as situações em que pode haver o tratamento de dados pessoais sensíveis. O tratamento de dados sensíveis será possível quando o titular ou o respectivo responsável legal consentir, de forma específica e destacada, que ocorra o tratamento de dados para finalidades específicas. O consentimento levanta a proibição legal sobre o tratamento de dados sensíveis.

O tratamento de dados sensíveis sem o consentimento do titular somente será possível: a) Se o tratamento for necessário para o cumprimento de obrigação legal ou regulatória pelo controlador; b) Se os dados forem necessários à execução de políticas públicas pela administração pública; c) Se os dados forem indispensáveis para a realização de estudos por órgãos de pesquisa, caso em que os dados pessoais sensíveis devem ser anonimizados; d) Se os dados sensíveis forem indispensáveis para o exercício regular de direitos; e) Se os dados sensíveis forem indispensáveis para a proteção da vida, da incolumidade física do titular ou de terceiros ou a tutela da saúde em procedimento realizado por profissionais de saúde, serviços de saúde ou autoridade sanitária; f) Se os dados sensíveis forem indispensáveis para prevenir fraude e garantir a segurança do titular nos processos de identificação e autenticação de cadastro em sistemas eletrônicos.

3. Fundamentos

As operações de tratamento de dados devem respeitar a privacidade; a autodeterminação informativa e a inviolabilidade da intimidade, da honra e da imagem. Assim, um dos fundamentos das operações de tratamento de dados é o consentimento pelo titular suficientemente esclarecido acerca das finalidades dos usos dos dados.

4. Princípios

O tratamento está sujeito a observância de alguns princípios explicados no artigo 6º, como os princípios da finalidade, da adequação, da necessidade, da qualidade dos dados, da transparência, da segurança, da prevenção e da não discriminação.

Pelo princípio da finalidade o tratamento só pode ser realizado para propósitos legítimos, específicos, explícitos e informados ao titular, sem que haja a possibilidade de ocorrer tratamento posterior de forma incompatível com essas finalidades.

Pelo princípio da adequação o tratamento deve ser compatível com as finalidades informadas ao titular, de acordo com o contexto do tratamento.

Pelo princípio da necessidade o tratamento deve ser limitado ao mínimo necessário para a realização de suas finalidades, com abrangência dos dados pertinentes, proporcionais e não excessivos em relação às finalidades do tratamento de dados.

De acordo com o princípio do livre acesso assegura-se aos titulares a consulta facilitada e gratuita sobre a forma e a duração do tratamento, bem como sobre a integralidade de seus dados pessoais.

Pelo princípio da qualidade dos dados assegura-se ao titular exatidão, clareza, relevância e atualização dos dados, de acordo com a necessidade e para o cumprimento da finalidade de seu tratamento.

O princípio da transparência garante aos titulares dos dados informações claras, precisas e facilmente acessíveis sobre a realização do tratamento e os respectivos agentes de tratamento, observados os segredos comercial e industrial.

O princípio da segurança demanda a utilização de medidas técnicas e administrativas aptas a proteger os dados pessoais de acessos não autorizados e de situações acidentais ou ilícitas de destruição, perda, alteração, comunicação ou difusão.

O princípio da prevenção requer a adoção de medidas para prevenir a ocorrência de danos em virtude do tratamento de dados pessoais.

O princípio da não discriminação proíbe a realização do tratamento para fins discriminatórios ilícitos ou abusivos.

O princípio da responsabilização e prestação de contas requer a adoção pelo agente de medidas eficazes e capazes de comprovar a observância e o cumprimento das normas de proteção de dados pessoais e, inclusive, da eficácia dessas medidas.

5. Titulares

As pessoas naturais são as titulares dos dados.

Certos direitos são reconhecidos, como o de obter informações sobre o tratamento de seus dados, incluídos eventuais pessoas com as quais os dados foram compartilhados; bem como sua retificação; acesso aos dados; anonimização, bloqueio ou eliminação de dados desnecessários, excessivos ou desconformes; portabilidade dos dados a outro fornecedor de serviço ou produto; portabilidade dos dados a outro fornecedor de serviço ou produto; eliminação dos dados pessoais;

A informação sobre o tratamento de seus dados, deve ser disponibilizada ao titular de forma clara, adequada e ostensiva. Se proíbe a informação enganosa ou abusiva. A informação deve recair sobre a forma do tratamento; sua duração; finalidade; acerca do uso compartilhado e finalidade desse compartilhamento; identidade do controlador e dos operadores; responsabilidades dos agentes que realizarão o tratamento (art. 9º da LGPD).

6. Partes

A lei estabelece como partes na relação de tratamento de dados, além do titular dos dados os chamados agentes de tratamento divididos entre os controladores e os operadores com níveis distintos de atuação. O controlador é a pessoa natural ou jurídica responsável pelas decisões sobre o tratamento, ou seja, ele é quem determina a finalidade e os meios de tratamento dos dados pessoais, enquanto o operador é a pessoa natural ou jurídica encarregado de realizar as distintas operações que constituem o que denominamos de tratamento de dados.

Todas as pessoas naturais ou jurídicas que coletem dados pessoais serão consideradas controladoras.

7. Requisitos do tratamento de dados

O tratamento de dados somente pode ocorrer em determinadas situações. Podemos dividi-las en[illegible]ções consentidas e situações não consentidas.

Na primeira, o tratan[illegible] possível quando houver o consentimento do titula[illegible]o inciso I do artigo 7º da LGPD. É a hipótese mais[illegible]

A forma como [illegible] deve ser dado está previsto em lei. O consentir[illegible] fornecido por escrito ou outro meio que demonst[illegible] de vontade do titular (art. 8º da LGPD). Num co[illegible] ou num contrato de não adesão a cláusula relativa ao [illegible]ito deve estar destacada das demais cláusulas contratuais (§1[illegible]. 8º da LGPD). Em outras palavras, o consentimento pressupõe a realização de um ato expresso, positivo, como a assinatura de um formulário ou a marcação de uma caixa de verificação em linha.

O tratamento de dados pessoais de menores de idade pressupõe o consentimento dos responsáveis legais.

O operador ou encarregado não pode obter o consentimento por meio de erro, dolo ou coação. A lei veda o tratamento de dados pessoais mediante vício de consentimento. (§ 2º do artigo 8º da LGPD).

O consentimento deve ser precedido de esclarecimentos acerca do uso daqueles dados. Autorizações genéricas para o tratamento de dados pessoais são consideradas nulas (§ 4º do art. 8º da LGPD).

Desta forma, os controladores devem fornecer às pessoas naturais informações precisas sobre o tratamento. Elas deveriam compreender ao menos informações sobre o porquê se coleta os dados com a demonstração da base jurídica para a coleta, o interesse legítimo. Quem receberá os dados; se eles serão compartilhados ou transferidos; o período nos quais os dados serão conservados; a forma em que o consentimento pode ser retirado.

O consentimento dado pode ser revogado a qualquer momento. Basta, para tanto, manifestação expressa do titular. Cabe ao operador prover um procedimento gratuito e simplificado que assegure o exercício desse direito, de forma unilateral e imotivado (§ 6° do artigo 8° da LGPD).

O consentimento é dispensado quando os dados foram tornados manifestamente públicos pelo titular (§ 4° do artigo 7° da LGPD). Há distintas situações nas quais o consentimento do titular é desnecessário.

Na primeira situação pode haver o tratamento de dados, mesmo sem o consentimento do titular. Isso será possível quando o tratamento de dados for necessário para o cumprimento de obrigação legal ou regulatório pelo controlador, como no caso das instituições financeiras que, obrigatoriamente, devem possuir certas informações sobre seus clientes.

A segunda situação (inciso III do art. 7°) autoriza o tratamento de dados pessoais pela administração pública para uso exclusivo ou compartilhado à execução de políticas públicas previstas nos mais distintos atos normativos (leis, regulamentos, contratos, convênios ou instrumentos assemelhados). No caso, parece-nos que o dispositivo normativo dispôs sobre menos do que devia, pois não há como recusar à administração pública o tratamento de dados pessoais para atividade fiscalizadora dos objetivos de políticas públicas.

A terceira situação prevê o tratamento de dados pessoais para a realização de estudos por órgãos de pesquisa, como uma pesquisa médica que consultou a causa mortis de indivíduos (inciso IV do art. 7°). Como medida adicional protetiva, a lei garante, nesse caso, quando possível, o anonimato.

A quarta situação admite o tratamento de dados pessoais quando necessário a execução de contrato ou procedimentos preliminares a ele, da qual seja parte o titular (inciso V do art. 7º).

A quinta situação permite o tratamento de dados pessoais para o exercício regular de direitos em processo judicial, administrativo ou arbitral (inciso VI do art. 7º da LGPD).

A sexta situação aceita o tratamento de dados pessoais para a proteção da vida ou da incolumidade física do titular ou terceiro (inciso VII do art. 7º da LGPD).

A sétima situação autoriza o tratamento de dados pessoais para a tutela da saúde, mas, nesse caso, apenas em procedimento realizado por profissionais de saúde, serviços de saúde ou autoridade sanitária (inciso VIII do art. 7º da LGPD).

A oitava situação prevê o tratamento de dados pessoais quando necessário para atender aos interesses legítimos do controlador ou terceiro desde que esses interesses legítimos não conflitem com direitos e liberdades fundamentais do titular que exijam a proteção dos dados pessoais (inciso IX do art. 7º da LGPD).

O interesse legítimo autoriza o tratamento de dados pessoais apenas para finalidades legítimas, como o apoio e promoção de atividades do controlador ou a prestação de serviços benéficos ao titular dos dados pessoais, respeitadas as legítimas expectativas dele, bem como os respectivos direitos e liberdades fundamentais (art. 10 da LGPD).

A nona e derradeira situação autoriza o tratamento de dados pessoais para proteção do crédito (inciso X do art. 7º da LGPD).

8. Transferência de dados

A comunicação ou o compartilhamento de dados pessoais demanda consentimento específico do titular para esse fim, salvo as situações que o consentimento é dispensado (§ 5º do art. 7º da LGPD).

Admite-se a transferência de dados para o estrangeiro. O art. 33 da LGPD cuida das hipóteses em que se permite a transferência internacional de dados pessoais. Em linhas gerais a transferência internacional é permitida para países ou organismos internacionais que assegurem similar proteção à prevista na lei aos dados pessoais ou a países ou organismos que se comprometam por cláusulas contratuais ou normas corporativas globais a oferecer tratamento protetivo similar. Admite-se, ainda, a transferência internacional quando ela se revelar necessária a cooperação jurídica internacional; a proteção da vida ou da incolumidade física do titular ou de terceiros; para a execução de política pública ou atribuição legal do serviço público.

A autoridade nacional pode autorizar, também, a transferência internacional de dados.

9. Término do tratamento dos dados

O tratamento de dados pessoais deve, como regra, ser temporário. De acordo com a LGPD o atingimento da finalidade ou desnecessidade dos dados é uma causa de término do tratamento de dados pessoais.

Afora isso, o tratamento pode ter um termo final.

A revogação do consentimento dado comunicada ao titular acarreta também o término do tratamento dos dados.

O término do tratamento dos dados implica na respectiva eliminação (art.16 da LGPD), exceto se a preservação dos dados tratados se fundamentar no a) cumprimento de obrigação legal ou regulatório pelo controlador; b) estudo por órgãos de pesquisa; c) transferência a terceiros; uso exclusivo do controlador (art. 16 da LGPD).

Desta forma, em determinadas situações, pode ser que o pedido de término do tratamento dos dados feito pelo titular não precise, necessariamente, ser atendido, em especial se a conservação dos dados pessoais derivar de uma obrigação jurídica ou se existirem razões legítimas de interesse privado ou de interesse público que justifiquem a conservação dos dados pessoais.

10. Responsabilidade e ressarcimento de danos

A LGPD estabeleceu no art. 42 a responsabilidade tanto do controlador, como do operador por danos patrimoniais ou extrapatrimoniais, individuais ou coletivos, em razão da violação da legislação de proteção de dados pessoais. O chamado tratamento irregular. A lei considera irregular o tratamento de dados pessoais que deixa de observar a legislação ou inseguro, levados em conta certas circunstâncias relevantes previstas em lei, como o modo pelo qual o tratamento é realizado; o resultado e os riscos razoáveis esperados dele; as técnicas de tratamento disponíveis (art. 44 da LGPD).

A responsabilidade primária é do controlador. O operador responde solidariamente quando descumpre as obrigações da legislação de proteção de dados ou quando não segue as instruções lícitas do controlador (§ 1°, I, do art.42).

A LGPD estabeleceu o dever de os agentes de tratamento adotarem medidas de segurança, medidas técnicas e medidas administrativas que protejam os dados pessoais de acessos não autorizados ou outras situações prejudiciais que alcancem todas as fases de tratamento (art. 46 da LGPD).

Existem situações que excluem a responsabilidade previstas no artigo 43 da LGPD. Cabe aos agentes de tratamento demonstrar que a) não realizaram o tratamento de dados pessoais que lhes é atribuído; b) que não houve violação à legislação de proteção de dados por ocasião do tratamento de dados pessoais; c) o dano foi causado por culpa exclusiva do titular dos dados ou de terceiros.

As hipóteses de violação do direito do titular no âmbito das relações de consumo permanecem sujeitas às regras de responsabilidade previstas na legislação consumerista.

Conclusão

O rigor da legislação analisada até o presente momento poderia significar o fim da utilização dessas técnicas atuais de gestão e manipulação de dados.

Contudo, isso não irá ocorrer porque a LGPD aplica-se apenas aos dados pessoais e grande parte das técnicas atualmente utilizadas recaem sobre dados anônimos, isto é, dados em que não é possível associa-los, direta ou indiretamente, a um indivíduo; tais dados estariam excluídos do âmbito de proteção da LGPD. Assim, os dados pessoais tornados anônimos, de forma irreversível, de forma que a pessoa não possa ser identificada, não estariam submetidos ao âmbito de proteção da LGPD.

Atualmente, grande parte das empresas constroem os bancos de dados de forma que a criptografia garanta o anonimato dos consumidores, assegurando, como isso, a não publicação de informações pessoais sem prévio consentimento.[10] Por outro lado, a coleta de informações orienta-se mais por rastros digitais, registros sobre atividades realizadas como curtidas, compartilhamentos, trocas de e-mails, postagens, posts em que o usuário é marcado, que, depois de analisados e processados, consegue revelar o comportamento dele, definir e escolher que mídia e publicidade lhe mostrar.

O tratamento anônimo também não é capaz de garantir que o consumidor não seja selecionado com base em critérios contestáveis ou, então, que a combinação de variáveis não acabe por revelar a identidade dele. Um retrato ou taxonomia de consumidores anônimos pode originar processos de discriminação e segregação aos quais o indivíduo poderia decidir não se sujeitar. Assim como o monitoramento pode levar a promoções especiais àqueles que mais gastam com uma marca, pode também inviabilizar informações para grupos "menos lucrativos".[11]

---

10 RODARTE, André K. "Marketing como vigilância: implicações e discursos éticos". *In*: PERES-NETO, Luiz.; CORRAL, Joan Botella I (Coord.). *Éticas em Rede, políticas de privacidade e moralidades públicas*. p. 100.

11 RODARTE, André K. "Marketing como vigilância: implicações e discursos éticos". *In*: PERES-NETO, Luis; BOTELLA I CORRAL (Coord.). Joan. *Éticas*

Por isso, uma economia de vigilância demanda mais do que uma lei. Ela requer estratégias regulatórias que privilegiem o indivíduo para que ele possa exercer um controle significativo dos dados pessoais e do fluxo de informações de modo a criar condições para um real e verdadeira autodeterminação informacional. A autodeterminação informacional representa mais do que o mero consentimento esclarecimento acerca do uso dos dados; ela demanda o uso daquilo que se convencionou chamar de "tecnologias amigáveis" que internalizem na complexa arquitetura da rede procedimentos que informem o usuário de que ele está sendo rastreado e de que seus dados, ainda que anônimos, podem ser usados, para que ele, por meio dessas tecnologias, possa, se quiser, evitar a utilização de seus dados.

Referências bibliográficas

BIONI, Bruno Ricardo. *Proteção de dados pessoais:* a função e os limites do consentimento. Rio de Janeiro: Forense, 2019, p. 328.

MORAIS, Izabelly Soares de et al. *Introdução a Big Data e Internet das Coisas (IOT).* Porto Alegre: SAGAH Educação S.A, 2018, p. 184.

PERES-NETO, Luiz; CORRAL, Joan Botella. *Éticas em Rede, políticas de privacidade e moralidades públicas.* São Paulo: Estação das Letras e Cores, 2017. p. 252.

PINHEIRO, Patricia Peck. *Proteção de Dados Pessoais:* Comentários à Lei nº 13.709/2018 (LGPD). São Paulo: Saraiva Educação, 2018, p. 112.

SILVA, Fabrício Machado da et al. *Inteligência Artificial.* Porto Alegre: SAGAH Educação S.A., 2019, p. 232.

em Rede, políticas de privacidade e moralidades públicas. Barueri: Estação das Letras e Cores, 2018, p. 101.

Informação bibliográfica deste texto, conforme a NBR 6023:2002 da Associação Brasileira de Normas Técnicas (ABNT):

CAPÍTULO XII - A RELAÇÃO ENTRE A LGPD E O DIREITO DO CONSUMIDOR: UM OLHAR SOBRE A LEI GERAL DE PROTEÇÃO DE DADOS E OS ARQUIVOS DE CONSUMO - Silvio Luís Ferreira da Rocha

ROCHA, Luís Ferreira da. "A relação entre a LGPD e o direito do consumidor: um olhar sobre a lei geral de proteção de dados e os arquivos de consumo". *In:* MARINHO, Gustavo; VALIM, Rafael; WARDE, Walfrido; SIMÃO, Valdir. *Aspectos relevantes da Lei Geral de Proteção de Dados*. São Paulo: Editora Contracorrente, 2021.

CAPÍTULO XIII

O IMPACTO DA LEI GERAL DE PROTEÇÃO DE DADOS NA ÁREA DA SAÚDE

Luiz Carlos da Rocha

Introdução

A primeira tentação que a Lei Geral de Proteção de Danos suscita nos que militam na área da saúde é a de acreditar que pouco impacto terá em relação a um campo da vida que incorporou incrivelmente os avanços da revolução tecnológica do século XX, todos seus recursos digitais em benefício da vida e que desde sempre coleta e trata dados em razão da pesquisa científica, da história clínica de cada paciente, das intercorrência da saúde de uma comunidade e do compromisso histórico com o sigilo profissional.

A segunda tentação é o impulso no sentido de que o imenso emaranhado de regras que amarra todo o complexo de atos, ações e atividades da área médica perdeu o sentido e deve ser inteiramente substituído pela novel legislação.

Não pode haver nenhuma dúvida de que a Lei 13.709/2018 (Lei Geral de Proteção de Dados) ingressa na ordem jurídica brasileira como o marco regulatório da matéria, irradiando seus efeitos para toda a sociedade, estabelecendo os deveres e direitos de todos os que operam a coleta e o tratamento de dados, as formas, inclusive as oriundas das novidades digitais, as estruturas criadas para a coleta direta e indireta e do tratamento de dados e as políticas de acesso a toda base de dados que possa gerar, identificar e armazenar informações de pessoas, as que veiculam o regramento da fiscalização dessas atividades e as sanções decorrentes da sua violação.

Obviamente, a área da saúde está amplamente abraçada pelo marco da LGPD justamente porque coleta e trata dados intensamente, resultando que a tarefa que se põe é fazer migrar o universo de dados existentes, já coletados e tratados, para o âmbito desse novel regramento.

Esse universo de dados já armazenados foi sendo regrado em decorrência do resultado da evolução que a atividade experimentou com o impacto direto que as revoluções industrial e científica produziram sobre ela ao longo do século XX.

No transcurso desse tempo se deu a eterna luta do jurista na busca de manter a lei sempre atual e compatível com a realidade, que, por sua vez, está sempre à frente, por ser mais rica e criativa que a capacidade criativa dos juristas em prevê-la.

Todas essas relações, desde o ambiente básico ao mais complexo da área da saúde, estão regradas por um emaranhado imenso de portarias, regulamentos, protocolos, receituários, pareceres, súmulas, códigos, enunciados, deliberações e orientações de diversos conselhos de classes, associações, sindicatos, institutos de pesquisa, escolas de todas as áreas da saúde nas universidades e fora delas, a indústria farmacêutica, de equipamentos médico-hospitalares e sociedades de profissionais da área, que irão ser fortemente impactados pela vigência da LGPD, possibilitando extraordinária melhoria no ambiente, sobretudo no que se refere à responsabilização e as sanções que irão emergir das violações do seu regramento, de modo que a ideia de que pouco impacto haverá ou que nada será aproveitado não passa mesmo apenas de tentação.

A privacidade aparece entre nós com mais força a partir do pacto constitucional de 1988, donde emergiram inúmeras iniciativas tendentes à proteção de dados, conforme assinala Têmis Limberger, traçando o cenário do tema na América Latina, antes do advento da LGPD: "No Brasil não há previsão constitucional específica, à semelhança do que ocorre na Espanha e em Portugal. No entanto, a partir de dispositivos constitucionais, é possível construir alguma proteção legal, como o habeas data (art. 5° LXXII); a proteção à intimidade e à vida privada (art. 5° X), a inviolabilidade das comunicações (art. 5° XII) e a proteção ao consumidor (art. 5°, XXXII, CF). Não obstante, algumas leis setoriais regulamentam a matéria, tais como a Lei n° 9.507/97, que disciplina habeas data, e as Leis n° 9.296/96 e n° 10.217/01, que dispõem sobre a interceptação telefônica e a gravação ambiental e que tratam também dos dados aí envolvidos. Há ainda a lei n° 8.078/90, que, em seus arts. 43/4, dispõe sobre o banco de dados nas relações de consumo; a Lei Complementar n° 105/01, que permite que autoridades administrativas quebrem o sigilo bancário, na hipótese de delito grave, sem autorização judicial; a lei n° 9.613/98, referente à lavagem de dinheiro; e o novo Código Civil (Lei n° 10.406/02), que, em seus artigos 11/21, dispõe sobre direitos de personalidade".[1]

Esse desafio incessante para a criatividade do jurista brasileiro tornou-se ainda mais dramático, exaustivo e, em certa medida, impossível em razão da velocidade das transformações que as referidas revoluções impuseram, particularmente sobre o tema aqui tratado, no mundo da informação, do processamento e do armazenamento de dados na área da saúde.

Harari,[2] com bom humor, descreve com extraordinária lucidez o impacto da revolução digital no cotidiano do planeta, notadamente com o surgimento da Internet: "Lembro o dia em que deparei com a internet pela primeira vez. Foi em 1993, quando eu cursava o ensino médio. Fui com alguns companheiros visitar um amigo chamado Ido,

---

1 LIMBERGER, Têmis. *In*: SARLET, Ingo Wolfgang. *Direitos Fundamentais, Informática e Comunicação*. Porto Alegre: Livraria do Advogado, 2007. p. 224.

2 HARARI, Yuval Noah. *Homo Deus, uma breve história do amanhã*. 1° ed. São Paulo: Companhia das Letras, 2016. p. 58.

hoje um cientista de computação. Queríamos jogar pingue-pongue. Ido era aficionado de computadores e antes de abrir a mesa de pingue-pongue insistiu em nos mostrar a mais recente maravilha de sua área. Conectou um cabo telefônico ao seu computador e pressionou algumas teclas. Por um minuto tudo o que conseguimos ouvir foram rangidos, guinchos, zumbidos, e depois silêncio. Não tinha dado certo. Nós resmungamos e protestamos, mas Ido tentou mais uma vez. E outra. E outra. Finalmente ele deu um grito e anunciou que tinha conseguido conectar seu computador ao computador central da universidade, que ficava ali perto. "E o que tem no computador central?, perguntamos. ´Bem`, ele admitiu, ´ainda não tem nada. Mas dá para pôr todo tipo de coisas lá`. `Como o quê? `, perguntamos. `Não sei`, ele disse, `todo tipo de coisas`. Isso não soava muito promissor. Fomos jogar pingue-pongue, e nas semanas seguintes nos divertimos como o novo passatempo, fazendo graça da ridícula ideia de Ido. Isso foi menos de 25 anos atrás (em relação ao momento em que escrevo). Quem sabe o que vai se passar 25 anos a partir de agora?"

É assim os novos tempos sempre atropelaram o legislador e, nesse aspecto, a LGPD é só mais um grande passo da revolução digital que obriga o legislador seguir na corrida para alcançar e regular a realidade.

Esse aspecto não fugiu à percepção do nosso legislador, como está anotado na justificação do projeto de autoria do parlamentar Carlos Bezerra, exatamente quando trata da busca da atualidade: "... estudo Brazil IT Snapshot, da consultoria Logicalis, baseada em pesquisa realizada junto a 143 empresas nacionais, cujos resultados foram divulgados pelo jornal Valor na edição de 28 de setembro deste ano. De acordo com o estudo, apenas 17% das instituições consultadas dispõem de iniciativas concretas ou já implementadas em relação à matéria. Além disso, 24% tiveram contato com o tema somente por meio de apresentações, e apenas 24% "têm orçamento específico para colocar em prática ações que garantam a proteção de dados de acordo com as exigências legais". Ressalte-se, por oportuno, que 71% das entidades pesquisadas são de grande porte, dentre as quais 33% possuem faturamento anual superior a R$ 1 bilhão – portanto, empresas que, em regra, dispõem de assessoria jurídica e recursos financeiros suficientes para investir em ações de adequação às novas obrigações estabelecidas em lei. Nesse contexto, se nem mesmo as grandes corporações já estão preparadas para lidar com os desafios introduzidos pela LGPD, para as pequenas empresas o quadro certamente inspira ainda mais preocupação, sobretudo neste momento de grave turbulência econômica que o Brasil atravessa hoje. Soma-se a tudo isso a morosidade do Poder Público na instalação da Autoridade Nacional de Proteção de Dados – ANPD, instituição que será responsável por editar os regulamentos e procedimentos sobre proteção de dados pessoais e privacidade, que servirão de norte para balizar as ações das empresas de adequação à LGPD. Ainda que a autoridade seja instalada com a maior brevidade possível – cenário que não nos parece provável, decerto não haverá tempo hábil até agosto de 2020 para que todas PL n.5762/2019 Apresentação: 30/10/2019 17:18 3 as propostas de regulamentação sobre a matéria sejam discutidas pela sociedade e aprovadas pelo órgão. Por esse motivo, elaboramos a presente proposição com o objetivo de prorrogar por dois anos a data de início de vigência da maior parte dos dispositivos da LGPD. Entendemos que o prazo proposto será suficiente para que a ANPD seja instalada e as normas necessárias à fiel execução da nova lei sejam devidamente regulamentadas".

E tudo isso depois do Congresso Nacional aprovar a lei 13.709/2018 e, como bem anota Mariana Marques Rielli,[3] do anteprojeto contar "com 794 contribuições durante a consulta pública, durante um período de cerca de 5 meses, baseava-se em um rol, de princípios de proteção de dados pessoais extraídos das melhores práticas de regulação internacional: finalidade, necessidade, transparência".

Trata-se assim da frequente necessidade de adequação do ordenamento jurídico nacional ao que vai surgindo de mais novo no Direito comparado, como imposição da participação do país no mercado global, pactuando convênios e tratados internacionais, cuja a velocidade era muito menor no mundo analógico e que no ambiente digital torna a vida do legislador muito mais agitada e complexa.

---

3 RIELLI, Mariana Marques. "O processo de construção e aprovação da Lei geral de dados pessoais". *Revista do Advogado*, São Paulo. vol. 39, n. 144. 2019, pp. 7-14.

Não raro, também emergem conflitos e naturais incompreensões como consequência da transposição, muitas vezes mecânica, de ferramentas jurídicas produzidas no mundo exterior tendo como campo de trabalho realidades diferentes da nacional, especialmente quando se contrapõem as realidades do hemisfério norte, onde as normas são mais frequentemente concebidas, com estágio social, industrial e tecnológico mais avançado, com a do hemisfério sul, onde os países como o Brasil[4] ainda lutam para transitar do subdesenvolvimento para o mundo desenvolvido, realidades tão diversas que Boaventura aponta cruamente para a existência de uma linha abissal que separa um Norte e um Sul simbólicos, de modo que os problemas do Norte são resolvidos com regulação e os mesmos problemas no Sul resolvidos com violência.

O fato é que, no entanto, o aumento do consumo da tecnologia e da informação na área da saúde é brutal em qualquer lugar e se trata, portanto, de uma necessidade irreversível, como demonstram as novas pandemias do início do século XXI.

Em pleno curso da pandemia do Covid19 já se tornou uma querela internacional saber que a China sonegou ou não informação, se o comportamento da Organização Mundial de Saúde foi compatível com a seriedade e a urgência que as medidas exigiam, dando origem a toda sorte de exploração na arena política, inclusive com a ameaça do Presidente Trump de retirar seu país da organização.

No Brasil, o receio das autoridades com o desdobramento do Covid, as responsabilidades decorrentes e que, notadamente, na guerra a primeira vítima é a informação, gerou a intenção de prorrogar o início da vigência da LGPD.

A discussão deu início a idas e vindas, de modo que fevereiro de 2020 era o prazo na lei original; agosto de 2020 foi o prazo proposto na MP, que instituiu a Autoridade Nacional de Proteção de Dados; janeiro de 2021 foi o prazo proposto na primeira versão do PL 1179/2020,

---

4 SILVEIRA, Mário Magalhães. *Política Nacional de saúde pública*. Rio de Janeiro: Editora Revan, 2005, p. 377.

aprovado no Senado; maio de 2021 foi o prazo proposto na MP criada após início da pandemia; maio de 2021 também foi o prazo proposto na Câmara, que apontava para manter data prevista em MP e, finalmente, agosto de 2020 foi a data da versão final do Senado.[5]

Ao final prevaleceu um argumento forte utilizado pelo deputado Weverton Rocha, no sentido de que a vigência da LGPD ajudaria no combate às notícias falsas, as famosas Fake News que castigam diariamente o mundo político.

Superada a indefinição criada pelo Covid-19, segue-se que a forte presença da inteligência artificial no setor da saúde, os trabalhos de expansão da pesquisa em seres humanos levados em curso em diversos países simultaneamente, inclusive utilizando o meio da conexão digital na internet como ferramenta, o avançado grau de interferência da engenharia genética no DNA, os avanços da nanotecnologia no corpo humano, leitura de imagens do corpo humano, a velocidade com que avançam as pesquisas na biomedicina, na neurotecnologia, na tecnologia quântica, tudo resultando em produção, coleta e tratamento de dados e, evidentemente, tudo isso com trânsito intenso pelos meios mais modernos que as redes de comunicação permitem, reclamando proteção do sigilo e muita segurança para evitar furto de informação. Todo esse incrível movimento de informações e dados vai lidar em larga escala com princípios constitucionais da publicidade e do sigilo, da transparência, liberdade de informação e expressão, segurança jurídica e proteção da confiança, legalidade e boa-fé, todos bem conhecidos dos operadores do Direito, mas nem sempre do pleno domínio de todos os profissionais que interferem e transitam na área da saúde, circunstância que enseja um grande movimento de adaptação e ajuste do que existe com o que está por vir.

---

5 Lei nº 14.010:

Art. 20. O *caput* do art. 65 da Lei nº 13.709, de 14 de agosto de 2018, passa a vigorar acrescido do seguinte inciso I-A:

"Art. 65

I - A – dia 1º de agosto de 2021, quanto aos arts. 52, 53 e 54;" (NR)

Nesse contexto, a despeito das apontadas desigualdades entre o Norte e o Sul, é que o Congresso brasileiro trabalhou para importar o que havia de mais atual na legislação estrangeira no tema, isto para alçar o país ao nível em que estão as nações mais desenvolvidas, na busca de produzir uma ferramenta capaz de oferecer a melhor segurança jurídica diante dos novos desafios que a revolução digital vem apresentando com tanta rapidez e intensidade no território brasileiro.

Mas idealizar regramentos, observa Carvalho,[6] refletindo as lições de Carlos Maximiliano, é sempre um desafio e no caso da LGPD essa grande soma de dificuldades só poderá ser superada com a prática e o passar do tempo: "A lei não brota do cérebro do seu elaborador, completa, perfeita, como um ato de vontade independente, espontâneo. Em primeiro lugar, a própria vontade humana é condicionada, determinada; livre na aparência apenas [...] A base de todo trabalho do exegeta seria uma ficção: buscaria uma vontade possível, agente, ativa no passado e as conclusões logicamente decorrentes desse intento primitivo. Não se trata apenas dos tempos imediatamente posteriores à lei, quando é menos difícil estudar e compreender o meio, o ambiente em que foi o texto elaborado, as ideias dominantes, as divisões das assembleias, as vitórias parciais de um grupo, as transigências da maioria com este ou aquele pendor dos contrários. A tarefa, nesse caso, ainda seria pesada, porém em grande parte realizável. Entretanto, a letra perdura, e ávida continua; surgem novas ideias; aplicam-se os mesmos princípios a condições sociais diferentes; a lei enfrenta imprevistas criações econômicas, aspirações triunfantes, generalizadas no país, ou no mundo civilizado; há desejo mais "veemente de autonomia de um lado, e maior necessidade de garantia por outro, em consequência da extensão das relações e das necessidades do crédito. Força é adaptar o Direito a esse mundo novo aos fenômenos sociais e econômicos em constante transformação, sob pena de não ser efetivamente justo – das richtige Recht, na expressão feliz dos tudescos".

---

6 CARVALHO, Guido Ivan; LENIR, Santos. *Sistema Único de Saúde: comentários à lei orgânica da saúde. São Paulo*: Ucitec, 1992, p. 21.

É nesse contexto que a concretização do regramento da LGPD na área da saúde exigirá um grande esforço, que doravante será permanente e intenso diante das necessárias mudanças e ajustes que, quiçá, impunham alteração até na novel legislação.

E não se pode perder de vista que a medicina já exercita o tratamento de dados desde o sigilo produzido por Hipócrates, que, como é fato, desde seu tempo não deixou a menor dúvida sobre a necessidade dos profissionais da medicina fazerem do sigilo uma regra de ouro do exercício da profissão: "Penetrando no interior das famílias, meus olhos serão cegos e minha língua calará os segredos que me forem confiados (460, a.C.)".

E mesmo que a proteção da intimidade, da personalidade e da informação já estejam presentes na ordem jurídica brasileira e assentados como direito fundamental no artigo 5°, X, da Constituição Federal, isto não torna a tarefa de concretização do comando estampado na LGPD menos tormentosa.

Nessa toada, sempre no que interessa ao tema da saúde, o regramento infraconstitucional da proteção dos dados veio veiculado até aqui, além do que já foi indicado, também nos artigos 43, 44 e 46, todos do Código de Defesa do Consumidor,[7] também no

---

7 Art. 43. O consumidor, sem prejuízo do disposto no art. 86, terá acesso às informações existentes em cadastros, fichas, registros e dados pessoais e de consumo arquivados sobre ele, bem como sobre as suas respectivas fontes. § 1° Os cadastros e dados de consumidores devem ser objetivos, claros, verdadeiros e em linguagem de fácil compreensão, não podendo conter informações negativas referentes a período superior a cinco anos. § 2° A abertura de cadastro, ficha, registro e dados pessoais e de consumo deverá ser comunicada por escrito ao consumidor, quando não solicitada por ele. § 3° O consumidor, sempre que encontrar inexatidão nos seus dados e cadastros, poderá exigir sua imediata correção, devendo o arquivista, no prazo de cinco dias úteis, comunicar a alteração aos eventuais destinatários das informações incorretas. § 4° Os bancos de dados e cadastros relativos a consumidores, os serviços de proteção ao crédito e congêneres são considerados entidades de caráter público. § 5° Consumada a prescrição relativa à cobrança de débitos do consumidor, não serão fornecidas, pelos respectivos Sistemas de Proteção ao Crédito, quaisquer informações que possam impedir ou dificultar novo acesso ao crédito junto aos fornecedores. § 6° Todas as informações de que trata o *caput* deste artigo devem ser disponibilizadas em formatos acessíveis, inclusive para a

Código de Ética Médica[8] e em todo o vasto regramento do setor sanitário.

A LGPD trouxe foi as regras e os conceitos a serem observados na coleta e tratamento de dados pessoais, classificando os que considera sensíveis (artigo 5°, I e II) e submetendo atos praticados na relação entre todos os que interagem no movimento de coletar, tratar e controla os dados, qualificando o controlador e quem tem seus dados controlados.

Assim, a esfera do ordenamento jurídico que envolve as relações na área da saúde terá especial impacto com o início da vigência da LGPD.

Fora do ambiente do confessionário e da segurança pública e nacional, poucas atividades humanas estiveram tão preocupadas com o sigilo quanto a medicina, de tal modo que também se pode dizer que poucas atividades profissionais estejam tão preparadas para recepcionar o regramento da LGPD quando a medicina.

---

pessoa com deficiência, mediante solicitação do consumidor. (Incluído pela Lei n° 13.146, de 2015)

Art. 44. Os órgãos públicos de defesa do consumidor manterão cadastros atualizados de reclamações fundamentadas contra fornecedores de produtos e serviços, devendo divulgá-lo pública e anualmente. A divulgação indicará se a reclamação foi atendida ou não pelo fornecedor. § 1° É facultado o acesso às informações lá constantes para orientação e consulta por qualquer interessado. § 2° Aplicam-se a este artigo, no que couber, as mesmas regras enunciadas no artigo anterior e as do parágrafo único do art. 22 deste código.

Art. 46. Os contratos que regulam as relações de consumo não obrigarão os consumidores, se não lhes for dada a oportunidade de tomar conhecimento prévio de seu conteúdo, ou se os respectivos instrumentos forem redigidos de modo a dificultar a compreensão de seu sentido e alcance.

8 Por exemplo, Código de Ética Médica: Capítulo I, PRINCÍPIOS FUNDAMENTAIS: XI - O médico guardará sigilo a respeito das informações de que detenha conhecimento no desempenho de suas funções, com exceção dos casos previstos em lei; Código de Ética dos Farmacêuticos: Art. II: VI. guardar sigilo de fatos que tenha conhecimento no exercício da profissão, excetuando-se os de dever legal, amparados pela legislação vigente, os quais exijam comunicação, denúncia ou relato a quem de direito;

A área da saúde, de fato, é também seguramente um dos espaços da vida que incorporou com grande intensidade e tirou mais proveito da revolução tecnológica e do avanço digital, quer por meio da incrível sofisticação da produção de drogas, no ambiente dos transplantes de órgão e cirurgias de alta complexidade, quer pelas infinitas possibilidades da manipulação que a engenharia genética crescentemente desenvolve.

Todo esse imenso mar de dados e informações que a medicina produziu e incorporou para atingir os estágios em que se encontra, também demandou uma enorme capacidade de tratamento de coleta e dados e que doravante estarão sob o comando da LGPD, sendo, sob tal aspecto, e só sob tal aspecto, inegável que em alguns casos a novel legislação pouco impactará, mas inegavelmente vai dissipar muitas dúvidas e criar outras na medida em que seu regramento for sendo aplicado a todo esse acervo de dados existente no universo da saúde.

Só para ilustrar e demarcar que a questão da proteção de dados não é tema novo na área da saúde, vale referir que o Supremo Tribunal Federal já enfrentou o tema em diversas ocasiões e sempre para alinhar as normas infraconstitucionais[9] com a Carta Magna.[10]

Mesmo antes do texto constitucional de 1988, a ponderação sobre a hierarquia entre o sigilo profissional e o interesse público já atormentava os operadores do Direito, de modo que, com o tempo, na corrida do jurista para alcançar a realidade tudo foi se aperfeiçoando,

9 Arts. 154 e 269, do Código Penal, 207, do Código de Processo Penal, art. 66, II, da Lei de Contravenções Penais, art. 144, do Código Civil, arts. 347, II, 363, IV, 406, II, do Código de Processo Civil, art. 169, da CLT, art. 13, da Lei n. 9.434/1997, art. 11, 102 a 109, do Código de Ética Médica.

10 Sigilo médico. No choque entre os dois interesses sociais o que se liga ao resguardo do sigilo e o correspondente à repressão do crime - a lei da prevalência ao primeiro. É certo que abre as exceções, por exemplo no caso de moléstia contagiosa de notificação compulsória. Então há interesse social maior, que prepondera sobre o interesse atinente a manutenção do sigilo. Esses e outros motivos previstos em lei são a justa causa, a que se refere o Código Penal, para permitir excepcionalmente a quebra do sigilo. Recurso extraordinário conhecido e provido (re 60176/gb. Relator ministro Luiz Gallotti. Dju 09.11.1966).

na medicina e no Direito, de modo que a LGPD é apenas também a continuação desse processo.

O fato de que a questão da proteção de dados na área médica não é nenhuma novidade no Judiciário está revelado em um interessante acórdão da lavra do Ministro Djaci Falcão veiculando as lições que orientavam o tratamento do tema nos tribunais.[11]

Trata-se de uma situação retratando que o sigilo de fato não é mesmo uma novidade na área da saúde e que, de fato, sempre demandou coleta e tratamento de dados, pois possuir uma boa informação, resultado de um bom processo de coleta e tratamento de dados, sempre foi um belo instrumento de defesa ou acusação em processos administrativos e judiciais.

Mas os precedentes citados também revelam o ambiente de dúvida hermenêutica permanente que a medicina impõe aos intérpretes do regramento que paira sobre essa fundamental atividade humana desde sempre e que, não raro, precisa ser dirimida pelos tribunais e que também, por outro lado, reafirma que a preocupação com o sigilo não é recente na seara da medicina.

Diante disso, se é exagerado afirmar que a LGPD não trará mudanças significativas na vida dos médicos, é possível aferir, desde logo, que trará melhorias de grande monta naquilo que já é bom, transformará

---

11 Segredo profissional. A obrigatoriedade do sigilo profissional do médico não tem caráter absoluto. A matéria, pela sua delicadeza, reclama diversidade de tratamento diante das particularidades de cada caso. A revelação do segredo médico em caso de investigação de possível abortamento criminoso faz-se necessária em termos, com ressalvas do interesse do cliente. Na espécie o hospital pôs a ficha clínica à disposição de perito médico, que "não estará preso ao segredo profissional, devendo, entretanto, guardar sigilo pericial" (art. 87 do Código de Ética Médica). Por que se exigir a requisição da ficha clínica? Nas circunstâncias do caso, o nosocômio, de modo cauteloso, procurou resguardar o segredo profissional. Outrossim, a concessão do "*writ*", anulando o ato da autoridade coatora, não impede o prosseguimento regular da apuração da responsabilidade criminal de quem se achar em culpa. Recurso extraordinário conhecido, em face da divergência jurisprudencial, e provido. Decisão tomada por maioria de votos (RE 91218/SP, Relator Ministro Djaci Falcão. DJU 16.04.1982).

o que não está bom e convidará a novos desdobramentos no campo hermenêutico que exigirão, não raro, a intervenção dos tribunais.

Nesse ponto, é necessário anotar que se os grandes complexos médicos sempre correram e correm para acompanhar as revoluções digital e da bioética e nessa tarefa estão tendo um desempenho extraordinariamente bem-sucedido, o mesmo nem sempre ocorre com as pequenas unidades de saúde que, sem exceção, terão que se adaptar à "nova ordem" da LGPD, trazendo benefícios notáveis.

Nessa toada, ao alçar a situação do sigilo na área da saúde no conceito de dado pessoal sensível, fazendo expressa referência nos artigos 5 e 11, a LGDP abre um novo horizonte a ser explorado pelos operadores de Direito que atuam no segmento da saúde, dando um lastro mais seguro para que os tribunais possam estabelecer orientação mais sólida no tema.

Assim é que a LGPD irradia segurança jurídica para além das relações da administração pública e privada, fazendo com que absolutamente todos os que, de algum modo, coletem e operem o tratamento de dados, tenham que observar o novel regramento, pois: "O ordenamento jurídico protege a confiança pelo comportamento do outro e não tem mais remédio que protegê-la".[12]

A LGPD não abraça somente o sigilo médico, mas uma gama imensa de dados relacionados aos usuários do sistema de saúde, público e privado, que vai desde exames laboratoriais até os registros nos planos de saúde, cuja coleta e tratamento nem sempre decorrerão de um consentimento do titular, como por exemplo, cotidianamente ocorre nos serviços de saúde em relação à proteção física e da vida do titular (artigo 7°, VII, e artigo 11, inciso II, alínea "e", da LGPD) ou nos casos de notificação compulsória de doenças contagiosas e violência contra incapaz.

Vale dizer, a tarefa que se põe à frente dos operadores do Direito no âmbito da área da saúde é a de compatibilizar e concretizar

12 KARL, Larenz. *Derecho Justo* - Fundamentos de Ética Jurídica. Madrid: Civitas, 1985, p. 91.

o comando da LGPD com o regramento vigente até aqui e fazendo a necessária correlação entre ele e as sanções previstas na novel legislação.

Um bom exemplo é a Resolução 999/1980, do Conselho Federal de Medicina, que reeditou uma regra à qual a medicina se aferrou exaustivamente ao longo da história, que consagrava que "o crime de revelação de sigilo médico ocorre quando o médico revela segredo profissional sem justa causa ou dever legal, não sendo obrigado a fazê-lo e até lhe sendo proibido depor sobre fatos relacionados ao atendimento de seus pacientes; também o médico não está obrigado a comunicar à autoridade crime pelo qual seu paciente possa ser processado".

Essa Resolução foi revogada pela que lhe sucedeu, a CFM 1605/2000, que, na mesma toada, só fez impor aquilo que já está arraigado na própria consciência dos médicos,[13] apesar de exercerem sua atividade num campo cada vez mais multiprofissional e interdisciplinar em razão da revolução da bioética.

A força do sigilo na vida do médico é de tal monta, reproduzida à exaustão em inúmeros manuais editados pelos conselhos regionais e

13 Art. 1° – O médico não pode, sem o consentimento do paciente, revelar o conteúdo do prontuário ou ficha médica. Art. 2° – Nos casos do art. 269 do Código Penal, onde a comunicação de doença é compulsória, o dever do médico restringe-se exclusivamente a comunicar tal fato à autoridade competente, sendo proibida a remessa do prontuário médico do paciente. Art. 3° – Na investigação da hipótese de cometimento de crime o médico está impedido de revelar segredo que possa expor o paciente a processo criminal. Art. 4° – Se na instrução de processo criminal for requisitada, por autoridade judiciária competente, a apresentação do conteúdo do prontuário ou da ficha médica, o médico disponibilizará os documentos ao perito nomeado pelo juiz, para que neles seja realizada perícia restrita aos fatos em questionamento. Art. 5° – Se houver autorização expressa do paciente, tanto na solicitação como em documento diverso, o médico poderá encaminhar a ficha ou prontuário médico diretamente à autoridade requisitante. Art. 6° – O médico deverá fornecer cópia da ficha ou do prontuário médico desde que solicitado pelo paciente ou requisitado pelos Conselhos Federal ou Regional de Medicina. Art. 7° – Para sua defesa judicial, o médico poderá apresentar a ficha ou prontuário médico à autoridade competente, solicitando que a matéria seja mantida em segredo de justiça. Art. 8° – Nos casos não previstos nesta resolução e sempre que houver conflito no tocante à remessa ou não dos documentos à autoridade requisitante, o médico deverá consultar o Conselho de Medicina, onde mantém sua inscrição, quanto ao procedimento a ser adotado.

federal,[14] que o profissional chega a resistir até diante da autoridade judiciária na sua revelação e não são poucas as polêmicas que emergem dessa controvérsia, pois, de um lado, o médico deve proteger o sigilo do paciente e, de outro, proteger-se do paciente em relação ao dever do sigilo, embora o regramento civil, penal e administrativo seja quase que exaustivo e que a abordagem demanda um outro estudo de grande interesse.

A situação do médico é retrato do que ocorre nas atividades dos outros profissionais que militam na área da saúde e os inúmeros manuais, códigos de ética, portarias, também estão presentes em suas vidas.

Assim, a LGPD vai além do emaranhado de regras que regula a responsabilidade daqueles que estão diretamente envolvidos diretamente com a área da saúde, para também orientar a relação e os limites da autonomia privada,[15] da pessoa e do mercado,[16] com um segmento privado fortemente regulado,[17] como da área da saúde privada e onde o Estado não atua diretamente, determinando a responsabilidade de todos aqueles agentes que se relacionam indiretamente com a área e que interagem na sua grande cadeia de atos.

O Brasil do início do século XIX reclama transparência como nunca antes, reclama ética, reclama boas práticas e nesse bojo o legislador vem impondo também a obrigatoriedade da adoção do compliance numa gama cada vez maior de atividades e setores que, doravante, terão

---

14 Temas que perpassam o consentimento livre informado e esclarecido, reprodução humana assistida, transplante de tecidos e órgãos, interrupção da gestação nas suas várias possibilidades, prolongamento artificial da vida, questões relacionadas com as decisões sobre o destino de pacientes terminais, morte encefálica, engenharia genética, experimentação em pacientes, projeto genoma humano, esterilização humana e tudo o mais que está por vir e com repercussão brutal no tema do sigilo, que agora é também tangenciado pela LGPD.

15 PINHEIRO, Rosalice Fidalgo. *Contrato e direitos fundamentais*. Curitiba: Juruá, 2009, p. 166.

16 GRAU, Eros Roberto. A ordem econômica na Constituição de 1988. 14º ed. *Rev. Atual.* São Paulo: Malheiros. Disponível em: https://www.lexml.gov.br/urn/urn:lex:br:rede.virtual.bibliotecas:livro:2010;000881445. Acesso em: 15 jun. 2021.

17 ROCHA, Luiz Carlos. *O direito à saúde e o sistema suplementar*. São Paulo: Contracorrente, 2018, p. 216.

que agregar mais o instrumento consolidado na LGPD, sem o qual não estará apto para cumprir plenamente sua finalidade, pelo modo que não será mais possível imaginar os processos de conformidade sem a rigorosa observância da LGPD.

A partir do marco regulatório imposto pela LGPD, também estará mais fácil a tarefa de apurar e definir responsabilidade na área da saúde, onde já vigora de muito tempo a responsabilidade decorrente do que se denomina obrigação de meio, quer no âmbito administrativo, penal ou cível, caracterizada pelo compromisso que os profissionais da saúde e estruturas de assistência à saúde em geral tem como os que recorrem e dependem dela para suas necessidades, mormente quanto à violação da proteção dos dados pessoais, seja dos pacientes, dos colaboradores participantes de pesquisas e dos trabalhadores direta ou indiretamente envolvidos, que, de qualquer modo e por qualquer razão, sejam lesados nos seus direitos sobretudo e especialmente quanto ao dado sensível que trata de informações de cunho religioso, racial, étnico, político, genético, biométrico, sexual e da saúde.

O primeiro ponto a aferir nessa situação é se o coletor, o tratador, controlador, operador, encarregado do banco de dados adotou e observa os marcos da LGPD, sendo que em caso negativo sua responsabilidade desde logo poderá decorrer da simples ausência do serviço.

Caso contrário, existindo o serviço, terá cumprido a obrigação de meio, vez que colocou à disposição os meios seguros e necessários para a proteção dos dados e, assim, terá o conforto de buscar o ponto onde a norma foi violada e por quem.

Disso decorre ser urgente que os bancos de dados, assim classificados pela LGPD, otimizem as medidas para implantar ou adaptar os termos ao seu comando.

Referências bibliográficas

CARVALHO, Guido Ivan; LENIR, Santos. *Sistema Único de Saúde*: comentários à lei orgânica da saúde. São Paulo: Hucitec, 1992.

GRAU, Eros Roberto. A ordem econômica na Constituição de 1988. 14. Ed. *Rev. Atual.* São Paulo: Malheiros, 1990.

HARARI, Yuval Noah. *Homo Deus, uma breve história do amanhã.* 1. Ed. São Paulo: Companhia das Letras, 2016, p. 448.

KARL, Larenz. *Derecho Justo*: Fundamentos de Ética Jurídica. Madrid: Civitas, 1985, p. 202.

LIMBERGER, Têmis. "Direitos Fundamentais, Informática e Comunicação". *In:* SARLET, Ingo. Porto Alegre: Livraria do Advogado, 2007. Disponível em: https://www.livrariadoadvogado.com.br/direitos-fundamentais-informatica-e-comunicacao-algumas-aproximacoes-p31288/ . Acesso em: 02 jul. 2021.

LIMBERGER, Têmis. "O direito à intimidade na era da informática: a necessidade de proteção dos dados pessoais". *In:* SARLET, Ingo Wolfgang. *Direitos Fundamentais, Informática e Comunicação.* Porto Alegre: Livraria do Advogado, 2007, p. 224.

MIRAGEM, Bruno. "A nova administração pública e o Direito Administrativo". 2. Ed. E atual. São Paulo: *Revista dos Tribunais*, 2013, p. 320.

PINHEIRO, Rosalice Fidalgo. *Contrato e direitos fundamentais.* Curitiba: Juruá, 2009, p. 166.

RIELLI, Mariana Marques. "O processo de construção e aprovação da Lei geral de dados pessoais". *Revista do Advogado*, São Paulo. vol. 39, n. 144, 2019, pp. 7–14.

ROCHA, Luiz Carlos. *O direito à saúde e o sistema suplementar.* São Paulo: Contracorrente, 2018, p. 216.

SARLET, Ingo Wolfgang. *Constituição, direitos fundamentais e direito privado.* 3. Ed. Porto Alegre: Livraria do Advogado, 2010.

SILVEIRA, Mário Magalhães. *Política Nacional de saúde pública.* Rio de Janeiro: Editora Revan, 2005, p. 377.

Informação bibliográfica deste texto, conforme a NBR 6023:2002 da Associação Brasileira de Normas Técnicas (ABNT):

CAPÍTULO XIII - O IMPACTO DA LEI GERAL DE PROTEÇÃO DE DADOS NA ÁREA DA SAÚDE - Luiz Carlos da Rocha

ROCHA, Luiz Carlos da. "O impacto da Lei Geral de Proteção de Dados na área da saúde". *In:* MARINHO, Gustavo; VALIM, Rafael; WARDE, Walfrido; SIMÃO, Valdir. *Aspectos relevantes da Lei Geral de Proteção de Dados*. São Paulo: Editora Contracorrente, 2021.

CAPÍTULO XIV

A PROTEÇÃO DE DADOS NOS SERVIÇOS NOTARIAIS E DE REGISTRO

Gustavo Marinho
Rafael Valim
Walfrido Warde

1. A relevância da proteção de dados no Brasil

A Lei Geral de Proteção de Dados Pessoais (Lei nº 13.709/2018) é um diploma legal de relevância inconteste.

À crescente importância dos dados pessoais, considerados o ativo mais valioso de nossos tempos,[1] deve corresponder uma estrita regulação, de modo a preservar os direitos fundamentais.

A quantidade de dados pessoais que são coletados e tratados nos dias de hoje é incalculável. Dois exemplos do nosso cotidiano ilustram bem a centralidade do tema da proteção de dados:

---

1 Como bem disse o Prof. Marcos A. Perez, "os dados pessoais são o carvão, o aço e o vapor da quarta revolução industrial". *Invasão de Privacidade Chancela por Lei*. Disponível em: https://piaui.folha.uol.com.br/invasao-de-privacidade-chancela-da-por-lei/. Acesso em: 13 jun. 2021.

> (i) no setor privado, é maciça a disseminação de aplicativos com as mais variadas funções (ex.: redes sociais, e-commerce, e-books, streaming de música e vídeo, aplicativos de restaurantes e supermercados etc.) em todas as camadas sociais, o que gera uma grande quantidade de dados pessoais, coletados e tratados para as mais variadas finalidades;
>
> (ii) na área de atuação do Poder Público, a quantidade de dados pessoais é igualmente relevante, a ponto de ser determinante para a formulação de políticas públicas e ações específicas (ex.: combate ao coronavírus e a utilização de informações georreferenciadas para o monitoramento dos cidadãos).

O tema, como se nota, não está distante de nós. Ao contrário, está tão próximo que recentemente a imprensa brasileira noticiou dois fatos de grande repercussão: o primeiro foi o vazamento de dados pessoais de duzentos e vinte milhões de brasileiros, o que inclui nome completo, CPF, renda, gênero, número de telefone etc.; [2] e o segundo foi o vazamento de dados de cem milhões de contas de celular.[3] Hipoteticamente os dados pessoais de toda a população brasileira foram vazados apenas nestes dois eventos, o que abriu as portas para o cometimento de uma infinidade de crimes.

Mas não apenas dados obtidos ilicitamente devem despertar a nossa atenção. Até mesmo os dados obtidos licitamente podem ser utilizados para manipular as pessoas ou criar as chamadas inferências comportamentais para atingir finalidades nada ingênuas, como, por exemplo, o escândalo da empresa Cambridge Analytica, uma das responsáveis pelo

---

2 VASCONCELLOS, Hygino. "Vazamento de dados de 220 milhões de pessoas: o que sabemos e quão grave é". UOL, São Paulo, 28 jan. 2021. Disponível em: https://www.uol.com.br/tilt/noticias/redacao/2021/01/28/vazamento-expoe-dados-de-220-mi-de-brasileiros-origem-pode-ser-cruzada.htm. Acesso em: 13 jul. 2021.

3 BOLZANI, Isabel. "Novo vazamento expõe dados de mais de 100 milhões de contas de celular". Folha de São Paulo, São Paulo, 10 fev. 2021. https://www1.folha.uol.com.br/mercado/2021/02/novo-vazamento-expoe-dados-de-mais-de-100-milhoes-de-contas-de-celular.shtml?origin=uol. Acesso em: 13 jul. 2021.

resultado do plebiscito do Brexit e também das eleições presidenciais dos Estados Unidos em 2016. Ou ainda empresas que oferecem grandes descontos em seus produtos em troca de dados de seus clientes, como, por exemplo, algumas redes de drogarias.[4]

Como se pode perceber, o uso indevido dos dados pessoais não é nos dias de hoje (e não será no futuro) um problema menor. Tampouco é um problema que afeta apenas àqueles que tem algo a esconder; mesmo aqueles que se consideram corretos e bravejam o brocardo popular "quem não deve não teme" podem sim ser afetados negativamente pela coleta, tratamento e utilização indevida de seus dados, ainda que sejam anonimizados.[5] Por isso estamos diante de um dos principais temas do Direito Público contemporâneo.

Apesar de estarmos muito atrasados em matéria de proteção de dados em todos os aspectos, as organizações que prezam pela própria reputação devem se adequar à nova legislação imediatamente (= compliance de proteção de dados). Mesmo porque, nunca é demais relembrar, a implementação dos ditames da Lei Geral de Proteção de Dados (LGPD) não é singela. Além de adaptações em políticas, normas internas e contratos, a nova lei exige adequação tecnológica, treinamento e conscientização de funcionários e terceiros.

Há um longo caminho a ser percorrido para que estejamos protegidos contra o uso inadequado de nossos dados pessoais.

---

4 SANTANA, Lucas. "Sem CPF ou biometria: lei proíbe farmácias a dar desconto em troca de dados". UOL, São Paulo, 03 mar. 2021. https://www.uol.com.br/tilt/noticias/redacao/2021/03/03/lojas-podem-pedir-biometria-e-outros-dados--pessoais-para-dar-desconto.htm. Acesso em: 13 jul. 2021.

5 O Professor Virgílio Afonso da Silva, com muita precisão, destaca a necessidade da proteção de dados inclusive àqueles que "não tem nada a esconder" (*Direito Constitucional Brasileiro*. São Paulo: Edusp, 2021, p. 206).

2. O *status* jurídico da proteção de dados

O debate em torno da proteção de dados ou da autodeterminação informativa começou efetivamente a ganhar relevância a partir do momento em que os dados passaram a ser tratados automaticamente, ou seja, no momento em que a tecnologia alcançou um estágio em que os dados poderiam ser "ilimitadamente armazenados e consultados a qualquer momento, a qualquer distância e em segundos"[6] (processamento eletrônico de dados).

Na década de 1970 este cenário começou a ser identificado e algumas legislações começaram a aparecer ao redor do mundo, entre elas a "Lei do Estado Alemão de Hesse", um dos primeiros textos legais sobre proteção de dados (1970).

Alguns anos mais tarde surgiram importantes normas internacionais como a Convenção 108 do Conselho da Europa, de 1981, e a Diretiva Europeia 95/46/CE (1995). No interregno entre estas duas normas surgiu um dos julgados mais importantes sobre proteção de dados pessoais: o BVERFGE 65,1 (1983) do Tribunal Constitucional Federal Alemão, que analisou, em 1983, a constitucionalidade da "Lei do Recenseamento de População, Profissão, Moradia e Trabalho" (*Volkszählungsgesetz*), de 1982.

O que se extrai dessas normas e especialmente deste paradigmático julgado do Tribunal Constitucional Federal Alemão é que o direito à proteção de dados é uma dimensão do direito à privacidade. No momento em que surge o processamento eletrônico, permitindo-se combinações infinitas de dados pessoais para formar um "quadro da personalidade relativamente completo" do cidadão, do direito à privacidade nasce uma nova dimensão: a proteção de dados pessoais (ou autodeterminação informativa).[7]

---

6 MARTINS, Leonardo (org.). *Cinquenta Anos de Jurisprudência do Tribunal Constitucional Federal Alemão*. Berlim: Konrad-Adenauer-Stiftung E.V., 2005, p. 236.

7 Neste sentido são preciosas as palavras da Prof. Laura Schertel Mendes: "Como se pode perceber, a partir do momento em que a tecnologia passa a permitir o

A Constituição Federal de 1988, como se sabe, resguarda a privacidade em diversos dispositivos do capítulo destinado aos direitos e deveres individuais. São eles:

> Art. 5º Todos são iguais perante a lei, sem distinção de qualquer natureza, garantindo-se aos brasileiros e aos estrangeiros residentes no País a inviolabilidade do direito à vida, à liberdade, à igualdade, à segurança e à propriedade, nos termos seguintes:
>
> (...)
>
> X - são invioláveis a intimidade, a vida privada, a honra e a imagem das pessoas, assegurado o direito a indenização pelo dano material ou moral decorrente de sua violação;
>
> XI - a casa é asilo inviolável do indivíduo, ninguém nela podendo penetrar sem consentimento do morador, salvo em caso de flagrante delito ou desastre, ou para prestar socorro, ou, durante o dia, por determinação judicial;
>
> XII - é inviolável o sigilo da correspondência e das comunicações telegráficas, de dados e das comunicações telefônicas, salvo, no último caso, por ordem judicial, nas hipóteses e na forma que a lei estabelecer para fins de investigação criminal ou instrução processual penal.

Obviamente, a Constituição Federal, ao resguardar o direito à privacidade, estende essa mesma proteção a formas mais modernas de exteriorização, como a autodeterminação informativa, a qual, portanto, traduz a dimensão mais moderna do direito à privacidade e também pode ser chamada de direito à privacidade informacional.

---

armazenamento e o processamento rápido e eficiente de dados pessoais, dá-se a associação entre proteção à privacidade e informações pessoais. Nesse contexto, percebe-se uma alteração não apenas do conteúdo do direito à privacidade, mas também do seu léxico, passando a ser denominada privacidade informacional, proteção de dados pessoais, autodeterminação informativa, entre outros". (*Privacidade, Proteção de Dados e Defesa do Consumidor: linhas gerais de um novo direito fundamental.* São Paulo: Saraiva, 2014, p. 32).

Norberto Bobbio, em frase lapidar, afirmava: "os direitos humanos não nascem todos de uma vez, nem de uma vez por todas".[8] A evolução da sociedade sempre revelará novos direitos, cujo rol não é estático, senão que dinâmico e vivo.

Mas não é só do direito à privacidade que emerge o direito fundamental à autodeterminação informativa.

Como afirma acertadamente Virgílio Afonso da Silva,[9] a proteção de dados pessoais ou a autodeterminação informacional também está relacionada à proteção do direito à igualdade. Sua relação com o direito à privacidade é a parte mais visível, mas, de fato, não é a única. Deveras, o grau de sofisticação com que os dados coletados são tratados pode sim gerar distorções e ampliar a discriminação entre as pessoas, mesmo quando os dados são anonimizados. É o que se denomina de viés algorítmico.

É falacioso acreditarmos que a anonimização dos dados, um dos direitos dos titulares de dados (art. 18, inciso IV da LGPD), impede o uso enviesado dos dados coletados. Algoritmos, máquinas e até mesmo programadores podem promover discriminações ilegítimas. Como aponta o referido professor, o reforço de estereótipos em resultados de pesquisas na internet, o direcionamento de publicidade ou ofertas de emprego a determinado grupo, são algumas formas de uso discriminatório de dados anonimizados.

Resulta claro, pois, que o direito à proteção de dados (autodeterminação informativa) também guarda estreita relação com o princípio da igualdade, o que apenas reforça o seu status constitucional.

A jurisprudência nacional segue na mesma esteira. Em 13 de fevereiro de 1995 o ex-ministro Ruy Rosado de Aguiar, relator do Resp nº 22.337-9/RS fez um dos primeiros registros acerca da importância da proteção de dados em nosso país. Por sua importância histórica registramos um pequeno trecho de seu voto:

---

8 *A era dos direitos*. Rio de Janeiro: Campus, 1992, p. 32.

9 *Direito Constitucional Brasileiro*. São Paulo: Edusp, 2021, p. 207.

> A inserção de dados pessoais do cidadão em bancos de informações tem se constituído em uma das preocupações do Estado moderno, onde o uso da informática e a possibilidade de controle unificado das diversas atividades da pessoa, nas múltiplas situações de vida, permite o conhecimento de sua conduta pública e privada, até nos mínimos detalhes, podendo chegar à devassa de atos pessoais, invadindo área que deveria ficar restrita à sua intimidade; ao mesmo tempo, o cidadão objeto dessa indiscriminada colheita de informações, muitas vezes, sequer sabe da existência de tal atividade, ou não dispõe de eficazes meios para conhecer o seu resultado, retificá-lo ou cancelá-lo. E assim como o conjunto dessas informações pode ser usado para fins lícitos, públicos ou privados, na prevenção ou repressão de delitos, ou habilitando o particular a celebrar contratos com pleno conhecimento de causa, também pode servir, ao Estado ou ao particular, para alcançar fins contrários à moral ou ao Direito, como instrumento de perseguição política ou opressão econômica. A importância do tema cresce de ponto quando se observa o número imenso de atos da vida humana praticados através da mídia eletrônica ou registrados nos disquetes de computador. (...)

Mais recentemente, o Supremo Tribunal Federal reforçou a importância da proteção de dados pessoais. Na ação direta de inconstitucionalidade nº 6.390, sob a relatoria da Ministra Relatora Rosa Weber, em que se debatia a proteção de dados pessoais de milhões de brasileiros frente à Medida Provisória 954/2020, a Colenda Corte reconheceu o status constitucional do direito à autodeterminação informativa e cautelarmente suspendeu a eficácia da aludida medida provisória, que autorizava o compartilhamento de dados pessoais entre as empresas de telefonia móvel e o IBGE:

> MEDIDA CAUTELAR EM AÇÃO DIRETA DE INCONSTITUCIONALIDADE. REFERENDO. PROVISÓRIA No 954/2020. EMERGÊNCIA DE SAÚDE PÚBLICA DE IMPORTÂNCIA INTERNACIONAL DECORRENTE DO NOVO CORONAVÍRUS (COVID-19). COMPARTILHAMENTO DE DADOS DOS USUÁRIOS DO SERVIÇO

> TELEFÔNICO FIXO COMUTADO E DO SERVIÇO MÓVEL PESSOAL, PELAS EMPRESAS PRESTADORAS, COM O INSTITUTO BRASILEIRO DE GEOGRAFIA E ESTATÍSTICA. FUMUS BONI JURIS. PERICULUM IN MORA. DEFERIMENTO.
>
> (...)
>
> 9. O cenário de urgência decorrente da crise sanitária deflagrada pela pandemia global da COVID-19 e a necessidade de formulação de políticas públicas que demandam dados específicos para o desenho dos diversos quadros de enfrentamento não podem ser invocadas como pretextos para justificar investidas visando ao enfraquecimento de direitos e atropelo de garantias fundamentais consagradas na Constituição.
>
> 10. Fumus boni juris e periculum in mora demonstrados. Deferimento da medida cautelar para suspender a eficácia da Medida Provisória no 954/2020, a fim de prevenir danos irreparáveis à intimidade e ao sigilo da vida privada de mais de uma centena de milhão de usuários dos serviços de telefonia fixa e móvel.
>
> 11. Medida cautelar referendada.

A Lei Geral de Proteção de Dados, nitidamente inspirada no Regulamento Geral sobre a Proteção de Dados (RGPD) (UE) 2016/679, a GDPR (*General Data Protection Regulation*), densifica e regulamenta o direito fundamental à autodeterminação informativa. Apesar das críticas (fundamentadas) relativas à sua extensão e atualidade, certo é que estamos diante de um marco no direito brasileiro, inclusive para as atividades notariais e registrais, conforme passaremos a analisar.

3. Breve panorama dos serviços notariais e de registro

O propósito deste artigo, como adiantado, é analisar a importância da proteção de dados nos serviços notariais e de registro, cujo alicerce está no art. 236 da Constituição de 1988:

> Art. 236. Os serviços notariais e de registro são exercidos em caráter privado, por delegação do Poder Público.
>
> § 1º Lei regulará as atividades, disciplinará a responsabilidade civil e criminal dos notários, dos oficiais de registro e de seus prepostos, e definirá a fiscalização de seus atos pelo Poder Judiciário.
>
> § 2º Lei federal estabelecerá normas gerais para fixação de emolumentos relativos aos atos praticados pelos serviços notariais e de registro.
>
> § 3º O ingresso na atividade notarial e de registro depende de concurso público de provas e títulos, não se permitindo que qualquer serventia fique vaga, sem abertura de concurso de provimento ou de remoção, por mais de seis meses.

Deste dispositivo constitucional se extraem as principais características da atividade notarial e registral, a que podemos denominar de atividade verificadora, uma vez que destinada à apuração ou documentação de uma situação de fato ou de direito.[10] Trata-se de uma atividade pública exercida em caráter privado, por delegação do Poder Público. O delegatário, apesar de ser selecionado mediante concurso público de provas e títulos, não ocupa um cargo público, senão que se apresenta como um particular em colaboração com a Administração Pública,[11] submetido à fiscalização do Poder Judiciário.

Com efeito, a delegação dos serviços notariais e registrais só pode recair sobre pessoa natural com formação em Direito, nos termos do art. 3º da Lei nº 8.935/94. Nenhuma pessoa jurídica, com ou

---

10 VALIM, Rafael. *A subvenção no Direito Administrativo brasileiro*. São Paulo: Contracorrente, 2015, p. 47.

11 BANDEIRA DE MELLO, Celso Antônio. *Curso de Direito Administrativo*, 30ª ed. São Paulo: Malheiros, 2012, p. 255; CARVALHO FILHO, José dos Santos. *Manual de Direito Administrativo*, 31ª ed. São Paulo: Atlas, 2017, p. 632; FERREIRA DA ROCHA, Silvio Luís. *Manual de Direito Administrativo*. São Paulo: Malheiros, 2013, p. 217.

sem fins lucrativos, tem habilitação para exercer as aludidas atividades. No preciso dizer do então Ministro Carlos Ayres Britto:[12]

> A sua delegação somente pode recair sobre pessoa natural, e não sobre uma empresa ou pessoa mercantil, visto que de empresa ou pessoa mercantil é que versa a Magna Carta Federal em tema de concessão ou permissão de serviço público. Para se tornar delegatária do poder público, tal pessoa natural há de ganhar habilitação em concurso público de provas e títulos, e não por adjudicação em processo licitatório, regrado, este, pela Constituição como antecedente necessário do contrato de concessão ou de permissão para o desempenho de serviço público.

Nas palavras do eminente Min. Celso de Mello, "a atividade notarial e registral, ainda que executada no âmbito de serventias extrajudiciais não oficializadas, constitui, em decorrência de sua própria natureza, função revestida de estatalidade, sujeitando-se, por isso mesmo, a um regime estrito de direito público".[13]

O específico regime de direito público incidente sobre os notários e registradores não é um mero capricho do legislador. Ao contrário, constitui um meio indispensável para assegurar a satisfação do interesse público que preside a atividade administrativa por eles desempenhada, inclusive no que se refere à proteção de dados dos usuários destes serviços.

Por um lado, encontramos os direitos dos notários e registradores, de modo a garantir-lhes independência funcional, quer em relação ao Estado, quer em relação aos usuários do serviço.[14] Como assevera

---

12 ADI 2.415, rel. min. Ayres Britto, j. 10-11-2011, P, DJE de 9-2-2012.

13 ADI 1.378 MC, rel. min. Celso de Mello, j. 30-11-1995, P, DJ de 30-5-1997.

14 GONÇALVES, Pedro António Pimenta da Costa. *Entidades privadas com poderes públicos: o exercício de poderes públicos de autoridade por entidades privadas com funções administrativas*. Coimbra: Almedina, 2008, p. 587.

Luiz Egon Ritcher, "(...) é imprescindível que o Notário e o Registrador tenham liberdade decisória sem nenhum tipo de condicionamento, seja de ordem política, econômica, burocrática e corporativa. O condicionamento ao qual os Notários e Registradores estão sujeitos é o da Ordem Jurídica".[15]

Aliás, a Lei nº 8.935/94, em seu art. 28, proclama de modo explícito a independência dos notários e oficiais de registro no exercício de suas funções. Eis a dicção legal:

> Art. 28. Os notários e oficiais de registro gozam de independência no exercício de suas atribuições, têm direito à percepção dos emolumentos integrais pelos atos praticados na serventia e só perderão a delegação nas hipóteses previstas em lei.

Em contrapartida, comparece um plexo de deveres dos notários e oficiais de registro, a que se ligam sanções disciplinares, e um especial regime de responsabilidade civil e criminal, de sorte a proteger os destinatários da atividade e eventuais terceiros.

Conforme exploraremos no item seguinte, todo este rigor é fundamental para a proteção dos milhões de dados pessoais sensíveis que estão sob a guarda dos delegatários (art. 236, CF) da atividade verificadora.

4. Proteção de dados na atividade notarial e de registro

Entre os deveres dos notários e registradores está a custódia dos dados a que têm acesso em virtude da atividade pública que lhes foi delegada. Trata-se de um dever que sempre acompanhou tais

15 RICHTER, Luiz Egon. "Da qualificação notarial e registral e seus dilemas". *In*: DIP, Ricardo (coord.). *Introdução ao direito notarial e registral*. Porto Alegre: IRIB: Fabris, 2004, p. 193.

profissionais, embora, com o avanço tecnológico, a forma de cumpri-lo tenha se tornado mais complexa, como revela a própria evolução legislativa na matéria.

No art. 30 da Lei nº 8.935/94 se prescreve o seguinte:

> Art. 30. São deveres dos notários e dos oficiais de registro:
>
> I - manter em ordem os livros, papéis e documentos de sua serventia, guardando-os em locais seguros;
>
> (...)
>
> VI - guardar sigilo sobre a documentação e os assuntos de natureza reservada de que tenham conhecimento em razão do exercício de sua profissão; (...)

Já no art. 46 da mesma lei se estabelece, de maneira peremptória, que os livros, fichas, documentos, papéis, microfilmes e sistemas de computação ficarão sob a guarda e responsabilidade do titular do serviço notarial ou de registro, que zelará por sua ordem, segurança e conservação.

> Art. 46. Os livros, fichas, documentos, papéis, microfilmes e sistemas de computação deverão permanecer sempre sob a guarda e responsabilidade do titular de serviço notarial ou de registro, que zelará por sua ordem, segurança e conservação.

A preocupação do legislador com o acesso indevido aos dados que estão sob a guarda dos delegatários é de tal monta que no parágrafo único do referido art. 46 da Lei nº 8.935/94 se ordena que, em caso de necessidade de perícia nos documentos, o exame deverá ocorrer na própria sede do serviço, com ciência do titular e autorização do juízo competente.

Mais recentemente, a Lei Geral de Proteção de Dados, em seu art. 23, estatui que sobre os serviços notariais e de registro incide o mesmo regime jurídico das pessoas jurídicas de direito público e que a eles se impõe a obrigação de fornecer acesso aos dados por meio eletrônico à Administração Pública. Eis o texto legal:

> Art. 23. O tratamento de dados pessoais pelas pessoas jurídicas de direito público referidas no parágrafo único do art. 1° da Lei n° 12.527, de 18 de novembro de 2011 (Lei de Acesso à Informação), deverá ser realizado para o atendimento de sua finalidade pública, na persecução do interesse público, com o objetivo de executar as competências legais ou cumprir as atribuições legais do serviço público, desde que:
>
> (...)
>
> § 4° Os serviços notariais e de registro exercidos em caráter privado, por delegação do Poder Público, terão o mesmo tratamento dispensado às pessoas jurídicas referidas no *caput* deste artigo, nos termos desta Lei.
>
> § 5° Os órgãos notariais e de registro devem fornecer acesso aos dados por meio eletrônico para a administração pública, tendo em vista as finalidades de que trata o *caput* deste artigo.

Ainda na Lei Geral de Proteção de Dados, no art. 26, § 1°, proíbe-se que o Poder Público transfira dados pessoais constante de suas bases de dados a entidades privadas:

> Art. 26. O uso compartilhado de dados pessoais pelo Poder Público deve atender a finalidades específicas de execução de políticas públicas e atribuição legal pelos órgãos e pelas entidades públicas, respeitados os princípios de proteção de dados pessoais elencados no art. 6° desta Lei.
>
> § 1° É vedado ao Poder Público transferir a entidades privadas dados pessoais constantes de bases de dados a que tenha acesso (...).

Conclui-se, portanto, sem qualquer margem a dúvidas, que a ordem jurídica brasileira irrogou unicamente aos titulares de serviços notariais e de registro a guarda e a transferência de dados, nos estritos casos permitidos em lei. São eles, portanto, os verdadeiros e únicos guardiões do direito fundamental à proteção de dados pessoais dos milhões de brasileiros e brasileiras que diuturnamente utilizam os serviços notarial e de registro (art. 236 da Constituição Federal).

Ocorre, porém, que entre o Estado, os delegatários e os usuários se introduziu a fórceps uma nova figura, um estranho intermediário:[16] as Centrais registrais e notariais.

As Centrais de cartórios, na prática, nada mais são do que pseudocartórios, que fazem a ponte eletrônica entre o usuário (pessoa física ou jurídica) e os delegatários. A atividade das Centrais, que são pessoas jurídicas de direito privado, não está reconhecida na Constituição Federal, tampouco em leis infraconstitucionais.

Mas não é apenas a falta de previsão legal e constitucional para a existência e atuação das centrais que nos causa espécie, senão que a quantidade de dados que uma pessoa jurídica de direito privado, totalmente alheia ao regime jurídico dos serviços notariais e de registro, tem acesso diariamente.

Interessante notar que toda a responsabilidade e o dever de preservar os dados pessoais que estão sob a guarda dos delegatários não são transferidos às Centrais, as quais, aliás, estão explicitamente proibidas de receber tais informações, nos termos da LGPD. Trocando em miúdos: apenas os cartórios podem coletar, tratar e registrar os dados obtidos a partir da chamada atividade verificadora.

Não há, do ponto de vista técnico-jurídico, previsão para que as Centrais, ou seja, pessoas jurídicas de direito privado se interpolem entre os delegatários e os órgãos e pessoas (físicas e jurídicas) que ostentam

---

16 CARVALHO, Gustavo Marinho de. *Sobre um estranho intermediário*. 2021, publicado no site Conjur: https://www.conjur.com.br/2021-mar-05/gustavo-marinho-estranho-intermediario. Acesso em: 13 jul. 2021.

legitimidade para requisitar os dados. Ao contrário, a ordem jurídica, conforme já demonstramos, repele, de maneira clara, tal pretensão.

Em outro dizer, o responsável pela proteção de todos os dados dos serviços notariais e de registro é a pessoa física, aprovada em concurso público, para administrar e prestar tais serviços. Para efeitos da Lei Geral de Proteção de Dados, os titulares de tais serviços constituem o controlador, ou seja, aquele que é o responsável "pelas decisões referentes ao tratamento de dados pessoais" (art. 5º, VI).

Outra figura estranha ao modelo constitucional e que também tem provocado inúmeros questionamentos é o Operador Nacional do Sistema de Registro Eletrônico de Imóveis (ONR), responsável pela operação do Sistema de Registro Eletrônico de Imóveis (SREI).

Previsto no art. 76 da Lei nº 13.465/2017, o ONR, à semelhança das Centrais, é uma pessoa jurídica de direito privado (§ 2º) que operará um sistema eletrônico e que terá acesso a milhões de dados imobiliários de todos os cartórios do Brasil.

> "Art. 76. O Sistema de Registro Eletrônico de Imóveis (SREI) será implementado e operado, em âmbito nacional, pelo Operador Nacional do Sistema de Registro Eletrônico de Imóveis (ONR).
>
> § 1º O procedimento administrativo e os atos de registro decorrentes da Reurb serão feitos preferencialmente por meio eletrônico, na forma dos arts. 37 a 41 da Lei nº 11.977, de 7 de julho de 2009.
>
> § 2º O ONR será organizado como pessoa jurídica de direito privado, sem fins lucrativos.
>
> § 3º (VETADO).
>
> § 4º Caberá à Corregedoria Nacional de Justiça do Conselho Nacional de Justiça exercer a função de agente regulador do ONR e zelar pelo cumprimento de seu estatuto.
>
> § 5º As unidades do serviço de registro de imóveis dos Estados e do Distrito Federal integram o SREI e ficam vinculadas ao ONR.

> § 6º Os serviços eletrônicos serão disponibilizados, sem ônus, ao Poder Judiciário, ao Poder Executivo federal, ao Ministério Público, aos entes públicos previstos nos regimentos de custas e emolumentos dos Estados e do Distrito Federal, e aos órgãos encarregados de investigações criminais, fiscalização tributária e recuperação de ativos.
>
> § 7º A administração pública federal acessará as informações do SREI por meio do Sistema Nacional de Gestão de Informações Territoriais (Sinter), na forma de regulamento.
>
> § 8º (VETADO).
>
> § 9º Fica criado o fundo para a implementação e custeio do SREI, que será gerido pelo ONR e subvencionado pelas unidades do serviço de registro de imóveis dos Estados e do Distrito Federal referidas no § 5º deste artigo.
>
> § 10. Caberá ao agente regulador do ONR disciplinar a instituição da receita do fundo para a implementação e o custeio do registro eletrônico de imóveis, estabelecer as cotas de participação das unidades de registro de imóveis do País, fiscalizar o recolhimento e supervisionar a aplicação dos recursos e as despesas do gestor, sem prejuízo da fiscalização ordinária e própria como for prevista nos estatutos.

As mesmas observações formuladas a respeito das Centrais se aplicam ao ONR. Apesar de estar previsto em lei, cuja constitucionalidade será decidida pelo Supremo Tribunal Federal, estamos diante de uma pessoa jurídica de direito privado totalmente alheia ao modelo imposto pelo art. 236 da Constituição Federal.

Neste sentido, vale registrar trecho do parecer da Procuradoria Geral da República, nos autos da ADI nº 5.883/DF, em que se questiona a constitucionalidade do art. 76 da Lei nº 13.465/2017 e, por conseguinte, a própria existência do ONR:

> A sobreposição de pessoa jurídica de direito privado como operadora nacional do sistema de registro eletrônico interfere na

> atuação fiscalizatória do Judiciário. Ainda que o art. 76-§4º preveja a Corregedoria Nacional de Justiça como agente regulador do ONR, a norma admite a atuação de pessoa jurídica estranha ao modelo constitucional, que poderá trazer embaraço ao desempenho das funções de controle do Judiciário.
>
> (...)
>
> Dessa forma, a criação de entidade desvinculada da estrutura do Judiciário e destinada à implementação do sistema de registro eletrônico afronta o sistema de controle e fiscalização estruturado pela Constituição e atribuído ao Judiciário.

Como se nota, tanto as Centrais como o ONR padecem de manifesta inconstitucionalidade: por serem pessoas jurídicas de direito privado e atuarem no exercício da atividade verificadora, algo estranho ao nosso modelo constitucional, atentam contra o direito fundamental à autodeterminação informativa de todos os titulares de dados armazenados nos cartórios (art. 5º, *caput* e incisos X, XI e XII da CF). Reitere-se: a ordem jurídica brasileira irroga unicamente aos delegatários da atividade verificadora a guarda e o tratamento de tais dados (art. 236, CF).

Informação bibliográfica deste texto, conforme a NBR 6023:2002 da Associação Brasileira de Normas Técnicas (ABNT):

CAPÍTULO XIV - A PROTEÇÃO DE DADOS NOS SERVIÇOS NOTARIAIS E DE REGISTRO - Rafael Valim; Gustavo Marinho; Walfrido Warde

VALIM, Rafael; MARINHO, Gustavo; WARDE, Walfrido. "A proteção de dados nos serviços notariais e de registro". *In:* MARINHO, Gustavo; VALIM, Rafael; WARDE, Walfrido; SIMÃO, Valdir. *Aspectos relevantes da Lei Geral de Proteção de Dados*. São Paulo: Editora Contracorrente, 2021.

CAPÍTULO XV

MINISTÉRIO PÚBLICO NO CONTEXTO DA LEI GERAL DE PROTEÇÃO DE DADOS: A TUTELA DA DIMENSÃO COLETIVA DO DIREITO À PROTEÇÃO DE DADOS PESSOAIS

Maria Fernanda Balsalobre Pinto

Introdução

A evolução da sociedade da informação, cujas bases estão centradas na obtenção e tratamento de dados como ativos informacionais tanto por entidades públicas quanto por aquelas privadas, estabeleceu novas relações econômicas, sociais e jurídicas.

Verificou-se ponto de inflexão no qual os instrumentos jurídicos disponíveis para a tutela da privacidade e dos dados pessoais mostraram-se defasados, em qualidade e extensão, com significativos prejuízos à tutela de direitos fundantes dos indivíduos e das balizas estruturais das sociedades.

Nota-se tentativa contínua de oferecer respostas legislativas para as complexas questões surgidas do acelerado desenvolvimento tecnológico. Além disso, revela-se indispensável a necessária reconfiguração das instituições públicas cuja tábua axiológica encontra fundamento na própria existência do Estado, como é o Ministério Público pela definição do art. 127 da Constituição da República, para que a defasagem de instrumentos materiais e regulatórios relacionados à sociedade informacional não implique na perda do passo histórico e cumprimento insuficiente da missão conferida pelo Constituinte Originário.

Qual é, nesse contexto, o papel do Ministério Público na proteção dos dados pessoais dos indivíduos?

1. Da privacidade à dimensão coletiva da proteção de dados: perspectiva histórica e sucessão geracional

O processo organizacional das sociedades é por definição dinâmico, na medida em que as ininterruptas sequências do fluxo histórico e desenvolvimento tecnológico impactam e promovem alterações na forma de organização social, econômica, política, estatal e individual, do que decorre, por consectário, variações exegéticas de conceitos.

O conceito de privacidade nasce com a ascensão da classe burguesa, após as transformações socioeconômicas implementadas pela Revolução Industrial,[1] como construção de que haveria um espaço íntimo reservado ao alvitre exclusivo do indivíduo, a salvo de qualquer observação externa. Apenas foi reconhecido formalmente como um direito a partir de conhecido artigo dos advogados norte-americanos Louis Brandeis e Samuel Warren, intitulado *The right to privacy*, e publicado na *Harvard Law Review*, em 1890.[2]

O reconhecimento da privacidade como um direito, portanto, se dá inicialmente sob acepção estritamente estratificada, individualista e

1 RODOTÀ, Stefano. *A vida na sociedade da vigilância*. Trad. Danilo Doneda e Luciana Cabral Doneda. Rio de Janeiro: Renovar, 2008, p. 26.

2 WARREN, Samuel; BRANDEIS, Louis. The right to privacy. *Civilistica.com*. Rio de Janeiro, a. 2, n. 3, jul.-set. 2013. Disponível em: http://civilistica.com/the-right-to-privacy. Data de acesso: 02 jun. 2021.

patrimonial, ligada à liberdade negativa de não ter a vida íntima observada e os assuntos particulares expostos sem autorização, não havendo, à época, aspiração de universalidade a tal direito, considerando-se que "poverty and privacy are simply contradictoires".[3]

A partir da década de 1960 nota-se alteração na dinâmica social, o que proporcionou variação também no alcance da privacidade. Isso porque o Estado do Bem-Estar Social (*Welfare State*) pressupôs, para o desenvolvimento das políticas prospectivas, complexo e sofisticado planejamento, do qual decorreu crescente acesso e processamento dos dados dos cidadãos pelo Estado. E isso, aliado ao desenvolvimento tecnológico que possibilitou a utilização de bancos de dados para armazenamento digital das informações dos indivíduos pelo ente público, promoveu alargamento do conceito de direito à privacidade, que passou a abarcar também o espaço de autonomia do indivíduo em relação a ingerências do Estado.[4]

Nesse contexto, surge a primeira geração de leis de proteção de dados. Como reação, portanto, à ampliação da ingerência Estatal consubstanciada na formação e processamento massivo de dados pessoais. A estruturação da proteção de dados em tal contexto erigiu-se sob a premissa da necessidade de estabelecimento de normas procedimentais, conferindo-se centralidade ao elemento formal para controle dos então poucos e centralizados bancos de dados estatais.

Mayer-Schönberger[5] desenha taxonomia que estabelece quatro divisões, ou gerações, relacionadas às leis de proteção de dados. A despeito da grande relevância da classificação, não se verifica propriamente superação entre as gerações, e sim complementariedade.

---

3 A.M. BENDICH. "Privacy, Poverty and the Constitution. Report for the Conference on the Law of the Poor", University of California at Berkeley, 1966, pp. 4,7. *In*: RODOTÀ, Stefano. *A vida na sociedade da vigilância*. Trad. Danilo Doneda e Luciana Cabral Doneda. Rio de Janeiro: Renovar, 2008, p. 27.

4 MENDES, Gilmar Ferreira; COELHO, Inocêncio Mártires; BRANCO, Paulo Gustavo Gonet. *Curso de Direito Constitucional*. São Paulo: Saraiva, 2008, p. 380.

5 MAYER-SCHÖNBERGER, Viktor. "Generational Development of Data Protection in Europe". *In*: AGRE, Philip E.; ROTENBERG, Marc. *Tecnology and privacy*: the new landscape. Cambridge: The MIT Press, 2001. Disponível em: https://pages.gseis.ucla.edu/faculty/agre/landscape.html. Acesso em: 02 jun. 2021.

Considera-se a primeira legislação acerca da proteção de dados pessoais aquela editada no Estado norte-americano da Califórnia, em 1968, concernente ao direito de acesso a registros públicos. Também o denominado Privacy Act, editado em 1974 pelos Estados Unidos da América, tratava da proteção dos dados no âmbito da administração pública. As primeiras iniciativas legislativas da Alemanha também estavam centradas na regulação da Administração Pública.[6]

Ocorreu que o avanço da tecnologia e do processamento de dados alterou o alicerce da regulação protetiva, deslocando o cerne para a proliferação e dispersão dos bancos de dados, bem ainda para o setor privado, que passou a manifestar acelerado interesse nas informações pessoais dos indivíduos.

A fragilidade da regulamentação das normas de primeira geração levou à segunda geração das leis de proteção de dados. Esta, não mais centrada em regras procedimentais. Ao revés, trouxe ao centro o entendimento de que a proteção de dados deveria ser exercida pelo próprio cidadão, por meio de uma liberdade negativa.

MAYER-SCHONBERG critica a arquitetura da segunda geração, asseverando que

> A proteção de dados pessoais como liberdade individual pode proteger a liberdade do indivíduo. Ela pode oferecer ao indivíduo a possibilidade de não conceder informações a seu respeito que lhe são solicitadas. Mas qual será o custo que se tem de pagar por isso? É aceitável que a proteção de dados pessoais possa ser exercida apenas por eremitas?[7]

---

6 Lei de Proteção de Dados do Estado de Hessen, em 1970; Estatuto de Proteção de Dados do Estado Alemão de Rheinland-Pzalzische (1974) e Bundesdatenschutzgesetz, a lei federal da República Federativa da Alemanha sobre proteção de dados pessoais (1977).

7 MAYER-SCHONENBERGER, Viktor. "Generational development of data protection in Europe". *In*: AGRE, Phillip E.; ROTENBERG, Marc (Coord.). *Tecnology and Privacy*: The New Landscape. Cambridge: The MIT Press, 1997, p. 228.

A decisão do Tribunal Constitucional Alemão acerca da Lei do Censo, em 1983, marca a terceira geração das normas de proteção de dados. Há ampliação do protagonismo do indivíduo, acrescentando-se a participação do sujeito na integralidade do caminho percorrido pelo dado pessoal, erigindo-se o conceito de autodeterminação informacional.

A terceira geração das leis de proteção de dados, a despeito da relevância da arquitetura protecionista calcada na autodeterminação informativa, não equacionou suficientemente a problemática verificada ainda na segunda geração, relacionada ao fato de que, em determinados contextos, o indivíduo não possui meios concretos de se opor ao uso indiscriminado dos seus dados pessoais.

Nesse contexto, as leis de quarta geração são marcadas pela tentativa de equacionar a assimetria da qual decorre a autodeterminação informativa meramente formal. Entendeu-se que a busca pela centralidade do indivíduo no exercício da proteção de dados, paradoxalmente, leva à maior vulnerabilidade desse mesmo sujeito, que não está em posição de horizontalidade seja em relação ao Estado, seja em relação a outros agentes privados. Retirou-se parcela da autonomia do indivíduo como forma de concretizar a dimensão objetiva e coletiva do direito à autodeterminação informativa, na medida em que se criou núcleo a ser especialmente protegido, o qual contaria com proteção ampliada e imune ao exclusivo consentimento do sujeito.[8]

Na quarta geração das leis de proteção de dados se insere a Diretiva 95/46/EC, que tratou especificamente da proteção de dados pessoais no âmbito da União Europeia.

A despeito da importância da evolução normativa no sentido de fortalecer e ampliar o protagonismo do indivíduo em relação ao controle de seus dados, na tentativa de equacionar a assimetria de poder, bem ainda erigir determinado núcleo sensível que estaria fora da disponibilidade do sujeito, não se nota, até a quarta geração de leis

---

8 DONEDA, Danilo. *Da privacidade à proteção de dados pessoais*. Rio de Janeiro: Renovar, 2006, p. 211-212.

de proteção de dados, relevante rompimento com a lógica meramente individualista.

A evolução da forma de processamento e armazenamento de dados possibilitou que, além dos computadores tradicionais, equipamentos domésticos e bens móveis passassem a produzir dados, os quais alcançam proporções até então inimagináveis, surgindo o conceito de Big Data. Novas formas de exploração e utilização dos dados surgem a partir de novos algoritmos de inteligência artificial e aprendizados de máquina, alcançando-se possibilidades não só de análises relacionadas ao passado e presente dos indivíduos, mas também sistemas que possibilitem inferir o futuro,[9][10] seja pelos entes públicos, seja pelos privados.

Esse contexto, aliado ao crescente surgimento de escândalos[11] relacionados à defasagem na arquitetura de proteção dos dados pessoais, passou a acrescentar novos elementos ao debate sobre o alcance e a

---

9 BARBIERI, Carlos. *Governança de Dados*. Rio de Janeiro: Alta Books, 2019, pp. 4-14.

10 Em relação às análises preditivas, as quais utilizam dados, algoritmos estatísticos e técnicas de *machine learning* para identificar probabilidades de condutas futuras, já há larga utilização nos mais variados segmentos, dentre os quais marketing, serviços financeiros, saúde privada e sistema de justiça. Em relação a este, cite-se o conhecido "caso Loomis", no qual Eric Loomis foi condenado pelo Tribunal de Wisconsin, EUA, por condução de veículo roubado e fuga, sendo negada liberdade condicional pelo Juiz com fundamento no resultado de software de análise preditiva de cálculo de risco (*Correctional Offender Management Profiling dos Alternative Sanctions* - COMPASS), que sugeriu alto risco de reiteração criminosa. Em sede de apelação, argumentou-se que a defesa não possui acesso ao algoritmo que originou a pontuação do risco, restando impossível saber os elementos que foram considerados na análise, que a utilização de tal ferramenta afrontaria a imparcialidade do Juiz, bem ainda que o algoritmo possui viés discriminatório, por considerar aspectos de raça, origem e extrato social na avaliação do risco. A Suprema Corte de Wisconsin negou a apelação, sob o fundamento de que o resultado do julgamento seria o mesmo sem a utilização do algoritmo de análise preditiva.

Petição da defesa de Eric Loomis em relação ao uso do COMPASS. Disponível em https://www.scotusblog.com/wp-content/uploads/2017/02/16-6387-cert-petition.pdf. Acesso em: 02 jun. 2021.

11 Cite-se o caso *Snowden*, em 2013, o Julgamento pela Corte de Justiça da União Europeia do caso conhecido como *Google Spain*, em 2014, bem ainda a violação de contas do caso *Yahoo*, em 2013.

suficiência do direito à privacidade e das leis de proteção de dados sob o prisma individual.

Surgiram valorosos argumentos que chamavam atenção para a existência de importante aspecto da privacidade que transcendia o interesse meramente individual, buscando-se trazer valor social ao conceito de privacidade, atrelando-o ao interesse público.

> Amid this discussions, however, have been a few persistente voices calling attention to the social value of privacy; that is, the value of privacy to society. The argument put forth by political scientist Priscilla Regan in Legislation Privacy (1995) is the most thoroughly developed and innovative. Is a fastidiously draw history of approximately five decades of privacy regulation in the United States. Regan lists case after case of well-justified initiatives to protect privacy through legislation and rule making that have fallen by the wayside. These failures, according to Regan, are the result of associating privacy with the interests of individuals, which, in the end, are usually outweighed by countervailing social needs – dire or otherwise (e.g., business efficiency, national security, law enforcement, or economic prosperity). Furthermore, focusing on the value of privacy for individuals fails to recognize its importance as (1) a common value, (2) a public value, and (3) a collective value.
>
> (...)
>
> In defending the public value of privacy, Regan stresses its importance for key institutions of democracy such as the assumption of autonomy in promotion healthy democratic elections, the assurance of a secret ballot, and the existence of a vibrant public realm. In touting privacy as a collective good, Regan invokes yet a third social dimension, that of privacy as a nonexcludable, indivisible collective good like clean air and national defense.[12]

---

12 NISSENBAUM, Helen. *Privacy in context: Technology, Policy, and the Integrity of Social Life*. California: Stanford Law Books, 2010, p. 85-87.

Há relevante mudança qualitativa nos debates acerca da privacidade, então centrada no indivíduo, pelo reconhecimento de que a privacidade encontra contemporânea relação imbricada com a distribuição e exercício do poder pelas estruturas públicas e privadas,[13] sendo o controle da infraestrutura da informação o componente fundante da equalização da aparente tensão entre tutela dos direitos fundamentais, de um lado, e a eficiência estatal e empresarial, de outro.

> Raramente o cidadão é capaz de perceber o sentido que a coleta de determinadas informações pode assumir em organizações complexas e dotadas de meios sofisticados para o tratamento de dados, podendo escapar a ele próprio o grau de periculosidade do uso destes dados por parte de tais organizações. Além disso, é evidente a enorme defasagem de poder existente entre o indivíduo isolado e as grandes organizações de coleta de dados: nessas condições, é inteiramente ilusório falar em controle. Aliás, a insistência em meios de controle exclusivamente individuais pode ser um álibi de um poder público desejoso de esquivar-se dos novos problemas determinados pelas grandes coletas de informações, e que assim se refugia em uma exaltação ilusória dos poderes do indivíduo, o qual se encontrará, desta forma, encarregado da gestão de um jogo que somente poderá sair como perdedor.[14]

---

13 RODOTÀ, Stefano. *A vida na sociedade da vigilância*. Trad. Danilo Doneda e Luciana Cabral Doneda. Rio de Janeiro: Renovar, 2008, p. 24.

14 RODOTÀ, Stefano. *A vida na sociedade da vigilância*. Trad. Danilo Doneda e Luciana Cabral Doneda. Rio de Janeiro: Renovar, 2008, p. 37.

2. Leis de proteção de dados de quinta e sexta geração, e a lei brasileira

O reconhecimento da dimensão coletiva do conceito de privacidade e proteção de dados produziu posterior resposta legislativa, culminando na quinta geração das leis de proteção de dados.

Reconheceu-se, no continente europeu, que a Diretiva 95/46/EC, regramento então vigente relacionado à proteção de dados pessoais, mostrou-se insuficiente para impedir as ameaças aos cidadãos decorrentes das violações aos dados pessoais.

Assim, em 27 de abril de 2016, o Parlamento Europeu e o Conselho Europeu revogaram a Diretiva 95/46/EC,[15] aprovando o Regulamento EU 2016/679 – General Data Protection Regulation (GDPR), significando o rompimento com a lógica estritamente individualista verificada nas legislações anteriores, reconhecendo-se o interesse público na proteção dos dados pessoais.

Franco Pizzetti assevera o alargamento "dalla tutela del diritto fondamentale dela persona ala tutela dei dati personali come interesse pubblico europeu".[16]

A despeito do reconhecimento de interesse público, o GDPR não confere meios de tutela processual coletiva, deixando o acesso à jurisdição, paradoxalmente, ainda centrado tão somente no âmbito

---

15 No item (9) do Regulamento EU 2016/679 do Parlamento Europeu e do Conselho, reconhece-se expressamente que a Diretiva 95/46/CE "*não evitou a fragmentação da aplicação da proteção dos dados ao nível da União, nem a insegurança jurídica ou o sentimento generalizado da opinião pública de que subsistem riscos significativos para a proteção das pessoas singulares*". Disponível em: https://eur-lex.europa.eu/legal-content/PT/TXT/PDF/?uri=CELEX:31995L0046&from=PT. Acesso em: 02 jun. 2021.

16 PIZZETTI, F. *Diritti nella 'rete'della Rete – Privacy e il Diritto Europeo ala Protezione dei Dati Personali*: Il Regolamento europeo 2016/679. Torino: Giappichelli, 2016, p. 04.

individual,[17][18] do que decorre a conclusão de que houve o reconhecimento meramente formal do espectro coletivo da proteção de dados. Há evidente prejuízo em deixar questões complexas e de inclinação coletiva sob o exclusivo alvitre individual.

Este gravíssimo lapso do Regulamento Europeu foi recentemente reconhecido pelo Parlamento Europeu e pelo Conselho, resultando na elaboração de proposta de Diretiva sobre ações coletivas,[19] a qual foi recentemente aprovada pelo Secretariado-Geral do Conselho, e encaminhada para que seja recomendada ao Conselho a aprovação do texto da Diretiva relativa a ações coletivas (representative actions). O item 13 do texto final da proposta da Diretiva traz a determinação expressa de que as ações coletivas abranjam a proteção de dados pessoais.

---

17 O artigo 79, 1., do GDPR afirma que "*todos os titulares de dados têm direito à ação judicial se considerarem ter havido violação dos direitos que lhes assistem nos termos do presente regulamento", alocando claramente a legitimidade ativa individualmente nos cidadãos*. Já o art. 80, 1., determina que "*O titular dos dados tem o direito de mandatar um organismo, organização ou associação sem fins lucrativos, que esteja devidamente constituído ao abrigo do direito de um Estado-Membro, cujos objetivos estatutários sejam do interesse público e cuja atividade abranja a defesa dos direitos e liberdades do titular dos dados no que respeita à proteção dos seus dados pessoais, para, em seu nome, apresentar reclamação, exercer os direitos previstos nos artigos 77.o, 78.o e 79.o, e exercer o direito de receber uma indenização referido no artigo 82.o, se tal estiver previsto no direito do Estado-Membro"*. Neste caso, restringe a possibilidade de tutela coletiva à outorga de mandato formal do indivíduo à determinado organismo, o que constitui obstáculo à tutela coletiva tal qual a previsão de legitimidade apenas para os cidadãos individualmente.

18 O artigo 80, 2., do GDPR, assinala que "*Os Estados-Membros podem prever que o organismo, a organização ou a associação referidos no nº 1 do presente artigo, independentemente de um mandato conferido pelo titular dos dados, tenham nesse Estado-Membro direito a apresentar uma reclamação à autoridade de controlo competente nos termos do artigo 77.o e a exercer os direitos a que se referem os artigos 78.o e 79.o, caso considerem que os direitos do titular dos dados, nos termos do presente regulamento, foram violados em virtude do tratamento*". A norma indica a facultatividade de que os Estados-membros confiram legitimidade ativa a instituições com atribuição de tutela processual coletiva, protegendo de maneira insuficiente a dimensão coletiva do direito à proteção de dados.

19 DIRECTIVE OF THE EUROPEAN PARLIAMENT AND OF THE COUNCIL on representative actions for the protection of the collective interests of consumers. Disponível em: https://eur-lex.europa.eu/legal-content/EN/TXT/?uri=consil:ST_9592_2020_COR_1. Acesso em 02.06.2021. Acesso em: 13 jul. 2021.

Ainda, a Diretiva retira a necessidade de outorga de mandato pelos indivíduos às entidades de tutela coletiva, bem ainda substituiu a facultatividade pela obrigatoriedade de que os Estados-membros confiram legitimidade a determinadas entidades qualificadas para propositura de ações coletivas.[20]

Ademais, determina que "os Estados-Membros devem garantir, nomeadamente, que as organizações de consumidores e os organismos públicos independentes podem adquirir o estatuto de entidade qualificada"(artigo 4º, item 3), do que decorre a possibilidade concreta de que o Ministério Público nos países europeus assuma, de maneira uniforme, a legitimidade ativa na propositura de ações coletivas com escopo na proteção de dados pessoais dos cidadãos.

Muito embora ainda não aprovada a Diretiva, a União Europeia aponta para o reconhecimento da insuficiência do reconhecimento apenas formal da dimensão coletiva, garantindo o surgimento da representative action.

A Lei Geral de Proteção de Dados Pessoais brasileira – LGPD (nº 13.709/2018) cuida de regulamentar o tratamento de dados pessoais por pessoa natural, pessoa jurídica de direito público ou privado, buscando equacionar a tensão entre progresso tecnológico e economia da informação e, de outro lado, proteção de direitos fundamentais.

Trata-se do resultado de um processo pedagógico que durou cerca de oito anos desde a primeira consulta pública pelo Ministério da Justiça, em 2010, sobre o tema. Encaminhado o anteprojeto de lei pelo Executivo em 2016, iniciou-se intensos debates na Câmara dos Deputados, contando com ampla participação popular e de entidades relacionadas à proteção de dados nacionais e internacionais. Constatou-se de maneira convergente pelas duas Casas Legislativas que o atraso regulatório brasileiro gera séria defasagem econômica para o país. Nesse contexto que já se mostrava favorável à aprovação de legislação própria

20 Artigo 4º, 1., "Os Estados-Membros devem garantir que as entidades qualificadas previamente designadas, a seu pedido, pelos Estados-Membros para esse efeito e indicadas numa lista divulgada ao público podem intentar ações coletivas".

à proteção de dados, o escândalo mundial conhecido como Cambridge Analytica,[21;22] trazido à luz em março de 2018, escancarou a indispensabilidade de urgência na análise do tema. Aprovados requerimentos de urgência, houve a aprovação acelerada por ambas as Casas, chegando-se a consenso que culminou na aprovação da Lei 13. 709/2018, a qual instituiu prazo de vacatio bienal.

A arquitetura protecionista se mostrou ampliada, com expresso reconhecimento legislativo da dimensão coletiva da proteção de dados e, também, expressa previsão legislativa de instrumentos processuais de tutela coletiva.

A lei brasileira,[23] assim, posiciona-se como componente da sexta geração de leis de proteção de dados, preenchendo a lacuna da geração anterior relacionada à ausência da previsão de instrumentos de tutela coletiva que pudessem conferir concretude à dimensão coletiva. Completa-se, enfim, o deslocamento eficiente do centro regulatório para o aspecto coletivo, possibilitando amplos meios de tutela processual coletiva.

---

21 Trata-se do escândalo de dados envolvendo o Facebook e a empresa Cambridge Analytica, envolvendo a coleta e utilização de informações de até 87 milhões de usuários do Facebook, para elaboração de perfis comportamentais individuais dos eleitores, com vistas a influenciar eleições nos EUA e em diversos outros lugares do mundo. O escândalo foi revelado após investigação do Channel 4 News, intensificando-se discussões sobre normas éticas e proteção. Disponível em: https://www.theguardian.com/technology/2018/apr/04/facebook-cambridge-analytica-user-data-latest-more-than-thought. Acesso em: 02 jun. 2021.

22 Elementos indicaram que o escândalo produziu efeitos também no Brasil, na medida em que dados existentes no Facebook de número desconhecido de brasileiros teriam também sido tratados por empresa parceira da Cambridge Analytica, para influenciar eleições brasileiras. O Ministério Público do Distrito Federal e Territórios instaurou Inquérito Civil para apurar os fatos. Disponível em: https://www.reuters.com/article/us-facebook-cambridge-analytica-brazil/brazil-prosecutors-open-investigation-into-cambridge-analytica-idUSKBN1GX35A. Acesso em: 02 jun. 2021.

23 Muito embora ainda não vigente quando da elaboração deste artigo, porquanto em período de vacatio legis, prorrogado pela MP 959/2020.

3. O Ministério Público no contexto da LGPD: dúplice posição como sujeito ativo e passivo

Em razão da inserção da LGPD na arquitetura das leis de proteção de dados de sexta geração, bem ainda pela expressa previsão de que as disposições se aplicam também às pessoas jurídicas de direito público, o Ministério Público assume curiosa posição dúplice: ao mesmo tempo em que é sujeito passivo, se sujeitando aos ditames legais, é também sujeito ativo, guardando legitimidade extraordinária, embora não exclusiva,[24] para a tutela processual e extraprocessual do direito coletivo[25] à proteção de dados.

O art. 22 reconhece expressamente que a defesa dos interesses e direitos dos titulares dos dados poderá ser exercida coletivamente em Juízo. Acrescenta o art. 42 da LGPD o reconhecimento de que o dano relacionado ao tratamento de dados pessoais pode também ser coletivo, garantindo, no § 3º, tutela processual coletiva para reparação dos danos.

Além disso, consigne-se que houve a expressa integração da LGPD ao microssistema de tutela processual coletiva, ou jurisdição coletiva,[26] em razão da disposição legal de que a tutela judicial coletiva será feita "na forma do disposto na legislação pertinente" e que, em relação aos danos coletivos, será "observado o disposto na legislação pertinente", sendo aplicáveis, reciprocamente, as normas presentes na LACP, CDC, LIA, Estatuto da Cidade, ECA, Biossegurança, MCI etc.

---

24 Sobre a legitimidade concorrente, anota-se iniciativas relevantes de associações no Estado de São Paulo, em atuações processuais e extraprocessuais para proteção a direitos relacionados à proteção de dados. Cite-se: IDEC vs. Metrô/SP questionando a implementação de reconhecimento facial; IDEC vs. Carrefour/SP; IDEC vs. Hering/SP; IDEC vs. Linha 4 do Metrô/SP; ação popular vs. Sistema de monitoramento inteligente do Governo do Estado de São Paulo para medir índices de isolamento, dentre outras tantas iniciativas relevantes.

25 Utiliza-se direito coletivo no sentido lato, o qual abarca os direitos difusos, coletivos em sentido estrito e individuais homogêneo, na medida em que o direito à proteção de dados guarda relação com as três classes de direitos transindividuais.

26 NUNES JÚNIOR, Vidal Serrano (Coord.). *Manual de Direitos Difusos*. São Paulo: Verbatim, 2012, p. 655.

Naturalmente, deve o Ministério Público se valer do Inquérito Civil[27] ou Procedimento Preparatório de Inquérito Civil[28] como instrumentos de investigação administrativa com vistas a apurar danos efetivos ou potenciais a interesses difusos, coletivos e individuais homogêneos relacionados à proteção de dados, bem ainda Compromisso de Ajustamento de Conduta.[29]

Trata-se de enorme responsabilidade entregue ao Ministério Público,[30] que soma agora a incumbência de, na sociedade informacional, cuja "fonte de produtividade acha-se na tecnologia de geração de conhecimentos, de processamento da informação e de comunicação de símbolos", [31] tutelar o aspecto coletivo do direito à proteção de dados, seja reativamente em caso de violação ou potencial violação, seja também de maneira prospectiva, tomando consciência da expansão das possibilidades de intervenção relacionada a práticas de indução de políticas públicas constitucionais e conformação de comportamentos sociais coletivos.

Isso porque os mesmos instrumentos tecnológicos que violam direitos coletivos podem, também, ser usados como meios assertivos para correção de desigualdades, práticas antidiscriminatórias, anticorrupção, distribuição equânime de poder, fortalecimento da cidadania, eficácia

---

27 BRASIL. Constituição da República Federativa do Brasil. art. 129, III e art. 8º, § 1º, da LACP.

28 Resolução CNMP nº 23/2007.

29 Art. 5º, § 6º, da LACP, além de previsões em outras leis setoriais específicas, como ECA, Meio Ambiente etc.

30 O Ministério Público do Distrito Federal e Territórios instituiu, em 2018, Unidade Especial de Proteção de Dados e Inteligência Artificial (ESPEC), sendo a primeira iniciativa nesse sentido dentre os Ministérios Públicos em território nacional. Desde então, tratou de casos de grande relevância, como a eventual venda de dados os cidadãos pela empresa pública SERPRO, o escândalo da Cambridge Analytica, a eventual venda de perfis obtidos a partir de vasta gama de dados dos consumidores pela empresa Telefônica/Vivo, responsabilidade pelo vazamento de dados pelo Banco Inter, eventual vulnerabilidade de dados sensíveis no sítio eletrônico do cadastro positivo, dentre outros tantos.

31 CASTELLS, Manuel. *A sociedade em rede*. São Paulo: Paz e Terra, 1999, p. 51-54.

aos serviços públicos e efetivação da transparência e de políticas públicas constitucionais satisfatórias.

De outro lado, verifica-se que o Ministério Público, pessoa jurídica de direito público, acessa e trata dados pessoais na atividade-meio e na atividade-fim de prestação de serviço à população. Sujeita-se passivamente, portanto, à regulamentação da LGPD, devendo a própria instituição incorporar procedimentos de Governança de Dados, entendida esta como processo organizacional que estabelece políticas, padrões, processos, procedimentos e diretrizes, conferindo responsabilidade ao tratamento de dados.[32]

Necessária a nomeação, nesse contexto, de encarregado de proteção de dados.[33] Neste ponto, necessário que se aponte a ausência de previsão expressa, na LGPD, do denominado "código de conduta" setorial (instrumento que consta expressamente no GDPR).[34] A Guideline nº 01/2019[35] do Comitê Europeu de Proteção de Dados anota que "codes represent an opportunity to establish a set of rules which contribute to the proper application os the GDPR in a practical, transparente ans potentially cost effective manner that takes on board the nuances for a particular sector and/or its processing activities".

A ausência de previsão expressa dos códigos de conduta na legislação pátria, contudo, pode ser facilmente sanada pela Autoridade Nacional de Proteção de Dados, que deve admitir tais instrumentos para garantir aplicação prática homogênea, transparente e eficiente em relação a entidades semelhantes componentes do mesmo grupo, tais como o Ministério Público, mostrando-se aconselhável o estabelecimento de código de conduta único, no âmbito do Conselho Nacional

---

32 BARBIERI, Carlos. *Governança de Dados*. Rio de Janeiro: Alta Books, 2019, p. 37.

33 Art. 5º, VIII, da LGPD, define encarregado como "pessoa indicada pelo controlador e operador para atuar como canal de comunicação entre o controlador, os titulares dos dados e a Autoridade Nacional de Proteção de Dados".

34 Art. 40 do GDPR.

35 Disponível em: https://edpb.europa.eu/sites/edpb/files/files/file1/edpb_guidelines_201901_v2.0_codesofconduct_en.pdf. Acesso em 21/04/2020

do Ministério Público, com vistas a garantir interpretações, práticas e procedimentos harmônicos e, assim, promover maior garantia ao cidadão e uniformidade aos Ministérios Públicos brasileiros.

Conclusões

(i) A evolução histórica, social e tecnológica agregou novas dimensões ao conceito de privacidade, culminando no reconhecimento da dimensão coletiva.

(ii) Até o contexto das leis de proteção de dados de quarta geração, a despeito do relevante amadurecimento normativo, manteve-se a lógica individual na tutela de tal direito.

(iii) A quinta geração de leis de proteção de dados, da qual a GDPR é expoente, configura ruptura com a centralidade individual na tutela do direito à proteção de dados, notando-se, contudo, o reconhecimento meramente foral da dimensão coletiva.

(iv) A sexta geração das leis de proteção de dados, da qual emerge como representante a LGPD brasileira, apresenta completude em relação à geração anterior, prevendo-se expressamente tutela processual coletiva ampliada.

(v) O Ministério Público possui condição de dupla sujeição, ativa e passiva, em relação à normativa brasileira. Enquanto sujeito ativo, deve manejar os instrumentos processuais e extraprocessuais de tutela coletiva, agindo tanto reativamente quanto prospectivamente, ao passo que, como sujeito passivo, recebe a responsabilidade de instituição de Governança de Dados interna, mostrando-se a instituição de código de conduta pelo Conselho Nacional do Ministério Público a solução mais consentânea à eficiência e proteção de direitos.

Referências bibliográficas

BARBIERI, Carlos. *Governança de Dados*. Rio de Janeiro: Alta Books, 2019.

BIONI, Bruno. *Proteção de dados pessoais*: a função e os limites do consentimento. Rio de Janeiro: Forense, 2019.

De 2010 a 2018: *a discussão brasileira sobre uma lei geral de proteção de dados*. Disponível em: https://www.jota.info/opiniao-e-analise/colunas/agenda-da-privacidade-e-da-protecao-de-dados/de-2010-a-2018-a-discussao-brasileira-sobre-uma-lei-geral-de-protecao-de-dados. Acesso em: 13 jul. 2021.

BRAMAN, Sandra. *Change of State:* information, policy and power. Cambridge: MIT Press, 2006.

BRUNO, Fernanda (Coord.). *Tecnopolíticas da Vigilância*. São Paulo: Boitempo, 2018.

BOFF, Salete; FORTES, Vinícius; FREITAS, Cinthia. *Proteção de Dados e Privacidade*. Rio de Janeiro: Lumen Juris, 2018.

CASTELLS, Manuel. *A sociedade em rede*. São Paulo: Paz e Terra, 1999.

DONEDA, Danilo. *Da privacidade à proteção de dados pessoais*. Rio de Janeiro: Renovar, 2006.

HARARI, Yuval Noah. *21 lições para o século 21*. Trad. Paulo Geiger. São Paulo: Companhia das Letras, 2018.

LEONARDI, Marcel. *Fundamentos de Direito Digital*. São Paulo: Thomson Reuters Brasil, 2019.

NUNES JÚNIOR, Vidal Serrano (Coord.). *Manual de Direitos Difusos*. São Paulo: Verbatim, 2012.

MALDONADO, Viviane Nobrega (Coord.). *Comentários ao GDPR: Regulamento Geral de Proteção de Dados da União Europeia*. São Paulo: Thomson Reuters Brasil, 2018.

MAYER-SCHONENBERGER, Viktor. "Generational development of data protection in Europe". *In:* AGRE, Phillip E.; ROTENBERG, Marc (Coord.). *Tecnology and Privacy*: The New Landscape. Cambridge: The MIT Press, 1997.

MENDES, Laura Schertel. *Privacidade, proteção de dados e defesa do consumidor*: linhas gerais de um novo direito fundamental. São Paulo: Saraiva, 2014.

MENDES, Gilmar Ferreira; COELHO, Inocêncio Mártires; BRANCO, Paulo Gustavo Gonet. *Curso de Direito Constitucional*. São Paulo: Saraiva, 2008.

MOROZOV, Evgeny. *Big Tech*. Trad. Claudio Marcondes. São Paulo: Ubu, 2018.

NISSENBAUM, Helen Fay. *Privacy in context*: technology, policy, and the integrity of social life. Stanford: Standford University Press, 2010.

ORWELL, George. *1984*. Trad. Alexandre Hubner e Heloisa Jahn. São Paulo: Companhia das Letras, 2009.

PIZZETTI, F. *Diritti nella 'rete' della Rete – Privacy e il Diritto Europeo ala Protezione dei Dati Personali*: Il Regolamento europeo 2016/679. Torino: Giappichelli, 2016.

RODOTÀ, Stefano. *A vida na sociedade da vigilância*. Trad. Danilo Doneda e Luciana Cabral Doneda. Rio de Janeiro: Renovar, 2008.

SOLOVE, Daniel. *The digital person:* technology and privacy in the information age. New York: New York University, 2004.

WARREN, Samuel; BRANDEIS, Louis. The right to privacy. *Civilistica.com*. Rio de Janeiro, a. 2, n. 3, jul.-set. 2013.

Informação bibliográfica deste texto, conforme a NBR 6023:2002 da Associação Brasileira de Normas Técnicas (ABNT):

CAPÍTULO XV - MINISTÉRIO PÚBLICO NO CONTEXTO DA LEI GERAL DE PROTEÇÃO DE DADOS: A TUTELA DA DIMENSÃO COLETIVA DO DIREITO À PROTEÇÃO DE DADOS PESSOAIS - Maria Fernanda Balsalobre Pinto

PINTO, Maria Fernanda Balsaobre. "Ministério Público no contexto da Lei Geral de Proteção De Dados: a tutela da dimensão coletiva do direito à proteção de dados pessoais". *In:* MARINHO, Gustavo; VALIM, Rafael; WARDE, Walfrido; SIMÃO, Valdir. *Aspectos relevantes da Lei Geral de Proteção de Dados*. São Paulo: Editora Contracorrente, 2021.

CAPÍTULO XVI

A LEI GERAL DE PROTEÇÃO DE DADOS NO TERCEIRO SETOR

Vanessa Ruffa Rodrigues
Lúcia Maria Bludeni

1. Terceiro setor: contextualização

No Brasil, a Constituição Federal de 1988 trouxe, no bojo do artigo 6°, a educação, a saúde, a alimentação, o trabalho, a moradia, o lazer, a segurança, a previdência social, a proteção à maternidade e à infância, bem como a assistência aos desamparados, como direitos sociais.

A realidade, contudo, é diversa daquela imposta pelo Constituinte. Isso porque é notório que o Poder Público não consegue cumprir, em sua totalidade, a determinação constitucional de prover ensino digno, saúde e assistência social.

Tanto assim que dados oriundos da **Pesquisa Nacional por Amostra de Domicílios (Pnad) 2018, do IBGE**, dão conta de que: 24,3 milhões de pessoas entre 15 a 29 anos com no máximo o ensino superior incompleto, não estavam na escola, nem na educação profissional ou pré-vestibular; 23,0% das pessoas entre 15 a 29 anos não estudavam nem trabalhavam; e de 2016 a 2018, o percentual de qualificação profissional caiu de 2,9% para 2,4%.[1]

É neste cenário que, há muito tempo em nossa sociedade, há a figura das instituições que compõem o Terceiro Setor, cuja função social é inegável na medida em que exercem atividades originariamente atribuídas ao Poder Público.[2] É constituído, segundo o IPEA - Instituto de Pesquisa Econômica Aplicada, por **781.921**[3] **Organizações da Sociedade Civil** – "OSC's, gênero do qual extraímos as seguintes espécies ("roupagem jurídica"):

> 1) **Associação:** Constitui-se a associação pela união de pessoas que se organizam para fins não econômicos, nos termos dos artigos 44, inciso I e 53, do Código Civil. Não tem engessamento quanto ao objeto social, desde que sejam atividades lícitas;
>
> 2) **Fundação:** o seu instituidor fará, por escritura pública ou testamento, dotação especial de bens livres, especificando o fim a que se destina e declarando, se quiser, a maneira de administrá-la. É fiscalizada pelo Ministério Público (no Estado da sede e das filiais). Tem campo de atuação restrito a 9 (nove) tipos de atividade, nos termos do artigo 62, parágrafo único, do Código Civil;

---

1 "PNAD Contínua 2018: educação avança no país, mas desigualdades raciais e por região persiste". *Agência de Notícias IBGE*. 19.06.2019. Disponível em: https://agenciadenoticias.ibge.gov.br/agencia-sala-de-imprensa/2013-agencia-de-noticias/releases/24857-pnad-continua-2018-educacao-avanca-no-pais-mas-desigualdades-raciais-e-por-regiao-persistem Acesso em: 01 jun. 2021.

2 "*O Estado Democrático de Direito é um modelo ainda em construção que necessita da participação social para se legitimar. Nesse sentido, a sociedade civil organizada assume um papel preponderante na apresentação de demandas que devem ser resolvidas pela ação estatal*". SABO, José Eduardo Paes; SANTOS, Julio Edstron Secundino. "A democracia e o terceiro setor: histórico e reflexos atuais". *Revista Direito e Liberdade*, Natal, vol. 19, n 1, jan-abr. 2017, pp. 131-157.

3 Instituto de Pesquisa Econômica Aplicada. *Mapa das Organizações da Sociedade Civil*. Disponível em: https://mapaosc.ipea.gov.br/resultado-consulta.html. Acesso em: 01 jun. 2021.

3) **Cooperativa Social:** possui regramento específico na Lei n° 9.867/99. São constituídas com a finalidade de inserir **pessoas em desvantagem no mercado econômico** (deficientes físicos e sensoriais, deficientes psíquicos e mentais, pessoas dependentes de acompanhamento psiquiátrico permanente, egressos de hospitais psiquiátricos, dependentes químicos, egressos de prisões, condenados a penas alternativas à detenção e adolescentes em idade adequada ao trabalho em situação familiar difícil do ponto de vista econômico, social ou afetivo), por meio do trabalho. Fundamentam-se no interesse geral da comunidade em promover a pessoa humana e a integração social dos cidadãos e incluem entre suas atividades: a organização e gestão de serviços sociossanitários/educativos e o desenvolvimento de atividades agrícolas, industriais, comerciais e de serviços.

4) **Organização Religiosa:** previstas no artigo 44, inciso IV, do Código Civil. São entidades que, em seu "DNA", em sua essência, além da prática do culto e da fé, também visam a promover e a auxiliar seus membros. Estes, por sua vez, no exercício da vocação missionária, acabam por atender a Sociedade com atividades de interesse difuso. Estão sujeitas ao cumprimento de todas as obrigações legais e acessórias de natureza fiscal, contábil, trabalhista, previdenciária atribuídas às pessoas jurídicas sem fins lucrativos.

Tais pessoas jurídicas exercem atividades de interesse social nas mais diversas áreas de atuação, tais como as afetas à criança, ao adolescente, ao idoso, à educação, à saúde, à assistência social, à cultura, aos direitos humanos, dentre inúmeras outras, todas elas de interesse da sociedade civil vista de forma coletiva e difusa.

Em sua atuação, portanto, é altamente recomendável que as Organizações da Sociedade Civil adotem a aplicação dos Princípios insertos no artigo 37 da Constituição Federal, bem como os Princípios da Eficiência e da Transparência (Governança Corporativa e *Compliance)*, aliados às questões contábeis (ITG 2002 - **RESOLUÇÃO CFC N° 1.409, DE 21 DE SETEMBRO DE 2012**), fiscais (cumprimento ao artigo 14, do Código Tributário Nacional) e de proteção de dados.

2. Proteção de dados pessoais no Terceiro Setor: verdadeira odisseia

A sociedade contemporânea, adaptada à nova realidade tecnológica, está imbuída de novos valores como, por exemplo, **"o ecossistema ciber"**,[4] como um ambiente sincrônico em razão da ocorrência de múltiplas atividades simultâneas. Assim, atualmente[5] temos um **ciberespaço**[6] influenciado pela **cibercultura**,[7] habitado por **ciberdependentes**,[8] que

---

4 *"A era cibernética, a Sociedade da Informação (...)".* CASSEB, Paulo Adib. "CPI na Era Cibernética". *In*: PAESANI, Liliana Minardi (Coord.). *O Direito na Sociedade da Informação.* 1. Ed. São Paulo: Atlas, 2007, p. 226.

5 Sobre Sociedade da Informação: *"A formatação de um novo sistema de comunicação em meio digital, global, que estabelece a interação em tempo real, além das redes interativas de computadores que crescem de forma exponencial, cria novas formas e canais de comunicação que moldam as relações sociais e, simultaneamente, são moldados e formatados por estas".* BARRETO JUNIOR, Irineu Francisco. "Atualidade do Conceito Sociedade da Informação para a Pesquisa Jurídica". *In*: PAESANI, Liliana Minardi (Coord.). *O Direito na Sociedade da Informação.* 1. Ed. São Paulo: Atlas, 2007, p. 64.

6 Sobre ciberespaço: "É o espaço de comunicação aberto pela interconexão mundial dos computadores e das memórias dos computadores. Essa definição inclui o conjunto dos sistemas de comunicação eletrônicos (aí incluídos os conjuntos de redes hertzianas e telefônicas clássicas), na medida em que transmitem informações. Consiste em uma realidade multidirecional, artificial ou virtual incorporada a uma rede global, sustentada por computadores que funcionam como meios de geração de acesso". LÉVY, Pierre. *Cibercultura.* São Paulo: Editora 34, 2009, p. 93.

7 Sobre cibercultura: *"It is a culture, indeed, but a culture of the ephemeral, a culture of each strategic decision, a patchwork of experiences and interests, rather than a charter of rights and obligations. It is a multi-faceted, virtual culture, as in the visual experiences created by computers in cyberspace by rearranging reality ".* É uma cultura, na verdade, mas uma cultura do efêmero, uma cultura de cada decisão estratégica, uma colcha de retalhos de experiências e interesses, do que uma carta de direitos e obrigações. É uma multifacetada, cultura virtual, como nas experiências visuais criadas pelos computadores no ciberespaço, rearranjando a realidade (tradução livre). CASTELLS, Manuel. *The Rise of Network Society.* Hoboken: Blackwell Publishing, 2010, p. 214.

8 Sobre ciberdependente: "Muitas vezes a própria mídia já batiza a questão com algum nome como ciberdependente ou netviciado. Contudo, é importante notar que, por mais que estes sejam termos que foram utilizados pela mídia, o sujeito encontra eco e se reconhece nele". FORTIM, Ivelise. *Aspectos Psicológicos do Uso Patológico de Internet.* São Paulo: Pontifícia Universidade Católica, 2013. Disponível em: https://sapientia.pucsp.br/bitstream/handle/15253/1/Ivelise%20Fortim.pdf. Acesso em 01 jul. 2021.

eventualmente estão **ciberativistas**,[9] que exercem a **cibercidadania**[10] dentro da **ciberdemocracia**[11] em **cibercidades**.[12]

Nesse contexto, o "ecossistema ciber" foi criado dentro da **Sociedade da Informação**,[13] onde as informações representam parte significativa do valor agregado da maioria dos bens e dos serviços.

Por seu turno a **tecnologia**, como parte do citado "ecossistema ciber", adentrou na sociedade contemporânea como solução para o enfrentamento de diversas questões de cunho individual (na qualidade de autônomas, locais e globais, ou seja, pensar globalmente e agir localmente) e, ainda, de cunho econômico nos três setores da eco-

---

9 Sobre ciberativista: "O ciberativista é um ser das distâncias que se projeta em sistemas cuja escala é desproporcional à extensão de sua percepção e à capacidade de seu corpo". CHESNEAUX, Jean. *Modernidade-Mundo*. Petrópolis: Vozes, 1995, p. 21.

10 Sobre cibercidadania: vale a reflexão sobre a versão fraca (reforçar o procedimento de representação parlamentar. Aproximação entre candidatos e eleitores, além de facilitar o processo eleitoral) versus a versão forte (desenvolver formas de democracia direta e baseadas na partição imediata do cidadão, sem intermediários) da teledemocracia de Antonio Enrique Perez Luño. PEREZ LUÑO, Antonio Enrique. ¿Ciberciudadaní@ o ciudadaní@.com?. Barcelona: Gedisa, 2004, pp. 61-72.

11 Sobre ciberdemocracia: "Na nova política hipertextual, mais ainda do que na tradicional, os oponentes fazem parte do jogo. A ciberdemocracia conhece cada vez menos exterioridade absoluta, feita, como é óbvio, a exceção dos hábitos políticos originários das civilizações anteriores (...). Uma das grandes palavras de ordem da ciberdemocracia, tanto num campo como no outro, é o combate à exclusão, à fractura, à divisão que, aliás, está cada vez mais definida enquanto divisão numérica." LÉVY, Pierre. *Ciberdemocracia*. Lisboa: Instituto Piaget, 2003, p. 141.

12 Sobre cibercidade: "A cibercidade é a cidade contemporânea e todas as cidades contemporâneas estão se transformando em cibercidades. Podemos entender por cibercidades as cidades nas quais a infraestrutura de telecomunicações e tecnologias digitais já é uma realidade". LEMOS, André. "Cibercidades: um modelo de inteligência coletiva". *In*: LEMOS, André (Coord.). *Cibercidade*: As cidades na cibercultura. Rio de Janeiro: E-Papers, 2004, pp. 19-26. Disponível em: https://www.facom.ufba.br/ciberpesquisa/andrelemos/modelo.pdf. Acesso em: 01 jun. 2021.

13 A ideia de uma sociedade de informação aparece na pós-modernidade, em que o conhecimento e o acesso a eles se tornam importantes ferramentas do dia-a-dia para o cidadão e para a comunidade. RULLI JUNIOR, Antônio. "Jurisdição e Sociedade da Informação". *In*: PAESANI, Liliana Minardi (Coord.). *O Direito na Sociedade da Informação*. 1. ed. São Paulo: Atlas, 2007, p. 80.

nomia: estatal[14] (primeiro setor), empresas (segundo setor) e entidades sem fins lucrativos (terceiro setor). Não podemos olvidar, ainda, da influência da tecnologia, de forma interativa e dialógica, nos grupos sociais.

Os **dados pessoais**, enquanto informações relacionadas à pessoa natural identificada ou identificável, são protagonistas no cenário acima e devem ser protegidos por conta do **direito fundamental à privacidade**, previsto no artigo 5º, inciso X, da Constituição Federal.

Em termos de cronologia, pode-se traçar trilha evolutiva no que diz respeito à proteção de dados pessoais. Inicialmente, em **10/12/1948** o direito à privacidade foi escalado a direito fundamental no âmbito da **Declaração Universal dos Direitos Humanos da ONU**[15] *("Artigo XII: Ninguém será sujeito à interferência em sua vida privada, em sua família, em seu lar ou em sua correspondência, nem a ataque à sua honra e reputação. Todo ser humano tem direito à proteção da lei contra tais interferências ou ataques")*. Duas décadas depois, em **1970,** foi editada, na Alemanha, a primeira legislação específica, qual seja, o **Ato de Proteção de Dados de Hesse** que, pela primeira vez, introduziu o termo proteção de dados na linguagem jurídica. Aludido ato foi fruto da inquietação gerada pela previsibilidade do desenvolvimento econômico e social, na Alemanha, entre os anos de 1960 e 1970.

---

14 Segundo Perez Luño, *pocas instancias de la vida jurídica se hallan tan necesitadas de um aggiornamento como la Administración Pública, secularmente adherida a prácticas carentes de toda agilidad y plenas de um acrónico y caduco formalismo. Por esse motivo, la informática, al posibilitar la racionalización, simplificación, celeridad y seguridad de las prácticas administrativas, se presenta como uma exigencia inaplazable para cualquier Estado no que desee vivir de espaldas al progeso.* PEREZ LUÑO, Antonio Enrique. *Manual de informática y derecho.* Barcelona: Ariel, 1996, p. 84. Poucos exemplos da vida jurídica são tão necessitados de uma atualização como a Administração Pública, secularmente aderida a práticas carentes de toda agilidade e cheia de acrônimos e formalismos de ultrapassados. Por esta razão, a informática ao possibilitar a racionalização, a simplificação, a velocidade e a segurança das práticas administrativas, é apresentada como uma demanda que não pode ser adiada por qualquer Estado que não queira viver de costas para o progresso (tradução livre).

15 Disponível em: https://nacoesunidas.org/wp-content/uploads/2018/10/DUDH.pdf. Acesso em: 21 jan. 2020.

Posteriormente, ainda na linha do tempo, os Estados membros do Conselho da Europa, dentre outros pontos, com a intenção de ampliar a proteção dos direitos e das liberdades fundamentais de todas as pessoas, especialmente, o direito ao respeito pela vida privada, assinaram em **1981**, a **Convenção 108**,[16] denominada de **"Convenção para a Proteção das Pessoas relativamente ao Tratamento Automatizado de Dados de Caráter Pessoal"** *(Artigo 1º - Objectivos e finalidades. A presente Convenção destina-se a garantir, no território de cada Parte, a todas as pessoas singulares, seja qual for a sua nacionalidade ou residência, o respeito pelos seus direitos e liberdades fundamentais, e especialmente pelo seu direito à vida privada, face ao tratamento automatizado dos dados de carácter pessoal que lhes digam respeito - protecção dos dados).*

Em **2016**, foi publicado o **Regulamento Geral de Proteção de Dados (GDPR) - Regulamento (EU) 2016/679**[17] **(vigência a partir de maio de 2018),** que estabelece as regras relativas ao tratamento, por uma pessoa, uma empresa ou uma organização, de dados pessoais. O regulamento europeu assim conceituou dados pessoais, em seu artigo 4º: "personal data means any information relating to an identified or identifiable natural person ('data subject'); an identifiable natural person is one who can be identified, directly or indirectly, in particular by reference to an identifier such as a name, an identification number, location data, an online identifier or to one or more factors specific to the physical, physiological, genetic, mental, economic, cultural or social identity of that natural person".[18]

---

16 Disponível em: https://www.cnpd.pt/bin/legis/internacional/Convencao108.htm. Acesso em: 21 jan. 2020.

17 INTERSOFT CONSULTING. Disponível em: https://gdpr-info.eu/. Acesso em: 21 jan. 2020.

18 Trad. "Dados pessoais": qualquer informação relativa a uma pessoa singular identificada ou identificável ("causa"); uma pessoa identificável é aquela que pode ser identificada, direta ou indiretamente, nomeadamente por referência a um identificador como um nome, um número de identificação, dados de localização, um identificador online ou a um ou mais elementos específicos para a genética, física, fisiológica, psíquica, econômica, cultural ou social que a identidade da pessoa singular.

E, finalmente, em 15/082018[19] foi publicada, no Diário Oficial da União, a **Lei nº 13.709/18 - Lei Geral de Proteção de Dados (LGPD).**

Superada a breve contextualização acima, adentremos no âmago do presente artigo: **bem-vindos ao universo de dados e sua proteção no ambiente do Terceiro Setor!**

A captação e a utilização de dados pessoais, pelas entidades do Terceiro Setor, não é algo novo. Ocorre que, na contemporaneidade, houve cristalina alteração de logística: boa parte dos registros (dados) passou a ter caráter digital[20] e, especialmente com a edição da Lei Geral de Proteção de Dados, receberam regramento[21] que, indubitavelmente, trouxe segurança jurídica e controle não somente para empresas e cidadãos, mas, sobretudo, para aquilo que denominamos de **"Terceiro Setor 4.0".**

Dada a relevância da pauta atinente à aplicação da LGPD – Lei Geral de Proteção de Dados ao Terceiro Setor, em dezembro de 2019,

---

19 Em 2018 também foi assinado, a título exemplificativo, o *California Consumer Privacy Act* (CCPA) que garante direitos relacionados à privacidade aos consumidores da Califórnia, EUA.

20 Com o advento da transformação da informação em mercadoria, aliado ao surgimento e disseminação em escala mundial de redes sociais, o cidadão digital - de forma advertida ou inadvertida - divulga aspectos da sua esfera íntima em meio eletrônico, situando a vida humana em novos patamares de visibilidade e exposição daquilo que, antes, ficava adstrito ao círculo privado.

O encontro entre a modernidade e a sociedade em rede inaugura a vigilância total, propiciada pelo avanço tecnológico e a geração de valor que equipara informação e mercadoria. BARRETO JUNIOR, Irineu Francisco. "Proteção da Privacidade e de Dados Pessoais na Internet: O Marco Civil da rede examinado com fundamento nas teorias de Zygmunt Bauman e Manuel Castells". *In*: DE LUCCA, Newton; SIMÃO FILHO, Adalberto; DE LIMA; Cintia Rosa Pereira (Coord.). *Direito & Internet III*. São Paulo: Quartier Latin, 2015, pp. 100-127.

21 Tratamento de dados pessoais inclusive, e não somente, nos meios digitais. Interessante notar que a Lei prevê que entidades sem fins lucrativos também poderão ser "órgãos de pesquisa" desde que que incluam em sua missão institucional ou em seu objetivo social/estatutário a pesquisa básica ou aplicada de caráter histórico, científico, tecnológico ou estatístico.

as instituições Atados[22] e Social Good Brasil[23] geraram pesquisa[24] a fim de criar um mapeamento das organizações do Terceiro Setor em relação ao seu conhecimento sobre a LGPD, identificando possíveis pontos de vulnerabilidade e oportunidades de melhoria no setor.

Conforme é sabido, desde os primórdios, referidas instituições captam, utilizam tais informações e as imputam em bases governamentais, por diversas razões:

> 1) **Cadastro de Diretores Estatutários, Conselheiros, Funcionários, Estagiários, Voluntários e de Prestadores de Serviço;**
>
> 2) **Cadastro de usuários e de tomadores de serviço** como, por exemplo, alunos de escolas sem fins lucrativos, pacientes de hospitais filantrópicos, usuários de serviços de Assistência Social nos termos da LOAS – Lei de Assistência Social (Lei 8.742/93), refugiados, dependentes químicos, dentre outros;
>
> **3) Cadastro quanto aos beneficiários de Parcerias celebradas com o Poder Público** nos termos da Lei 13.019/2014 que extinguiu a figura dos convênios, em determinadas situações e criou 3 (três) novos instrumentos para fins de contratualização entre as organizações do Terceiro Setor e o Poder Público: **Termo de Colaboração** (Instrumento por meio do qual são formalizadas as parcerias estabelecidas pela administração pública com organizações da sociedade civil para a consecução de

---

22 Plataforma social online que conecta pessoas às oportunidades de voluntariado em causas sociais. ATADOS. Quem somos. Disponível em: https://www.atados.com.br/sobre. Acesso em: 01 jun. 2021.

23 Organização da Sociedade Civil parceira da Fundação das Nações Unidas, que lidera o +Social Good no mundo, é precursora do incentivo ao uso de tecnologias, dados e competências do futuro para o bem comum, gerando impacto socioambiental positivo. Disponível em: http://socialgoodbrasil.org.br/home/quem-somos/. Acesso em 13 jan. 2020.

24 Lei Geral de Proteção de Dados Pessoais (LGPD) e Terceiro Setor. Disponível em: https://docs.google.com/forms/d/e/1FAIpQLScF8a_c2YZeFe3iJ4PD3Ivq7HgD8EcxwE4YaaU24PgZ4maYcA/formResponse. Acesso em: 13 jan. 2020.

finalidades de interesse público e recíproco propostas pela administração pública que envolvam a transferência de recursos financeiros), **Termo de Fomento** (Instrumento por meio do qual são formalizadas as parcerias estabelecidas pela administração pública com organizações da sociedade civil para a consecução de finalidades de interesse público e recíproco propostas pelas organizações da sociedade civil, que envolvam a transferência de recursos financeiros) e **Acordo de Cooperação** (Instrumento por meio do qual são formalizadas as parcerias estabelecidas pela administração pública com organizações da sociedade civil para a consecução de finalidades de interesse público e recíproco que não envolvam a transferência de recursos financeiros).

4) **Cadastros em bases governamentais**, por exemplo, no nicho Educacional (MEC, Secretarias Estaduais e Municipais de Educação) e no nicho das Parcerias nos termos da Lei 13.019/2014 acima mencionada (Plataforma + Brasil ou em Plataformas Estaduais/Municipais criadas com esta finalidade). Em 05/11/2019, foi apresentado o Projeto de Lei 5865/2019,[25] de autoria do Deputado Luiz Lima, do PSL/RJ, que cria o **Cadastro Nacional de Entidades do Terceiro Setor** para registrar os Contratos de Gestão das Organizações Sociais (Lei nº 9.637/98), os Termos de Parceria das OSCIP's - Organizações da Sociedade Civil de Interesse Público (Lei 9.790/99) e os Termos de Contratualização da Lei 13.019/2014 (acima tratados de forma analítica). Especificamente neste ponto o Estado, em termos de dados pessoais (inclusive aqueles sensíveis, sem o consentimento do titular), somente poderá proceder ao tratamento e ao uso compartilhado de dados necessários à execução de políticas públicas previstas em leis e regulamentos ou respaldadas em contratos, convênios ou instrumentos congêneres. Outrossim, os dados deverão ser mantidos em formato **interoperável**, ou seja, em sistema que viabilize a comunicação de forma transparente com outros sistemas. Resta saber se esta interoperabilidade será um ganho ou armadilha aplicando-se, analogicamente, o

25 BRASIL. Portal da Câmara dos Deputados. Disponível em: https://www.camara.leg.br/proposicoesWeb/fichadetramitacao?idProposicao=2228358. Acesso em: 01 jun. 2021.

Panoptico de Foucault:[26] *"Em suma, o* ***princípio da masmorra é invertido****; ou antes, de suas três funções —* ***trancar****, privar de luz e esconder —* ***só se conserva a primeira e suprimem-se as outras duas****. A plena luz e o olhar de um vigia captam melhor que a sombra, que finalmente protegia.* ***A visibilidade é uma armadilha*** ".

5) **Prestação de informações no âmbito do requerimento ou da manutenção de Certificações Federais** (exemplo: CEBAS - Educação com o preenchimento da Ficha de Perfil Socioeconômico dos alunos bolsistas), Estaduais e Municipais ou de fiscalização dos **Tribunais de Contas.**[27]

Com isto, no dia a dia das instituições, objeto do presente artigo, há a prática do **uso compartilhado de dados** previsto no artigo 5°, inciso XVI, da LGPD – Lei Geral de Proteção de Dados com o primeiro setor, o que auxilia o Estado, inclusive, na **definição de políticas públicas** (política pública: conceito introduzido por Laswell,[28] na década de 30, como forma de conciliar conhecimento científico/acadêmico com a produção empírica dos governos e também como forma de estabelecer o diálogo entre cientistas sociais, grupos de interesse e governo).

E, neste ponto, é desafiadora a tarefa tanto para o Estado, quanto para o Terceiro Setor, na aplicação do binômio **"privacidade – transparência".** Isso porque de um lado o Estado e o Terceiro Setor recebem vultosa quantidade de dados pessoais que devem ser protegidos nos termos da LGPD– Lei Geral de Proteção de Dados e, por outro lado, devem dar publicidade a uma série de informações nos termos da

26 FOUCAULT, Michel. *Vigiar e punir:* história da violência nas prisões . Trad. Raquel Ramalhete. Petrópolis: Vozes, 1987, p. 166.

27 Em 2017, diversas entidades sem fins lucrativos detentoras de CEBAS – Certificado de Entidade Beneficente de Assistência Social na área da Educação (MEC), foram fiscalizadas pelo TCU – Tribunal de Contas da União e instadas a apresentar ou ratificar informações pessoais acerca de responsáveis por alunos bolsistas.

28 Laswell, H.D. *Politics*: Who Gets What, When, How. Cleveland: Meridian Books, 1936.

LAI – Lei de Acesso à Informação (Lei 12.527/2011 e Decreto 7.724/2012) que, acertadamente, **também protege as informações pessoais em seu Decreto Regulamentador:**

Lei 12.527/2011 – LAI

Art. 1º Esta Lei dispõe sobre os procedimentos a serem observados pela União, Estados, Distrito Federal e Municípios, com o fim de garantir o acesso a informações previsto no inciso XXIII do art. 5º , no inciso II do § 3º do art. 37 e no § 2º do art. 216 da Constituição Federal.

Parágrafo único. Subordinam-se ao regime desta Lei:

I - os órgãos públicos integrantes da administração direta dos Poderes Executivo, Legislativo, incluindo as Cortes de Contas, e Judiciário e do Ministério Público;

(...)

Art. 2º Aplicam-se as disposições desta Lei, no que couber, às entidades privadas sem fins lucrativos que recebam, para realização de ações de interesse público, recursos públicos diretamente do orçamento ou mediante subvenções sociais, contrato de gestão, termo de parceria, convênios, acordo, ajustes ou outros instrumentos congêneres **".**

Parágrafo único. **A publicidade** a que estão submetidas as entidades citadas no *caput* **refere-se à parcela dos recursos públicos recebidos e à sua destinação, sem prejuízo das prestações de contas a que estejam legalmente obrigadas. (...)**

Decreto 7.724/2012 – Regulamento LAI

DAS INFORMAÇÕES PESSOAIS

Art. 55. As **informações pessoais relativas à intimidade, vida privada, honra e imagem** detidas pelos órgãos e entidades:

I - **terão acesso restrito** a agentes públicos legalmente autorizados e a pessoa a que se referirem, independentemente de classificação de sigilo, pelo prazo máximo de cem anos a contar da data de sua produção; e

II - **poderão ter sua divulgação ou acesso por terceiros autorizados por previsão legal ou consentimento expresso da pessoa a que se referirem.**

(...)

Art. 56. O tratamento das informações pessoais deve ser feito de forma transparente e com respeito à intimidade, vida privada, honra e imagem das pessoas, bem como às liberdades e garantias individuais.

(...)

CAPÍTULO VIII

DAS ENTIDADES PRIVADAS SEM FINS LUCRATIVOS

Art. 63. **As entidades privadas sem fins lucrativos que receberem recursos públicos para realização de ações de interesse público deverão dar publicidade às seguintes informações:**

I - cópia do estatuto social atualizado da entidade;

II - **relação nominal atualizada dos dirigentes da entidade**; e

III - **cópia integral** dos convênios, contratos, termos de parcerias, acordos, ajustes ou instrumentos congêneres realizados com o Poder Executivo federal, respectivos aditivos, e **relatórios** finais de prestação de contas, na forma da legislação aplicável.

§ 1º As informações de que trata o *caput* serão divulgadas em sítio na Internet da entidade privada e em quadro de avisos de amplo acesso público em sua sede. (...)

Sob outro aspecto, é inegável que a LGPD – Lei Geral de Proteção de Dados impôs ao Terceiro Setor:

a) a confecção de diagnóstico e de adaptação de todas as áreas das instituições. Para o Terceiro Setor, é indubitável que os setores mais impactados são: 1) aquele que capta, armazena e utiliza as informações de usuários ou de consumidores e 2) a área de Recursos Humanos. Isso porque a LGPD -– Lei Geral de Proteção de Dados abarca em termos de relação de trabalho, por exemplo, o uso da imagem dos colaboradores, a utilização de mídias sociais corporativas, bem como campanhas de vacinação. Trata-se de processo interno cujo zelo não pode tem pontas soltas do início ao fim: da contratação ao desligamento.

b) o **aprimoramento de Controles Internos**, de Processos/ Procedimentos e de Políticas de Segurança da Informação (níveis de acesso aos colaboradores, criação de Comitê de Proteção de Dados e de Plano de Contingência, implantação de Auditoria Digital) e

c) o aumento da proteção contra-ataques cibernéticos (*outsiders*– **vulnerabilidades expostas**).

Os itens acima revelam que as organizações do Terceiro Setor estão em fase de transição, vale dizer, de verdadeira **"reengenharia corporativa"** em um sistema de **vigilância líquida**,[29] que é menos uma forma delineada de observação e mais uma orientação.

Daí a importância da implantação de práticas preventivas, especialmente de **Governança e de Compliance Digital** (pessoas, processos e sistemas), no Terceiro Setor, a fim de mitigar riscos e evitar passivo e, portanto, eventuais provisões (sem excluir eventuais danos de imagem/credibilidade) nos termos da norma contábil CPC 25,[30] por conta das multas oriundas tanto do artigo 52, LGPD – Lei Geral de Proteção de Dados, quanto daquelas previstas no artigo 33, da LAI –

29 BAUMAN, Zygmunt. *Vigilância Líquida*. Rio de Janeiro: Zahar, 2013, p. 10.

30 CPC 25 - Norma 25 do Comitê de Pronunciamentos Contábeis do Conselho Federal de Contabilidade, alinhada ao *IFRS - International Financial Reporting Standards*, utilizada para fins de Provisões, Passivos Contingentes e Ativos Contingentes (inclusive de prognóstico de processos).

Lei de Acesso à Informação, sem afastar eventuais condenações oriundas de demandas judiciais individuais (cíveis ou trabalhistas). **Afinal, a prevenção é o antídoto e sempre deve se sobrepor à repressão, principalmente em se tratando se gestão.**

3. Conclusão

Como vimos, na seara do Terceiro Setor a captação de dados pessoais, especialmente pelo meio digital, não está atrelada ao rotineiro acesso a serviços gratuitos *online* que permite que grandes empresas de coleta de dados como *Google, Facebook e Amazon*, através de algoritmos, controlem essas informações, como bem alertou o cientista britânico Tim Berners-Lee em 2017,[31] criador da Internet, na Carta do 28 Aniversário de sua invenção, mas sim em razão da própria legislação multidisciplinar que rege o setor.

Ademais, os respectivos **bancos de dados** gerados com a captação das informações pessoais dos *stakeholders* das operações (como conjunto estruturado de dados pessoais) auxiliam as organizações do Terceiro Setor no **planejamento estratégico, no gerenciamento e no direcionamento** para a consecução de seus objetivos sociais, uma vez que é possível, através da **quantificação, da qualificação e da segregação desses elementos**, identificar qual público alvo estará mais exposto ou o que demandará maior intensificação deste ou daquele serviço relacionado à política pública local.

Como garantir que o Terceiro Setor atingirá os objetivos da LGPD – Lei Geral de Proteção de Dados? A missão é, deveras, desafiadora uma vez que envolve mudança cultural, recursos financeiros, conhecimento e engajamento dos indivíduos que estão na linha de

---

31 "Criador da web alerta para desinformação na internet". *Folha de São Paulo*, São Paulo, 12 mar. 2017. Disponível em: https://www1.folha.uol.com.br/mundo/2017/03/1865827-inventor-da-web-pede-regulacao-mais-rigida-da-publicidade-politica-online.shtml. Acesso em: 01 jun. 2021.

frente da operação, capacitação, aprimoramento das relações trabalhistas e com usuários/clientes, enfim, verdadeira alteração de processos organizacionais no que tange aos titulares dos dados pessoais e **adoção de governança e de *compliance* digital.**

Referências bibliográficas

ATADOS. Quem somos. Disponível em: https://www.atados.com.br/sobre. Acesso em: 01 jun. 2021.

BARRETO JUNIOR, Irineu Francisco. "Atualidade do Conceito Sociedade da Informação para a Pesquisa Jurídica". *In:* PAESANI, Liliana Minardi (Coord.). *O Direito na Sociedade da Informação*. 1. Ed. São Paulo: Atlas, 2007.

BARRETO JUNIOR, Irineu Francisco. "Proteção da Privacidade e de Dados Pessoais na Internet: O Marco Civil da rede examinado com fundamento nas teorias de Zygmunt Bauman e Manuel Castells". *In:* DE LUCCA, Newton; SIMÃO FILHO, Adalberto; DE LIMA; Cintia Rosa Pereira (Coord.). *Direito & Internet III*. São Paulo: Quartier Latin, 2015.

BAUMAN, Zygmunt. *Vigilância Líquida*. Rio de Janeiro: Zahar, 2013.

BIERI, Walter. "Criador da web alerta para desinformação na internet". *Folha de São Paulo*, São Paulo, 12 mar. 2017. Disponível em: https://www1.folha.uol.com.br/mundo/2017/03/1865827-inventor-da-web-pede-regulacao-mais-rigida-da-publicidade-politica-online.shtml. Acesso em: 01 jun. 2021.

CASSEB, Paulo Adib. "CPI na Era Cibernética". *In:* PAESANI, Liliana Minardi (Coord.). *O Direito na Sociedade da Informação*. 1. Ed. São Paulo: Atlas, 2007.

CASTELLS, Manuel. *The Rise of Network Society*. Hoboken: Blackwell Publishing, 2010.

CHESNEAUX, Jean. *Modernidade-Mundo*. Petrópolis: Vozes, 1995.

COMISSÃO NACIONAL DE PROTEÇÃO DE DADOS. Disponível em: https://www.cnpd.pt/bin/legis/internacional/Convencao108.htm. Acesso em: 21 jan. 2020.

FORTIM, Ivelise. *Aspectos Psicológicos do Uso Patológico de Internet.* São Paulo: Pontifícia Universidade Católica, 2013. Disponível em: https://sapientia.pucsp.br/bitstream/handle/15253/1/Ivelise%20Fortim.pdf. Acesso em 01 jun. 2021.

FOUCAULT, Michel. *Vigiar e punir:* história da violência nas prisões. Trad. Raquel Ramalhete. Petrópolis: Vozes, 1987.

"PNAD Contínua 2018: educação avança no país, mas desigualdades raciais e por região persistem". *Agência de Notícias IBGE.* 19.06.2019. Disponível em: https://agenciadenoticias.ibge.gov.br/agencia-sala-de-imprensa/2013-agencia-de-noticias/releases/24857-pnad-continua-2018-educacao-avanca-no-pais-mas-desigualdades-raciais-e-por-regiao-persistem. Acesso em: 01 jun. 2021.

Instituto de Pesquisa Econômica Aplicada. *Mapa das Organizações da Sociedade Civil.* Disponível em: https://mapaosc.ipea.gov.br/resultado-consulta.html. Acesso em: 01 jun. 2021.

GENERAL DATA PROTECTION REGULATION (GDPR). Disponível em: https://gdpr-info.eu/. Acesso em: 21 jan. 2020.

LASWELL, H.D. *Politics*: Who Gets What, When, How. Cleveland: Meridian Books, 1936.

LEI GERAL DE PROTEÇÃO DE DADOS PESSOAIS (LGPD) E TERCEIRO SETOR. https://docs.google.com/forms/d/e/1FAIpQLScF8a_c2YZeFe3iJ4PD3Ivq7HgD8EcxwE4YaaU24PgZ4maYcA/formResponse. Acesso em: 13 jan. 2020.

LEMOS, André. "Cibercidades: um modelo de inteligência coletiva". *In:* LEMOS, André (Coord.). *Cibercidade*: As cidades na cibercultura. Rio de Janeiro: E-Papers, 2004. Disponível em: https://www.facom.ufba.br/ciberpesquisa/andrelemos/modelo.pdf. Acesso em: 01 jun. 2021.

LÉVY, Pierre. *Cibercultura.* São Paulo: Editora 34, 2009.

LÉVY, Pierre. *Ciberdemocracia.* Lisboa: Instituto Piaget, 2003.

NAÇÕES UNIDAS. Disponível em: https://nacoesunidas.org/wp-content/uploads/2018/10/DUDH.pdf. Acesso em: 21 jan. 2020.

RULLI JUNIOR, Antônio. "Jurisdição e Sociedade da Informação". *In:* PAESANI, Liliana Minardi (Coord.). *O Direito na Sociedade da Informação.* 1. ed. São Paulo: Atlas, 2007.

SABO, José Eduardo Paes; SANTOS, Julio Edstron Secundino. "A democracia e o terceiro setor: histórico e reflexos atuais". *Revista Direito e Liberdade*, Natal, vol. 19, n. 1, jan-abr. 2017.

SOCIAL GOOD BRASIL. Disponível em: http://socialgoodbrasil.org.br/home/quem-somos/. Acesso em: 13 jan. 2020.

PEREZ LUÑO, Antonio Enrique. *Manual de informática y derecho*. Barcelona: Ariel, 1996.

PEREZ LUÑO, Antonio Enrique. *¿Ciberciudadaní@ o ciudadaní@.com?*. Barcelona: Gedisa, 2004.

Informação bibliográfica deste texto, conforme a NBR 6023:2002 da Associação Brasileira de Normas Técnicas (ABNT):

CAPÍTULO XVI - A LEI GERAL DE PROTEÇÃO DE DADOS NO TERCEIRO SETOR - Vanessa Ruffa Rodrigues; Lúcia Maria Bludeni

RODRIGUES, Vanessa Ruffa; BLUDENI, Lúcia Maria. "A Lei Geral de Proteção de Dados no terceiro setor". *In:* MARINHO, Gustavo; VALIM, Rafael; WARDE, Walfrido; SIMÃO, Valdir. *Aspectos relevantes da Lei Geral de Proteção de Dados*. São Paulo: Editora Contracorrente, 2021.

NOTAS

A Editora Contracorrente se preocupa com todos os detalhes de suas obras!
Aos curiosos, informamos que este livro foi impresso no mês de agosto de 2021, em papel Pólen Soft 80g, pela Gráfica Copiart.